V&R

Kritisch-exegetischer Kommentar über das Neue Testament

Begründet von
Heinrich August Wilhelm Meyer

Herausgegeben von Ferdinand Hahn

Band XII/2

Der Zweite Petrusbrief und der Judasbrief

Göttingen · Vandenhoeck & Ruprecht · 1992

Der Zweite Petrusbrief und der Judasbrief

Übersetzt und erklärt von
Henning Paulsen

Göttingen · Vandenhoeck & Ruprecht · 1992

Die Deutsche Bibliothek – CIP-Einheitsaufnahme

Kritisch-exegetischer Kommentar über das Neue Testament /
begr. von Heinrich August Wilhelm Meyer. Hrsg. von Ferdinand Hahn. –
Göttingen: Vandenhoeck und Ruprecht.
NE: Meyer, Heinrich August Wilhelm [Begr.];
Hahn, Ferdinand [Hrsg.]
Bd. 12, 2. Paulsen, Henning: Der Zweite Petrusbrief
und der Judasbrief. – 1992

Paulsen, Henning:
Der Zweite Petrusbrief und der Judasbrief /
übers. und erklärt von Henning Paulsen. –
Göttingen: Vandenhoeck und Ruprecht, 1992
(Kritisch-exegetischer Kommentar über das Neue Testament; Bd. 12, 2)
ISBN 3-525-51626-6

© 1992 Vandenhoeck & Ruprecht, Göttingen
Printed in Germany. – Das Werk einschließlich aller seiner Teile
ist urheberrechtlich geschützt. Jede Verwertung außerhalb
der engen Grenzen des Urheberrechtsgesetzes ist ohne
Zustimmung des Verlages unzulässig und strafbar.
Das gilt insbesondere für Vervielfältigungen, Übersetzungen,
Mikroverfilmungen und die Einspeicherung und Verarbeitung
in elektronischen Systemen.
Gesetzt aus Garamond auf Digiset 200 T 2
Gesamtherstellung: Hubert & Co., Göttingen

Vorwort

Die letzte Kommentierung des 2. Petrus- und Judasbriefes innerhalb des ‚Kritisch-exegetischen Kommentars' durch R. Knopf liegt bereits achtzig Jahre zurück. Die geringe Aufmerksamkeit für beide Texte, die aus solchen und vergleichbaren Phänomenen nicht ohne Grund erschlossen wurde, ist in den vergangenen Jahren einer neuen Hinwendung gewichen. Theologie und Auslegung der Briefe, die Frage nach ihren Traditionen und dem geschichtlichen Kontext machen solche veränderte Konstellation deutlich.

So erschien während der Drucklegung die Studie von R. Heiligenthal (‚Zwischen Henoch und Paulus. Studien zum theologiegeschichtlichen Ort des Judasbriefes', TANZ 6, Tübingen 1992). Sie berührt sich methodisch wie inhaltlich mit der eigenen Kommentierung des Judasbriefes und ist deshalb durchgängig zu vergleichen.

Dem Herausgeber des ‚Kritisch-exegetischen Kommentars', meinem Lehrer Ferdinand Hahn, danke ich für Hinweise und Beratung.

Hamburg, im Januar 1992   Henning Paulsen

Inhalt

Vorwort 5

Literaturverzeichnis 9
1. Kommentare 9
2. Monographien, Aufsätze, Hilfsmittel 11

Der Judasbrief 41

1.1 Einleitung 41
1.1.1 Form, Sprache und Stil 41
1.1.2 Text-, Wirkungs- und Rezeptionsgeschichte 42
1.1.3 Verfasser, Abfassungszeit und -ort 44
1.1.4 Die Gegner 46
1.1.5 Das Problem der Pseudepigraphie 49
1.1.6 Die Theologie 51

1.2 Auslegung 52

Der 2. Petrusbrief 89

2.1 Einleitung 89
2.1.1 Form, Sprache und Stil 89
2.1.2 Text-, Wirkungs- und Rezeptionsgeschichte 91
2.1.3 Verfasser, Abfassungszeit und -ort 93
2.1.4 Die Gegner 95
2.1.5 Das Verhältnis zwischen 2 Petr und Jud 97
2.1.6 Die Theologie 100

2.2 Auslegung 103

Stellenregister 177

Sachregister 187

1. Literaturverzeichnis

Kommentare werden mit dem Namen des Vf.s zitiert, andere Veröffentlichungen mit dem Namen des Vfs. und einem Stichwort des Titels.

Die Abkürzungen richten sich nach S. SCHWERTNER, Internationales Abkürzungsverzeichnis für Theologie und Grenzgebiete, Berlin 1974; daneben wurden folgende Abkürzungen benutzt:

ANRW	Aufstieg und Niedergang der römischen Welt
BET	Beiträge zur biblischen Exegese und Theologie
FzB	Forschungen zur Bibel
GTA	Göttinger Theologische Arbeiten
JSHRZ	Jüdische Schriften aus hellenistisch-römischer Zeit
JSNT	Journal for the Study of the New Testament
JSOT	Journal for the Study of the Old Testament
KAV	Kommentar zu den Apostolischen Vätern
LingBibl	Linguistica Biblica
NHSt	Nag Hammadi Studies
NTOA	Novum Testamentum et orbis antiquus
OBO	Orbis biblicus et orientalis
SBL	Society of Biblical Literature
SBLDS	SBL Dissertation Series
SBLSB	SBL Sources for Biblical Study
SBLSC	SBL Septuagint and Cognate Studies
SBLSP	SBL Seminar Papers (Annual Meetings)
SJLA	Studies in Judaism in Late Antiquity
WBC	Word Biblical Commentary

1 KOMMENTARE

Kommentare aus der alten Kirche

CATENAE GRAECORUM PATRUM in Novum Testamentum, hg. von J. A. Cramer, 8. Bd., Oxford 1844, 84–104 (2 Petr), 153–170 (Jud)
CLEMENS ALEXANDRINUS, GCS III, 203–209
CYRILL ALEXANDRINUS, MPG 74, 1007–1024
DIDYMUS ALEXANDRINUS, MPG 39, 1771–74 (2 Petr), 1811–1818 (Jud)
PSEUDO-OECUMENIUS, MPG 119 [577–618 (2 Petr); 703–722 (Jud)]
JOHANNES CHRYSOSTOMUS, MPG 64, 1057–1060 (2 Petr)

Theophylakt, MPG 125 [1253-1288 (2 Petr)]
Cassiodor, MPL 70 [1367-1370 (2 Petr); 1375-1378 (Jud)]
Beda Venerabilis, MPL 93 [67-86 (2 Petr); 123-130 (Jud)]
Glossa Ordinaria, MPL 114 [689-694 (2 Petr); 705-710 (Jud)]

Kommentare aus der Reformationszeit

Luther, M., Die andere Epistel S. Petri und eine S. Judas gepredigt und ausgelegt (1524), Erlanger Ausgabe 52, 212-287
Calvin, J., Commentarius in Petri Apostoli Epistolam Posteriorem, Opera Calvini 55, 437-480
Ders., Commentarius in Epistolam Iudae Apostoli, Opera Calvini 55, 481-500

Neuere Kommentare

Barnett, A. E., James, Peter, John, Jude, IB 12, New York-Nashville 1957
Bauckham, R. J., Jude, 2 Peter, WBC 50, Waco 1983
Bigg, C., The Epistles of St. Peter and St. Jude, ICC, Edinburgh 1922
Chaine, J., Les Épîtres catholiques, EB, Paris ²1939
Cranfield, C. E. B., I & II Peter and Jude, TBC, London 1960
Frankemölle, H., 1. Petrusbrief, 2. Petrusbrief, Judasbrief, Würzburg 1987
Green, M., The Second Epistle General of Peter and the General Epistle of Jude, Leicester 1968
Grundmann, W., Der Brief des Judas und der zweite Petrusbrief, ThHK 15, Berlin 1974
Hauck, F., Die katholischen Briefe, NTD 10, Göttingen ⁸1957
Hollmann, G. - Bousset, W., Der Brief des Judas und der zweite Brief des Petrus, SNT 3, Göttingen ³1917
James, M. R., The Second Epistle General of Peter and the General Epistle of Jude, CGTSC, Cambridge 1912
Kelly, J. N. D., A Commentary on the Epistles of Peter and Jude, BNTC, London 1969
Knoch, O., Der zweite Petrusbrief. Der Judasbrief, WB 8, Düsseldorf 1967
Ders., Der Erste und Zweite Petrusbrief. Der Judasbrief, RNT 8, Regensburg 1990
Knopf, R., Die Briefe Petri und Judä, KEK 12, Göttingen ⁷1912
Kühl, E., Die Briefe Petri und Judä, KEK 12, Göttingen ⁶1897
Leaney, A. R. C., The Letters of Peter and Jude, Cambridge 1967
Mayor, J. B., The Epistle of St. Jude and the Second Epistle of St. Peter, London 1907
Michl, J., Die katholischen Briefe, RNT 8, Regensburg ²1968
Moffatt, J., The General Epistles: James, Peter and Judas, MNTC, London 1928
Reicke, B., The Epistles of James, Peter, and Jude, AncB, New York 1964

SCHELKLE, K. H., Die Petrusbriefe, der Judasbrief, HThK 13,2, Freiburg-Basel-Wien ³1970
SCHLATTER, A., Die Briefe des Petrus, Judas, Jakobus, der Brief an die Hebräer, Stuttgart 1964
SCHNEIDER, J., Die Briefe des Jakobus, Petrus, Judas und Johannes; die katholischen Briefe, NTD 10, Göttingen ¹⁰1967
(BALZ, H.) - SCHRAGE, W., Die katholischen Briefe, NTD 10, Göttingen ¹¹1973
SIDEBOTTOM, E. M., James, Jude and 2 Peter, NCB, London 1967
SODEN, H. von, Hebräerbrief, Briefe des Petrus, Jakobus, Judas HC III,2, Tübingen ³1890
SPICQ, D., Les Épîtres de Saint Pierre, SBi, Paris 1966
STÖGER, A., Der Brief des Apostels Judas. Der zweite Brief des Apostels Petrus, Düsseldorf ²1963
VREDE, W., Judas-, Petrus- und Johannesbriefe, Bonner NT 9, Bonn 1932
WAND, J. W. C., The General Epistle of St. Peter and St. Jude, London 1934
WINDISCH, H. - PREISKER, H., Die katholischen Briefe, HNT 15, Tübingen ³1951
WOHLENBERG, G., Der erste und zweite Petrusbrief und der Judasbrief, KNT 15, Leipzig ³1912

2 MONOGRAPHIEN, AUFSÄTZE, HILFSMITTEL

ALAND, K., Bemerkungen zu den gegenwärtigen Möglichkeiten textkritischer Arbeit aus Anlass einer Untersuchung zum Cäsarea-Text der katholischen Briefe, NTS 17, 1970/71, 1-9
DERS., Das Ende der Zeiten. Über die Naherwartung im Neuen Testament und in der frühen Kirche, in: DERS., Neutestamentliche Entwürfe, TB 63, 1979, 124-182
DERS., Noch einmal: Das Problem der Anonymität und Pseudonymität in der christlichen Literatur der ersten beiden Jahrhunderte, in: Pietas, FS B. Kötting, JAC.E 8, 1980, 121-139
DERS. (Hg.), Text und Textwert der griechischen Handschriften des Neuen Testaments. I. Die katholischen Briefe, ANTF 9, 1987
ALBIN, C. A., Judasbrevet, Stockholm 1962
ALEITH, E., Paulusverständnis in der Alten Kirche, BZNW 18, 1937
ALMQUIST, H., Plutarch und das Neue Testament. Ein Beitrag zum Corpus Hellenisticum Novi Testamenti, ASNU 15, 1946
ALLMEN, D. van, L'apocalyptique juive et le retard de la parousie en II Pierre 3:1-13, RThPh 16, 1966, 255-274
AMERIO, R., L'Epicureismo, Torino 1953
ANDRESEN, C., Zum Formular frühchristlicher Gemeindebriefe, ZNW 56, 1965, 233-159

APTOWITZER, V., Kain und Abel in der Agada, den Apokryphen, der hellenistischen, christlichen und muhammedanischen Literatur. Veröffentlichungen der Alexander Kohut Memorial Foundation I, Wien-Leipzig 1922

ARNIM, J. von, Stoicorum Veterum Fragmenta. I–IV, Stuttgart 1968

ASTING, R., Die Heiligkeit im Urchristentum, FRLANT 46, 1930

DERS., Die Verkündigung des Wortes im Urchristentum, Stuttgart 1939

ATZBERGER, L., Geschichte der christlichen Eschatologie innerhalb der vornicänischen Zeit, Freiburg 1896

AUBINEAU, M., Le thème du „bourbier" dans la littérature grecque profane et chrétienne, RSR 47, 1959, 185-214

AUNE, D. E., The New Testament in Its Literary Environment, Cambridge 1987

DERS. (Hg.), Greco-Roman Literature and the New Testament: Selected Forms and Genres, SBLSB 21, 1988

BAASLAND, E., 2. Peters brev og urkristelig profeti. Eksegese av 2. Pet. 1,12-21, TTK 53, 1982, 19-35

BACCHIOCCHI, S., From Sabbath to Sunday. A historical Investigation of the Rise of Sunday Observance in Early Christianity, Rom 1977

BALZ, H. R., Anonymität und Pseudepigraphie im Urchristentum, ZThK 66, 1969, 403-436

BAMBERGER, B. J., Fallen Angels, Philadelphia 1952

BARMEYER, E., Die Musen, Ein Beitrag zur Inspirationstheorie, Humanistische Bibliothek I,2, München 1968

BARNARD, L. W., The Judgement in II Peter iii, ET 68, 1957, 302

BARNS, T., The Epistle of St Jude: A Study in the Marcosian Heresy, JThS 6, 1904/5, 391-411

BARRETT, C. K., ψευδαπόστολοι (2 Cor 11,13), in: Mélanges Bibliques, FS B. Rigaux, Gembloux 1970, 377-396

DERS., Pauline Controversies in the Post-Pauline Period, NTS 20, 1974, 229-245

DERS. - THORNTON, C.-J., Texte zur Umwelt des Neuen Testaments, UTB 1591, Tübingen ²1991

BARTSCH, C., „Frühkatholizismus" als Kategorie historisch-kritischer Theologie. Eine methodologische und theologiegeschichtliche Untersuchung, Berlin 1980

BASKIN, J. R., Origen on Balaam: The Dilemma of the Unworthy Prophet, VigChr 37, 1983, 22-35

DERS., Pharaoh's Counsellors. Job, Jethro, and Balaam in Rabbinic and Patristic Traditions, Brown Judaic Studies 47, 1983

BASSLER, J. M., Cain and Abel in the Palestinian Targums, JSJ 17, 1986, 56-64

BAUCKHAM, R. J., The Delay of the Parousia, TynB 31, 1980, 3-36

DERS., The Worship of Jesus in Apocalyptic Christianity, NTS 27, 1981, 322-341

Ders., James, 1 and 2 Peter, Jude, in: It is Written: Scripture Citing Scripture. FS B. Lindars, Cambridge 1988, 303-317
Ders., 2 Peter: An Account of Research, ANRW II 25,5, 1988, 3713-3752
Ders., The Letter of Jude: An Account of Research, ANRW II 25,2, 1988, 3791-3826
Ders., Jude and the Relatives of Jesus in the early Church, Edinburgh 1990
Bauer, W., Das Leben Jesu im Zeitalter der neutestamentlichen Apokryphen, Tübingen 1909 (= Darmstadt 1967)
Ders., Rez. Die katholischen Briefe und der Hebräerbrief, ThR 18, 1915, 292-300
Ders., Rechtgläubigkeit und Ketzerei im ältesten Christentum, BHTh 10, Tübingen ²1964
Ders. - Aland, K. und B., Griechisch-deutsches Wörterbuch zu den Schriften des Neuen Testaments und der frühchristlichen Literatur, Berlin-New York, ⁶1988
Ders., - Paulsen, H., Die Briefe des Ignatius von Antiochia und der Brief des Polykarp von Smyrna, HNT 18, ²1985
Bauernfeind, O., Art. μάταιος κτλ., ThWNT IV, 525-530
Baumeister, Th., Die Rolle des Petrus in gnostischen Texten, in: T. Orlandi - F. Wisse (Hgg.), Acts of the second international congress of Coptic Study 1980, Rom 1985, 3-12
Baumgarten, J., Paulus und die Apokalyptik. Die Auslegung apokalyptischer Überlieferungen in den echten Paulusbriefen, WMANT 44, 1975
Baur, F. C., Kirchengeschichte der drei ersten Jahrhunderte, Tübingen ³1863
Becker, J., Zum Problem der Homosexualität in der Bibel, ZEE 31, 1987, 36-59
Ders., Das Evangelium nach Johannes. Kapitel 11-21, ÖTK 4/2, ³1991
Behm, J., Art. κλάω κτλ., ThWNT III, 726-743
Bellinzoni, A. J., The Sayings of Jesus in the Writings of Justin Martyr, NT.S 17, 1967
Bengel, J. A., Gnomon Novi Testamenti, Stuttgart ⁸1915
Benoit, A., Le Baptême Chrétien au second siècle. La théologie des pères, EHPhR 43, 1953
Berger, K., Hartherzigkeit und Gottes Gesetz. Die Vorgeschichte des antijüdischen Vorwurfs in Mc 10,5, ZNW 61, 1970, 1-47
Ders., Der Streit des guten und des bösen Engels um die Seele. Beobachtungen zu 4Q Amr^b und Judas 9, JSJ 4, 1973, 1-18
Ders., Apostelbrief und apostolische Rede. Zum Formular frühchristlicher Briefe, ZNW 65, 1974, 190-231
Ders., Die impliziten Gegner. Zur Methodik des Erschließens von „Gegnern" in neutestamentlichen Texten, in: Kirche, FS G. Bornkamm, Tübingen 1980, 373-400
Ders., Unfehlbare Offenbarung. Petrus in der gnostischen und apokalyp-

tischen Offenbarungsliteratur, in: Kontinuität und Einheit, FS F. MUSSNER, Freiburg-Basel-Wien 1981, 261-326
DERS., Hellenistische Gattungen im Neuen Testament, ANRW II, 25,2, 1031-1432
DERS., Streit um Gottes Vorsehung. Zur Position der Gegner im 2. Petrusbrief, in: Tradition and Re-Interpretation in Jewish and Early Christian Literature, FS J. C. H. LEBRAM, StPB 36, 1986, 121-135
DERS. - COLPE, Carsten, Religionsgeschichtliches Textbuch zum Neuen Testament, Göttingen-Zürich 1987
BETHGE, H.-G., Die Ambivalenz alttestamentlicher Geschichtstraditionen in der Gnosis, in: K.-W. TRÖGER (Hg.), Altes Testament-Frühjudentum-Gnosis, Gütersloh 1980, 89-110
BETZ, H. D., Lukian von Samosata und das Neue Testament. Religionsgeschichtliche und paränetische Parallelen, TU 76, 1961
DERS., Orthodoxy and Heresy in Primitive Christianity, Interp. 19, 1965, 299-311
DERS. (Hg.), Plutarch's Theological Writings and Early Christian Literature, SCHNT 3, 1975
DERS. (Hg.), The Greek Magical Papyri in Translation including the Demotic Spells, Vol. I, Chicago-London 1986
DERS., Art φωνή κτλ., ThWNT IX, 272-302
BEYER, K., Die aramäischen Texte vom Toten Meer, Göttingen 1984
BEYSCHLAG, K., Clemens Romanus und der Frühkatholizismus. Untersuchungen zu I Clemens 1-7, BHTh 35, 1966
DERS., Simon Magus und die christliche Gnosis, WUNT 16, 1974
BIEDER, W., Judas 22f.: οὓς δὲ ἐᾶτε ἐν φόβῳ, ThZ 6, 1950, 75-77
BIETENHARD, H., Die himmlische Welt im Urchristentum und Spätjudentum, WUNT 2, 1951
DERS., H., Art. ὄνομα κτλ, ThWNT V, 242-283
BIGNONE, E., Epicuro. Opere, frammenti, testimonianze sulla sua vita, Bari 1920
(STRACK, H. L.) - BILLERBECK, P., Kommentar zum Neuen Testament aus Talmud und Midrasch, Bd. 3, München ²1954
BIRDSALL, J. N., The Text of Jude in p72, JThS 14, 1963, 394-399
BLACK, M., Critical and exegetical notes on three New Testament texts Hebrews xi.11, Jude 5, James i.27, in: Apophoreta, FS E. HAENCHEN, BZNW 30, 1964, 39-45
DERS., The Christological Use of the Old Testament in the New Testament, NTS 18, 1971/72, 1-14
DERS., The Maranatha invocation and Jude 14,15 (1 Enoch 1:9), in: Christ and Spirit in the New Testament, FS C. F. D. MOULE, Cambridge 1973, 189-197
BLASS, F. - DEBRUNNER, A. - REHKOPF, F., Grammatik des neutestamentlichen Griechisch, Göttingen ¹⁶1984

BLINZLER, J., Die neutestamentlichen Berichte über die Verklärung Jesu, NTA XVII,4, 1937

BLUM, G. G., Tradition und Sukzession. Studien zum Normbegriff des Apostolischen von Paulus bis Irenäus, AGTL 9, 1963

BÖCHER, O., Art. Engel, IV. Neues Testament, TRE 9, 596-599

BÖHL, F., Die Matronenfragen im Midrasch, Frankfurter Judaistische Beiträge 3, 1975, 29-64

BOEHMER, J., Tag und Morgenstern? Zu II Petr 1,19, ZNW 22, 1923, 228-233

BOLGIANI, F., Ortodossia ed Eresia. Il problema storiografico nella storia del cristianesimo e la situazione „Ortodossia" - „Eresia" agli inizi della storia cristiana, Turin 1987

BONAVENTURA, M., La predizione del martirio di S. Pietro nel „Quo Vadis?" e nella 2 Pe 1,14, ED 22, 1969, 565-586

BONHÖFFER, A., Epiktet und das Neue Testament, RVV 10, 1911

BONWETSCH, N. (Hg.), Die Apokalypse Abrahams. Das Testament der vierzig Märtyrer, SGTK I,1, 1897

DERS., Die Mosessage in der slavischen kirchlichen Literatur, NGWG.PH 1908, 581-607

DERS., (Hg.), Die Bücher der Geheimnisse Henochs. Das sogenannte slavische Henochbuch, TU III, 14,2 (= 44,2), 1922

BOOBYER, G. H., St. Mark and the Transfiguration Story, Edinburgh 1942

DERS., The Verbs in Jude 11, NTS 5, 1958/59, 45-47

DERS., The Indebtedness of 2 Peter to 1 Peter, New Testament Essays (Studies in memory of T. W. MANSON), Manchester 1959, 34-53

BOUSSET, W., Der Antichrist in der Überlieferung des Judentums, des Neuen Testaments und der Alten Kirche, Göttingen 1895

DERS. - GRESSMANN, H., Die Religion des Judentums im späthellenistischen Zeitalter, HNT, ⁴1966

BRANDENBURGER, E., Himmelfahrt Moses, JSHRZ V,2, Gütersloh 1976

BRAUDE, P. F., „Cokkel in oure Clene Corn": Some Implications of Cain's Sacrifice, in: No graven images, New York 1971, 559-599

BRAUN, H., Qumran und das Neue Testament, Bd I/II, Tübingen 1966

BRETSCHER, P. G., Exodus 4,22-23 and the Voice from Heaven, JBL 87, 1968, 301-311

BROOKE, G. J., Exegesis at Qumran. 4 Q Florilegium in its Jewish Context, JSOT SupplSer 29, 1985

BROWN, R. E. - DONFRIED, K. P., - REUMANN, J. (Hgg.), Der Petrus der Bibel. Eine ökumenische Untersuchung, Stuttgart 1976

BROX, N., Nikolaos und Nikolaiten, VigChr 19, 1965, 23-30

DERS., Σωτηρία und Salus. Heilsvorstellungen in der Alten Kirche, EvTh 33, 1973, 253-279

DERS., Falsche Verfasserangaben. Zur Erklärung der frühchristlichen Pseudepigraphie, SBS 79, Stuttgart 1975

DERS., Der Hirt des Hermas, KAV 7, 1991

DERS., Art. Häresie, RAC 10, 248-297
BÜCHSEL, F. - HERNTRICH, V., Art. κρίνω κτλ., ThWNT III, 920-955
BULTMANN, R., Die Geschichte der synoptischen Tradition, Göttingen ⁵1961
DERS., Ursprung und Sinn der Typologie als Hermeneutischer Methode, in: DERS., Exegetica. Aufsätze zur Erforschung des Neuen Testaments, Tübingen 1967, 369-380
DERS., Theologie des Neuen Testaments, Tübingen ⁹1984 (Hg.: O. MERK)
DERS., Art. γινώσκω κτλ., ThWNT I, 688-719
DERS., Art. ἀγαλλιάομαι κτλ., ThWNT I, 18-20
DERS., Art. ἐλπίς κτλ., ThWNT II, 515-531
DERS. - v. RAD, G., Art. ζάω κτλ., ThWNT II, 833-877
BURKHARDT, H., Die Inspiration heiliger Schriften bei Philo von Alexandrien, Gießen-Basel, 1988
CALDER, M. M., A Caesarean Text in the Catholic Epistles?, NTS 16, 1969/70, 252-270
CARDUFF, G. A., Antike Sintflutsagen, Hyp. 82, 1986
CARR, W., Angels and Principalities. The Background, Meaning and Development of the Pauline Phrase hai archai kai hai exousiai, MSSNTS 42, 1981
CARTLIDGE, D. R., Transfigurations of Metamorphosis Traditions in the Acts of John, Thomas, and Peter, Semeia 38, 1986, 53-66
CASEL, O., De Philosophorum graecorum silentio mystico, RVV 16,2, 1919
CAULLEY, T. S., The Idea of „Inspiration" in 2 Peter 1:16-21, Diss.theol., Tübingen 1982
CAVALLIN, H. C. C., The False Teachers of 2 PT as Pseudo-Prophets, NT 21, 1979, 263-270
CHAINE, J., Cosmogonie aquatique et conflagration finale d'après la Secunda Petri, RB 46, 1937, 207-216
CHANG, A. D., Second Peter 2:1 and the Extent of the Atonement, Bibliotheca Sacra 142, 1985, 52-64
CHARLES, J. D., ‚Those' and ‚These': The Use of the Old Testament in the Epistle of Jude, JSNT 38, 1990, 109-124
DERS., Jude's Use of Pseudepigraphical Source-Material as Part of Literary Strategy, NTS 37, 1991, 130-145
DERS., Literary Artifice in the Epistle of Jude, ZNW 82, 1991, 106-124
CHARLES, R. H. (Ed.), The Greek Versions of the Testaments of the twelve Patriarchs, Darmstadt ³1966 (= Oxford 1908)
DERS., The Apocrypha and Pseudepigrapha of the Old Testament, 1/2, Oxford 1913
CHILTON, B. D., The Transfiguration: Dominical Assurance and Apostolic Vision, NTS 27, 1980, 115-124
DERS., A Comparative Study of Synoptic Development: The Dispute between Cain and Abel in the Palestinian Targums and the Beelzebul Controversy in the Gospels, JBL 101, 1982, 553-562

CLEMEN, C., Die Himmelfahrt des Mose, KlT 10, 1904
COLLINS, J. J., The Sibylline Oracles of Egyptian Judaism, SBLDS 13, 1974
COLPE, C., Heidnische, jüdische und christliche Überlieferung in den Schriften aus Nag Hammadi IX, JAC 23, 1980, 108–127
CONTI, M., La sophia di 2 Petr. 3,15, RivBib 17, 1969, 121–138
CORTES, E., Los Discursos de Adiós de Gn 49 a Jn 13–17. Pistas para la historia de un genéro literario en la antigua literatura judia, CSPac 23, 1976
COUGHENOUR, R. E., The Woe-Oracles in Ethiopic Enoch, JSJ 9, 1978, 192–197
CRAMER, A. W., Stoicheia tou Kosmou. Interpretatie van een nieuwtestamentische Term, Diss. Leiden, 's-Gravenhage 1961
CRAMER, J. A., Catenae Graecorum Patrum in Novum Testamentum, Bd. 8, Oxford 1840 (= Hildesheim 1967)
CRUM, W. E., Coptic Anecdota, JThS 44, 1943, 176–182
CUMONT, F., After Life in Roman Paganism, New Haven–London 1922
DERS., Lux Perpetua, Paris 1949
CURRAN, J. T., The Teaching of II Peter 1:20, TS 4, 1943, 347–368
DAHL, N. A., Anamnesis, StTh 1, 1948, 69–95
DERS., Der Erstgeborene Satans und der Vater des Teufels (Polyk. 7,1 und Joh 8,44), in: Apophoreta, FS E. HAENCHEN, BZNW 30, 1964, 70–84
DALTON, W. J., The Interpretation of 1 Peter 3,19 and 4,6: Light from 2 Peter, Bib. 60, 1979, 547–555
DANIEL, C., La mention des Esséniens dans le texte grec de l'Épître de S. Jude, Muséon 80, 1967, 503–521
DANKER, F. W., II Peter 3:10 and Psalm of Solomon 17:10, ZNW 53, 1962, 82–86
DERS., 2 Peter 1: A Solemn Decree, CBQ 40, 1978, 64–82
DERS., Benefactor: Epigraphic Study of a Graeco-Roman and New Testament Semantic Field, St. Louis 1982
DASSMANN, E., Der Stachel im Fleisch. Paulus in der frühchristlichen Literatur bis Irenäus, Münster 1979
DEHANDSCHUTTER, B., Pseudo-Cyprian, Jude and Enoch. Some Notes on 1 Enoch 1:9, in: Tradition and Re-Interpretation in Jewish and Early Christian Literature, FS J. C. H. LEBRAM, StPB 36, 1986, 114–120
DEICHGRÄBER, R., Gotteshymnus und Christushymnus in der frühen Christenheit, StUNT 5, 1967
DEISSMANN, A., Bibelstudien, Marburg 1895
DERS., Neue Bibelstudien, Marburg 1897
DERS., Licht vom Osten, Tübingen ⁴1923
DELCOR, M., Le mythe de la chute des anges et de l'origine des géants comme explication du mal dans le monde dans l'apocalyptique juive. Histoire des traditions, RHR 190, 1976, 3–54
DERS., Melchizedek from Genesis to the Qumran Texts and the Epistle to the Hebrews, JSJ 2, 1971, 115–135

DELLING, G., Das Zeitverständnis des Neuen Testaments, Gütersloh 1940
DERS., Merkmale der Kirche nach dem Neuen Testament, in: DERS., Studien zum Neuen Testament und zum hellenistischen Judentum, Berlin 1970, 371-390
DERS., ΜΟΝΟΣ ΘΕΟΣ; in: DERS., Studien zum Neuen Testament und zum hellenistischen Judentum, Berlin 1970, 391-400
DERS., Geprägte partizipiale Gottesaussagen in der urchristlichen Verkündigung, in: DERS., Studien zum Neuen Testament und zum hellenistischen Judentum, Berlin 1970, 401-416
DERS. - von RAD, G., Art. ἡμέρα, ThWNT II, 945-956
DERS., Art. στοιχέω κτλ., ThWNT VII, 666-687
DENIS, A.-M., Introduction aux Pseudépigraphs grecs d'Ancien Testament, Leiden 1970
DESJARDINS, M., The Portrayal of the Dissidents in 2 Peter and Jude: Does it tell us more about the ‚Godly' than the ‚Ungodly'?, JSNT 30, 1987, 89-102
DERS., Bauer and Beyond: on Recent Scholarly Discussions of Αἵρεσις in the Early Christian Era, The Second Century 8, 1991, 65-82
DEXINGER, F., Sturz der Göttersöhne oder Engel vor der Sintflut?, WBTh 13, 1966
DIANO, C., Epicuri Ethica, Florenz 1946
DIBELIUS, M., Die Geisterwelt im Glauben des Paulus, Göttingen 1909
DERS., Der Hirt des Hermas, HNT Ergänzungsband IV, 1923
DERS., Ἐπίγνωσις ἀληθείας, Botschaft und Geschichte Bd. 2, Tübingen 1956, 1-13
DIELS, H. - KRANZ, W. (Hgg.), Die Fragmente der Vorsokratiker I-III, Zürich-Hildesheim [6]1951/52
DIETERICH, A., Abraxas, Leipzig 1891
DERS., Nekyia. Beiträge zur Erklärung der neuentdeckten Petrusapokalypse, Leipzig-Berlin [2]1913
DINKLER, E., Die Taufterminologie in 2 Kor 1,21f., in: Signum Crucis. Aufsätze zum Neuen Testament und zur Christlichen Archäologie, Tübingen 1967, 99-117
DERS., Älteste christliche Denkmäler - Bestand und Chronologie, in: Signum Crucis. Aufsätze zum Neuen Testament und zur Christlichen Archäologie, Tübingen 1967, 134-178
DOBSCHÜTZ, E. von, Zwei- und dreigliedrige Formeln. Ein Beitrag zur Vorgeschichte der Trinitätsformel, JBL 50, 1931, 117-147
DÖRRIE, H., Gnostische Spuren bei Plutarch, in: Studies in Gnosticism and Hellenistic Religions, FS G. QUISPEL, Leiden 1981, 92-116
DONELSON, L. R., Pseudepigraphy and Ethical Argument in the Pastoral Epistles, HUTh 22, 1986
DONFRIED, K. P., The Setting of Second Clement in Early Christianity, NT.S 38, 1974

Doty, W. G., Letters in Primitive Christianity, Philadelphia 1973

Dschulnigg, P., Der theologische Ort des Zweiten Petrusbriefes, BZ 33, 1989, 161–177

Dubarle, A. M., Le péché des anges dans l'épître de Jude, in: Mémorial J. Chaine, BFCTL 5, 1950, 145–148

Dunham, D. A., An Exegetical Study of 2 Peter 2,18–22, BS 140, 1983, 40–54

Dunnett, W. M., The Hermeneutics of Jude and 2 Peter: The Use of Ancient Jewish Traditions, JETS 31, 1988, 287–292

Duplacy, J., Le 'Texte Occidentale' des Épïtres Catholiques, NTS 16, 1970, 397–399

Edsman, E.-M., Le baptême de feu, ASNU 9, 1940

Ehrman, B. D., The New Testament Canon of Didymus the Blind, VigChr 37, 1983, 1–21

Ellis, E. E., Prophecy and Hermeneutic in Early Christianity, WUNT 18, 1978

Eybers, I. H., Aspects of the Background of the Letter of Jude, Neotestamentica 9, 1975, 113–123

Fahr, H. – Glessmer, U., Jordandurchzug und Beschneidung als Zurechtweisung in einem Targum zu Josua 5, Orientalia Biblica et Christiana 3, Glückstadt 1991

Farkasfalvy, D., The Ecclesial Setting of Pseudepigraphy in Second Peter and its Role in the Formation of the Canon, The Second Century 5, 1985/86, 3–29

Farmer, W. R., Some Critical Reflections on Second Peter: A Response to a Paper on Second Peter by Denis Farkasfalvy, The Second Century 5, 1985/86, 30–46

Ders. – Farkasfalvy, D. M., The Formation of the New Testament Canon. An Ecumenical Approach, New York–Ramsey–Toronto 1983

Fazekaš, L., Kanon im Kanon, ThZ 37, 1981, 19–34

Festugière, A.-J., La révélation d'Hermès Trismégiste, Bde. 1–4, Paris 1944–1954

Ders., Épicure et ses dieux, Paris 1946

Fischel, H. A., The Use of Sorites (Climax, Gradatio) in the Tannaitic Period, HUCA 44, 1973, 119–151

Ders., Rabbinic Literature and Greco-Roman Philosophy. A Study of Epicurea and Rhetorica in Early Midrashic Writings, StPB 21, 1973

Fitzmyer, J. A., Further Light on Melchizedek from Qumran Cave 11, JBL 86, 1967, 25–41

Ders., The Contribution of Qumran Aramaic to the Study of the New Testament, NTS 20, 1974, 382–407

Flacelière, R. Plutarque et l'Épicurisme. Epicurea in memoriam H. Bignone, Genua 1959, 197–215

Forkman, G., The Limits of the Religious Community. Expulsion from the

Religious Community within the Qumran Sect, within Rabbinic Judaism, and within Primitive Christianity, CB.NT 5, 1972
FORNBERG, T., An Early Church in a Pluralistic Society. A Study of 2 Peter, CB.NT 9, 1977
DERS., Rez. J. H. NEYREY, The Form and the Background of the Polemic in 2 Peter, SEA 43, 1978, 166-168
FOSSUM, J., Kyrios Jesus as the Angel of the Lord in Jude 5-7, NTS 33, 1987, 226-243
GALBIATI, E., L'escatologia delle lettere di S. Pietro, in: San Pietro: Atti della XIX settimana biblica, Brescia 1967, 412-423
GALLAGHER, J. T., A Study of von SODEN's H-Text in the Catholic Epistles, Andover University Seminary Studies 8, 1970, 97-119
GEIGER, J., To the History of the Term Apikoros, Tarb. 42, 1972/73, 499-500 (hebr.)
GEMÜNDEN, Petra von, Vegetationsmetaphorik im Neuen Testament und seiner Umwelt. Eine Bildfelduntersuchung, Diss.phil., Heidelberg 1989
GEORGI, D., The Opponents of Paul in Second Corinthians, Philadelphia 1986
GIELEN, M., Tradition and Theologie neutestamentlicher Haustafelethik, BBB 75, 1990
GLASSON, T. F., Greek Influence in Jewish Eschatology, London 1961
GLESSMER, U., Entstehung und Entwicklung der Targume zum Pentateuch als literarkritisches Problem dargestellt am Beispiel der Zusatztargume, Diss.theol., Hamburg 1988
GOGUEL, M., Les Nicolaïtes, RHR 115, 1937, 5-36
GOLDBERG, A., Kain: Sohn des Menschen oder Sohn der Schlange?, Judaica 25, 1969, 203-221
GOLDHAHN-MÜLLER, I., Die Grenze der Gemeinde. Studien zum Problem der Zweiten Buße im Neuen Testament unter Berücksichtigung der Entwicklung im 2. Jh. bis Tertullian, GTA 39, 1989
GOLTZ, E. von der, Eine textkritische Arbeit des zehnten bzw. sechsten Jahrhunderts, herausgegeben nach einem Kodex des Athosklosters Lawra, TU 17,4, 1899
DERS., Das Gebet in der ältesten Christenheit. Eine geschichtliche Untersuchung, Leipzig 1901
GOPPELT, L., Typos. Die typologische Deutung des Alten Testaments im Neuen, BFChTh II,43, Gütersloh 1939 (= Darmstadt 1973)
GRÄSSER, E., Das Problem der Parusieverzögerung in den synoptischen Evangelien und in der Apostelgeschichte, BZNW 22, ³1977
GRANT, R. M., Charges of ‚Immorality' against Various Religious Groups in Antiquity, in: Studies in Gnosticism and Hellenistic Religions, FS G. QUISPEL, Leiden 1981, 161-170
GREEN, E. M. B., Der 2. Petrusbrief neu betrachtet, in: C. P. THIEDE (Hg.), Das Petrusbild in der neueren Forschung, Wuppertal 1987, 1-50

Greene, J. T., Balaam: Prophet, Diviner, and Priest in Selected Ancient Israelite and Hellenistic Jewish Sources, SBLSP 28, 1989, 57-106
Grelot, P., Les Targums du Pentateuque. Étude comparative d'après Genèse IV,3-16, Semitica 9, 1959, 59-88
Grözinger, K. E., Art. Engel, III. Judentum, TRE 9, 586-596
Grosch, H., Die Echtheit des zweiten Briefes Petri, Berlin 1889
Gross, J., La divinisation du chrétien d'après les pères grecs, Paris 1938
Grützmacher, R. H., Die Haltbarkeit des Kanonbegriffs, in: Theologische Studien, FS Th. Zahn, Leipzig 1908, 47-68
Grundmann, W., Der Begriff der Kraft in der neutestamentlichen Gedankenwelt, BWANT IV,8, 1932
Ders., Stehen und Fallen im qumranischen und neutestamentlichen Schrifttum, in: H. Bardtke (Hg.), Qumran Probleme, Berlin 1963, 147-166
Grundmann, W., Art. δόκιμος κτλ., ThWNT II, 258-264
Ders., Art. δύναμαι κτλ., ThWNT II, 286-318
Ders., Art. στήκω κτλ., ThWNT VII, 635-652
Ders. - Rad, G. von - Kittel, G., Art. ἄγγελος κτλ., ThWNT I, 72-87
Grunewald, W. (Hg.), Das Neue Testament auf Papyrus. I. Die Katholischen Briefe, ANTF 6, 1986
Gryglewicz, F., Rozwoj teologii listu Sw. Judy i drugiego listu Sw. Piotra, RBL 33, 1980, 247-258
Gunther, J. J., The Meaning and Origin of the Name „Judas Thomas", Muséon 93, 1980, 113-148
Ders., The Alexandrian Epistle of Jude, NTS 30, 1984, 549-562
Haacker, K. - Schäfer, P., Nachbiblische Traditionen vom Tod des Mose, in: Josephus-Studien, FS O. Michel, Göttingen 1974, 147-174
Hackett, J. A., The Balaam Text from Deir 'Alla, HSM 31, 1980
O'Hagan, A. P., Material Re-Creation in the Apostolic Fathers, TU 100, 1968
Hagner, D. A., The Use of the Old and New Testaments in Clement of Rome, NT.S 34, 1973
Hahn, F., Christologische Hoheitstitel. Ihre Geschichte im frühen Christentum, FRLANT 83, 1963
Ders., Randbemerkungen zum Judasbrief, ThZ 37, 1981, 209-218
Hanse, H., „Gott haben" in der Antike und im frühen Christentum, RVV 27, 1939
Ders., Art. ἔχω κτλ., ThWNT II, 816-832
Hanson, P. D., Rebellion in Heaven, Azazel, and Euhemeristic Heroes in 1 Enoch 6-11, JBL 96, 1977, 195-233
Harnack, A., Die Lehre der zwölf Apostel nebst Untersuchungen zur ältesten Geschichte der Kirchenverfassung und des Kirchenrechts, TU 2, 1.2, 1886
Ders., Die Verklärungsgeschichte Jesu, der Bericht des Paulus (I.Kor. 15,3ff.) und die beiden Christusvisionen des Paulus, SPAW.PH, 1922, 62-80

DERS., The Sect of the Nicolaitans and Nicolaus, the Deacon of Jerusalem, JR 3, 1923, 413-422

DERS., Die Mission und Ausbreitung des Christentums in den ersten drei Jahrhunderten, Bd. I/II, Leipzig ⁴1924

DERS., Die Briefsammlung des Apostels Paulus und die anderen vorkonstantinischen christlichen Briefsammlungen, Leipzig 1926

HARNISCH, W., Verhängnis und Verheißung der Geschichte. Untersuchungen zum Zeit- und Geschichtsverständnis im 4. Buch Esra und in der syr. Baruchapokalypse, FRLANT 97, 1969

DERS., Eschatologische Existenz. Ein exegetischer Beitrag zum Sachanliegen von 1. Thessalonicher 4,13-5,11, FRLANT 110, 1973

HARTMANN, L., Prophecy Interpreted. The Formation of some Jewish apocalyptic Texts and of the eschatological Discourse Mark 13 par., CB.NT 1, 1966

DERS., Asking for a Meaning. A Study of 1 Enoch 1-5, CB.NT 12, 1979

HEILIGENTHAL, R., Der Judasbrief. Aspekte der Forschung in den letzten Jahrzehnten, ThR 51, 1986, 117-129

DERS., Wer waren die „Nikolaiten"? Ein Beitrag zur Theologiegeschichte des frühen Christentums, ZNW 82, 1991, 133-137

DERS., Zwischen Henoch und Paulus. Studien zum theologiegeschichtlichen Ort des Judasbriefes, TANZ 6, 1992

HEIN, K., Eucharist and Excommunication. A study in early Christian doctrine and discipline, Diss., Bern-Frankfurt/M 1973

HEINZE, R. (Hg.), T. Lucretius Carus. De rerum natura Buch III, Leipzig 1897

HEMMERDINGER-ILIADOU, D., II Pierre, II,18 d'après l'Éphrem grec, RB 64, 1957, 399-401

HENGEL, M., Judentum und Hellenismus. Studien zu ihrer Begegnung unter besonderer Berücksichtigung Palästinas bis zur Mitte des 2. Jhs v. Chr., WUNT 10, 1969

DERS., Anonymität, Pseudepigraphie und „Literarische Fälschung" in der jüdisch-hellenistischen Literatur, Pseudepigrapha I, Vandoeuvres-Genève 1972, 229-308

HENNECKE, E. - SCHNEEMELCHER, W. (Hgg.), Neutestamentliche Apokryphen, Bd. 1/2, Tübingen ³1959/64

HESSELING, Neotestamentica, NP 11, 1926, 221-225

HIEBERT, D. E., An Exposition of Jude 3-4, Bibliotheca Sacra 142, 1985, 142-151

HILGENFELD, A., Die Ketzergeschichte des Urchristentums, Leipzig 1884 (= Darmstadt 1966)

HILHORST, A., Art. Hermas, RAC 14, 1988, 682-701

HOLLADAY, C.H., Theios Aner in Hellenistic Judaism. A Critique of the Use of this Category in New Testament Christology, SBLDS 40, 1977

HOLTZMANN, H. J., Lehrbuch der historisch-kritischen Einleitung in das Neue Testament, Freiburg ²1886

Ders., Lehrbuch der neutestamentlichen Theologie I/II, Tübingen ²1911 (Hgg.: A. Jülicher - W. Bauer)
Horgan, M. P., Pesharim: Qumran Interpretations of Biblical Books, CBQ MonSer 8, 1979
Horsley, G. H. R., New Documents Illustrating Early Chritianity. A Review of the Greek Inscriptions and Papyri published in 1976, 1977, 1979, Macquarie University 1981/82/87
Horst, F., Art. μακροθυμία κτλ., ThWNT IV, 377-390
Horton, F. L., The Melchizedek Tradition. A Critical Examination of the Sources to the Fifth Century A.D. and in the Epistle to the Hebrews, SNTS MS 30, 1976
Hunzinger, C.-H., Beobachtungen zur Entwicklung der Disziplinarordnung der Gemeinde von Qumran, in: H. Bardtke (Hg.), Qumranprobleme, Berlin 1963, 231-248
Isenberg, S., An anti-Sadducee Polemic in the Palestinian Targum Tradition, HThR 63, 1970, 433-444
James, M. R. (Hg.), Apocrypha anecdota II. Text and Studies, V,1, Cambridge 1897
Jefford, C.N., The Sayings of Jesus in the Teaching of the Twelve Apostles, VigChr Suppl. 11, 1989
Jenks, G. C., The Origins and Early Development of the Antichrist Myth, BZNW 59, 1991
Jeremias, J., Art. Μωυσῆς, ThWNT IV, 852-878
Jeremias, J., Theophanie. Die Geschichte einer alttestamentlichen Gattung, WMANT 10, 1965
Johnson, D. E., Fire in God's House: Imagery from Malachi 3 in Peter's Theology of Suffering (1 Pet 4:12-19), JETS 29, 1986, 285-294
Jonge, M. de - Woude, A. S. van der, 11 Q Melchizedek and the New Testament, NTS 12, 1965/66, 301-326
Joubert, S. J., Language, Ideology and the Social Context of the Letter of Jude, Neotestamentica 24, 1990, 335-349
Jülicher, A., Rez. F. Maier, Der Judasbrief, GGA 1909, 523-530
Ders. - Fascher, E., Einleitung in das Neue Testament, Tübingen ⁷1931
Käsemann, E., Eine Apologie der urchristlichen Eschatologie, in: Ders., Exegetische Versuche und Besinnungen I, 135-157, Göttingen 1960
Ders., Paulus und der Frühkatholizismus. Exegetische Versuche und Besinnungen, Bd. 2, Göttingen 1964, 239-252
Kam, J. vander, The Theophany of Enoch I 3b-7,9, VT 23, 1973, 129-150
Ders., The Righteousness of Noah, in: J. J. Collins - G. W. E. Nickelsburg (Hgg.), Ideal Figures in Ancient Judaism. Profiles and Paradigms, SBLSC 12, 1980, 13-32
Kamlah, E., Die Form der katalogischen Paränese im Neuen Testament, WUNT 7, 1964
Karpp, H., Art. Bileam, RAC 2, 362-373

KARRER, M., Die Johannesoffenbarung als Brief. Studien zu ihrem literarischen, historischen und theologischen Ort, FRLANT 140, 1986
KASPER, H., Griechische Soter-Vorstellungen und ihre Übernahme in das politische Leben Roms, Diss.phil. (Mainz), München 1961
KAUTZSCH, E., Die Apokryphen und Pseudepigraphen des Alten Testaments, Bd. I/II, Tübingen 1900
KERN, O., Orphicorum Fragmenta, Berlin 1922
KIRSCHBAUM, E., Der Prophet Balaam und die Anbetung der Weisen, RQ 49, 1954, 129-171
KITZBERGER, I., Bau der Gemeinde. Das paulinische Wortfeld οἰκοδομή / (ἐπ)οικοδομεῖν, FzB 53, 1986
KLAIBER, W., Rechtfertigung und Gemeinde. Eine Untersuchung zum paulinischen Kirchenverständnis, FRLANT 127, 1982
KLEIN, G., Die Zwölf Apostel. Ursprung und Gestalt einer Idee, FRLANT 77, 1961
DERS., Der zweite Petrusbrief und der neutestamentliche Kanon, in: DERS., Ärgernisse. Konfrontationen mit dem Neuen Testament, München 1970, 109-114
KLIJN, A. F. J., An Analysis of the Use of the Story of the Flood in the Apocalypse of Adam, in: Studies in Gnosticism and Hellenistic Religions, FS G. QUISPEL, Leiden 1981, 218-226
DERS., Jude 5 to 7, in: The New Testament Age, FS B. REICKE, Macon 1984, I, 237-244
KLINE, M. G., Primal Parousia, WThJ 40, 1977/78, 245-280
KNOCH, O., Eigenart und Bedeutung der Eschatologie im theologischen Aufriß des ersten Clemensbriefes, Theoph. 17, 1964
DERS., Die „Testamente" der apostolischen Überlieferung in der spätneutestamentlichen Zeit, SBS 62, 1973
KNOPF, R., Das nachapostolische Zeitalter. Geschichte der christlichen Gemeinden vom Beginn der Flavierdynastie bis zum Ende Hadrians, Tübingen 1905
DERS., Die Lehre der zwölf Apostel. Die zwei Clemensbriefe, HNT 17, 1920
KOBELSKI, P. J., Melchizedek and Melchireša', CBQ MS 10, 1981
KÖSTER, H., Synoptische Überlieferung bei den Apostolischen Vätern, TU 65, 1957
DERS., Häretiker im Urchristentum als theologisches Problem, in: Zeit und Geschichte (Dankesgabe an R. BULTMANN), Tübingen 1964, 61-76
DERS., Art. ὑπόστασις, ThWNT VIII, 571-588
KOLLMANN, B., Ursprung und Gestalten der frühchristlichen Mahlfeier, GTA 43, 1990
KOLLWITZ, J., Christus als Lehrer und die Gesetzesübergabe an Petrus in der konstantinischen Kunst Roms, RQ 44, 1936, 45-66
KOSCHORKE, K., Eine gnostische Pfingstpredigt. Zur Auseinandersetzung

zwischen gnostischem und kirchlichem Christentum am Beispiel der „Epistula Petri ad Philippum" (NHC VIII,2), ZThK 74, 1977, 323-343

DERS., Die Polemik der Gnostiker gegen das kirchliche Christentum, NHSt XII, 1978

DERS., Der gnostische Traktat „Testimonium Veritatis" aus dem Nag-Hammadi-Codex IX, ZNW 69, 1978, 91-117

KRAFT, H. (Hg.), Clavis Patrum Apostolicorum, München 1963

KRAFT, R. A., The Development of the Concept of „Orthodoxy" in Early Christianity, in: Current Issues in Biblical and Patristic Interpretation, FS M. C. TENNEY, Grand Rapids 1975, 47-59

KRAUSS, S. (Hg.), Sanhedrin. Makkot. Die Mischna IV,4.5, Gießen 1933

KRUSE, H., Das Reich Satans, Bib. 58, 1977, 29-61

KUBO, S., p^{72} and the Codex Vaticanus, StD 27, Salt Lake City 1965

DERS., Textual Relationships in Jude, in: Studies in New Testament Language and Text, FS G. D. KILPATRICK, NT.S 44, 1976, 276-282

DERS., Jude 22-3: Two-division form or Three?, in: New Testament textual Criticism, FS B. M. METZGER, Oxford 1981, 239-253

KÜCHLER, M., Frühjüdische Weisheitstraditionen. Zum Fortgang weisheitlichen Denkens im Bereich des frühjüdischen Jahweglaubens, OBO 26, 1979

KÜMMEL, W. G., Das Neue Testament. Geschichte der Erforschung seiner Probleme, OA III/3, ²1970

DERS., Einleitung in das Neue Testament, Heidelberg ²¹1983

KUHN, K. G., Art. Ἄβελ - Κάϊν, ThWNT I, 6-7

DERS., Art. Βαλαάμ, ThWNT I, 521-523

KUIPER, G. J., Targum Pseudo-Jonathan: A study of Genesis 4:7-10,16, Aug. 10, 1970, 533-570

LAMPE, G. W. H. (Hg.), A Patristic Greek Lexicon, Oxford 1968

LANG, F., Art. πῦρ κτλ., ThWNT VI, 927-953

LAPERROUSAZ, E.-M., Le Testament de Moïse, Semitica 19, 1970

LECHLER, G. V., Das apostolische und das nachapostolische Zeitalter mit Rücksicht auf Unterschied und Einheit in Lehre und Leben, Stuttgart ²1857

LEIPOLDT, J., Geschichte des neutestamentlichen Kanons, I/II, Leipzig 1907/08

DERS., Die Frühgeschichte der Lehre von der göttlichen Eingebung, ZNW 44, 1952/53, 118-145

LEMKE, D., Die Theologie Epikurs. Versuch einer Rekonstruktion, Zetemata 57, 1973

LENHARD, H., Ein Beitrag zur Übersetzung von II Petr 3,10d, ZNW 52, 1961, 128-129

DERS., Noch einmal zu 2 Petr 3,10d, ZNW 69, 1978, 136

LEWIS, J. P., A Study of the Interpretation of Noah and the Flood in Jewish and Christian Literature, Leiden 1968

LINDEMANN, A., Paulus im ältesten Christentum. Das Bild des Apostels und die Rezeption der paulinischen Theologie in der frühchristlichen Literatur bis Marcion, BHTh 58, 1979

DERS., Die Clemensbriefe, HNT 17, 1992

DERS., Art. Herrschaft Gottes / Reich Gottes IV. Neues Testament und spätantikes Judentum, TRE 15, 196-218

LIPS, H. von, Weisheitliche Traditionen im Neuen Testament, WMANT 64, 1990

DERS., Schweine füttert man, Hunde nicht – ein Versuch, das Rätsel von Matthäus 7,6 zu lösen, ZNW 79, 1988, 165-186

LIPSIUS, R. A. – BONNET, M. (Hgg.); Acta Apostolorum Apocrypha, I, II.1,2, Darmstadt 1959 (= Leipzig 1891/1898/1903)

LOADER, J. A., A Tale of Two Cities. Sodom and Gomorrah in the Old Testament, early Jewish and early Christian Traditions, Kampen 1990

LØNNING, I., Tradisjon og Skrift. Eksegese av 2 Petr. 1,19-21, NTT 72, 1971, 129-154

LÖVESTAM, E., Eschatologie und Tradition im 2. Petrusbrief, in: The New Testament Age, FS B. REICKE, Macon 1984, II,287-300

LOEWENSTAMM, S. E., The Death of Moses, in: G. W. E. NICKELSBURG (Hg.), Studies on the Testament of Abraham, SBLSC 6, 1976, 185-217

LOHMANN, H., Drohung und Verheißung. Exegetische Untersuchungen zur Eschatologie bei den Apostolischen Vätern, BZNW 55, 1989

LOHMEYER, E., Die Verklärung Jesu nach dem Markus-Evangelium, ZNW 21, 1922, 185-215

LOHSE, E. (Hg.), Die Texte aus Qumran. Hebräisch und deutsch, Darmstadt ⁴1986

LORETZ, O., Das Ende der Inspirations-Theologie. Chancen eines Neubeginns. Bd. I, Untersuchungen zur Entwicklung der traditionellen theologischen Lehre über die Inspiration der Heiligen Schrift, SBB, 1974

LOUW, J., Wat wordt in II Petrus 1:20 gesteld?, NedThT 19, 1964/65, 202-212

LÜHRMANN, D., Die Redaktion der Logienquelle, WMANT 33, 1969

DERS., Noah und Lot (Lk 17,26-29) – ein Nachtrag, ZNW 63, 1972, 130-132

DERS., Gal 2,9 und die katholischen Briefe. Bemerkungen zum Kanon und zur regula fidei, ZNW 72, 1981, 65-87

DERS., Das Bruchstück aus dem Hebräerevangelium bei Didymos von Alexandrien, NT 29, 1987, 265-279

LUEKEN, M., Michael. Eine Darstellung und Vergleichung der jüdischen und der morgenländisch-christlichen Tradition vom Erzengel Michael, Göttingen 1898

LUNDBERG, P., La Typologie baptismale dans l'ancienne église, ASNU 10, 1942

Luz, U., Erwägungen zur Entstehung des „Frühkatholizismus". Eine Skizze, ZNW 65, 1974, 88-111

Magass, W., Semiotik einer Ketzerpolemik am Beispiel von Judas 12f., LingBibl 19, 1972, 36-47

Maier, F., Zur Erklärung des Judasbriefes (Jud 5), BZ 2, 1904, 377-397

Ders., Der Judasbrief. Seine Echtheit, Abfassungszeit und Leser, BSt(F) 11,1.2, 1906

Mansfeld, J., Providence and the Destruction of the Universe in Early Stoic Thought. With Some Remarks on the „Mysteries of Philosophy", in: M. J. Vermaseren (ed.), Studies in Hellenistic Religions, EPRO 78, 1979, 129-188

Ders., Resurrection added: The Interpretatio Christiana of a Stoic Doctrine, VigChr 37, 1983, 218-233

Marmorstein, A., Studien zum Pseudo-Jonathan Targum. I. Das Targum und die apokryphe Literatur, Diss.phil., Pressburg 1905

Marxsen, W., Der „Frühkatholizismus" im Neuen Testament, BSt 21, 1958

Ders., Das Neue Testament als Buch der Kirche, Gütersloh 1966

Ders., Kontingenz der Offenbarung oder (und?) Kontingenz des Kanons? in: Ders., Der Exeget als Theologe. Vorträge zum Neuen Testament, Gütersloh 1968, 129-138

Ders., Das Problem des neutestamentlichen Kanons aus der Sicht des Exegeten, in: Ders., Der Exeget als Theologe. Vorträge zum Neuen Testament, Gütersloh 1968, 91-103

Massaux, E., Influence de l'évangile de saint Matthieu sur la littérature chrétienne avant saint Irénée, Universitas Catholica Lovaniensis, Diss., Louvain-Gembloux 1950, II,42

Ders., Le Texte de l'Epître de Jude du Papyrus Bodmer VII (p72), in: E. van Cauwenbergh, Mélanges, Louvain 1961, 108-125

Maurer, Chr., Art. προσδοκάω κτλ., ThWNT VI, 725-727

Mayer, R., Die biblische Vorstellung vom Weltenbrand. Eine Untersuchung über die Beziehungen zwischen Parsismus und Judentum, BOS NS 4, 1956

McCarter, P. K., The Balaam Texts from Deir 'Allā: The First Combination, BASOR 239, 1980, 49-60

McNamara, M., The Unity of Second Peter: A Reconsideration, Scripture 12, 1960, 13-19

Meade, D. G., Pseudonymity and Canon. An Investigation into the Relationship of Authorship and Authority in Jewish and Earliest Christian Tradition, WUNT 39, 1986

Méasson, A., Du char ailé de Zeus à l'arche d'alliance. Images et mythes platoniciens chez Philon d'Alexandrie, Paris 1986

Méautis, G., Des délais de la justice divine par Plutarque, Lausanne 1935

Mees, M., Papyrus Bodmer VII (p^{72}) und die Zitate aus dem Judasbrief bei Clemens von Alexandrien, CDios 81, 1968, 551-559

MEIER, S., 2 Peter 3:3-7 - An Early Jewish and Christian Response to Eschatological Skepticism, BZ 32, 1988, 255-257

MEISTER, M., De Axiocho dialogo, Diss.phil., Breslau 1915

MELL, U., Neue Schöpfung. Eine traditionsgeschichtliche und exegetische Studie zu einem soteriologischen Grundsatz paulinischer Theologie, BZNW 56, 1989

METZGER, B. M., The Early Versions of the New Testament. Their Origin, Transmission and Limitations, Oxford 1977

DERS., The Canon of the New Testament. Its Origin, Development, and Significance, Oxford 1988

MEYER, A., Das Rätsel des Jacobusbriefes, BZNW 10, 1930

MICHAELIS, W., Der Herr verzieht nicht die Verheissung. Die Aussagen Jesu über die Nähe des Jüngsten Tages, Bern 1942

MICHEL, O., Art. κύων κτλ., ThWNT III, 1100-1104

DERS., Art. μιμνήσκομαι κτλ., ThWNT IV, 678-687

MILIK, J. T., 4Q Visions de 'Amram et une citation d'Origène, RB 79, 1972, 77-97

DERS., Milkî-sedeq et Milkî-reša' dans les anciens écrits juifs et chrétiens, JSJ 23, 1972, 95-144

DERS., The Books of Enoch. Aramaic Fragments of Qumrân Cave 4, Oxford 1976

MOLLAND, E., La Thèse „La prophétie n'est jamais venue de la volonté de l'homme" (2 Pierre 1,21) et les Pseudo-Clémentines, StTh 9, 1955, 67-85

MOORE, A. L., The Parousia in the New Testament, NT.S Suppl. 13, 1966

MOULE, C. F. D., An Idiom-Book of New Testament Greek, Cambridge ²1968

MÜHLL, P. von der (Hg.), Epicuri epistulae tres et ratae sententiae a Laertio Diogene servatae, Leipzig 1922

MÜLLER, K. H., „Die Propheten sind schlafen gegangen" (syrBar 85,3), BZ 26, 1982, 179-207

MÜLLER, U. B., Zur frühchristlichen Theologiegeschichte. Judenchristentum und Paulinismus in Kleinasien an der Wende vom ersten zum zweiten Jahrhundert n.Chr., Gütersloh 1976

MÜNCHOW, C., Ethik und Eschatologie. Ein Beitrag zum Verständnis der frühjüdischen Apokalyptik, Göttingen 1981

MUNCK, J., Discours d'adieu dans le Nouveau Testament et dans la littérature biblique. Aux sources de la tradition chrétienne, FS M. GOGUEL, Neuchatel-Paris 1950, 155-170

MUSSNER, F., Petrus und Paulus - Pole der Einheit. Eine Hilfe für die Kirchen, QD 76, 1976

DERS., Was hält den Kanon zusammen? Bemerkungen zur Kanonsdiskussion, in: Veritati Catholicae, FS L. SCHEFFCZYK, Aschaffenburg 1985, 177-202

NESTLE, E. - ALAND, B. u. K., Novum Testamentum Graece, Stuttgart ²⁶1979

Neusner, J., Eliezer ben Hyrcanus. The Tradition and the Man, SJLA 3.4, 1973
Newsom, C., Songs of the Sabbath Sacrifice: A critical Edition, Atlanta 1985
Neymeyr, U., Die christlichen Lehrer im zweiten Jahrhundert. Ihre Lehrtätigkeit, ihr Selbstverständnis und ihre Geschichte, VigChr Suppl. IV, 1989
Neyrey, J. H., The Form and Background of the Polemic in 2 Peter, Diss., Yale 1977
Ders., The Apologetic Use of the Transfiguration in 2 Peter 1:16-21, CBQ 42, 1980, 505-519
Ders., The Form and Background of the Polemic in 2 Peter, JBL 99, 1980, 407-431
Nibley, H., Evangelium Quadraginta Dierum, VigChr 20, 1966, 1-24
Nickelsburg, G. W. E. (Hg.), Studies on the Testament of Abraham, SBLSC 6, 1976
Ders., Apocalyptic and Myth in 1 Enoch 6-11, JBL 96, 1977, 383-405
Niebuhr, K.-W., Gesetz und Paränese. Katechismusartige Weisungsreihen in der frühjüdischen Literatur, WUNT II,28, 1987
Niederwimmer, K., Die Didache, KAV 1, 1989
Nock, A. D. - Festugière, A.-J., Corpus Hermeticum, Bd. I-IV, Paris 1945-54
Nordheim, E. von, Die Lehre der Alten. Das Testament als Literaturgattung in Israel und im Alten Vorderen Orient, Diss. theol., München 1973
Normann, F., Teilhabe - ein Schlüsselwort der Vätertheologie, MBTh 42, 1978
Ohlig, K.-H., Die theologische Begründung des neutestamentlichen Kanons in der alten Kirche, Düsseldorf 1972
Ders., Woher nimmt die Bibel ihre Autorität. Zum Verhältnis von Schriftkanon, Kirche und Jesus, Düsseldorf 1970
Oleson, J. P., An Echo of Hesiod's Theogony vv.190-2 in Jude 13, NTS 25, 1979, 492-503
Olivier, F., Une correction au texte du Nouveau Testament: II Pierre, 3,10, in: Ders., Essais dans le domaine du monde gréco-romain antique et dans celui du Nouveau Testament, Genève 1963, 127-152
Osburn, C. D., The Text of Jude 22-23, ZNW 63, 1972, 139-144
Dies., The Christological Use of I Enoch i.9 in Jude 14,15, NTS 23, 1977, 334-341
Dies., The Text of Jude 5, Bib. 62, 1981, 107-115
Dies., 1 Enoch 80:2-8 (67:5-7) and Jude 12-13, CBQ 47, 1985, 296-303
Otto, J. K. von, Corpus Apologetarum Christianorum Saeculi Secundi, Bd. 9, Jena 1872
Ders., Haben Barnabas, Justinus und Irenäus den zweiten Petrusbrief (3,8) benutzt?, ZWTh 20, 1877, 525-529
Paulsen, H., Überlieferung und Auslegung in Römer 8, WMANT 43, 1974
Ders., Erwägungen zu Acta Apollonii 14-22, ZNW 66, 1975, 117-126

Ders., Zur Wissenschaft vom Urchristentum und der alten Kirche – ein methodischer Versuch, ZNW 68, 1977, 200–230

Ders., Das Kerygma Petri und die urchristliche Apologetik, ZKG 88, 1977, 1–37

Ders., Die Bedeutung des Montanismus für die Herausbildung des Kanons, VigChr 32, 1978, 19–52

Ders., Studien zur Theologie des Ignatius von Antiochien, FKDG 29, 1978

Ders., Schisma und Häresie. Untersuchungen zu 1 Kor 11,18.19, ZThK 79, 1982, 180–211

Ders., Kanon und Geschichte. Bemerkungen zum zweiten Petrusbrief, in: Die Auslegung Gottes durch Jesus, FS H. Braun (masch), Mainz 1983, 191–204

Ders., Die Witwe und der Richter, ThGl 74, 1984, 13–39

Ders., Art. Judasbrief, TRE 17, 307–310

Ders., Von der Unbestimmtheit des Anfangs. Zur Entstehung von Theologie im Urchristentum, in: Anfänge der Christologie, FS F. Hahn, Göttingen 1991, 25–41

Ders., Sola Scriptura und das Kanonproblem, in: H. H. Schmid – J. Mehlhausen (Hgg.), Sola Scriptura. Das reformatorische Schriftprinzip in der säkularen Welt, Gütersloh 1991, 61–78

Pearson, B. A., A Reminiscence of Classical Myth at II Peter 2.4, GRBS 10, 1969, 71–80

Ders., The Pneumatikos-Psychikos Terminology in 1 Corinthians. A Study in the Theology of the Corinthians Opponents of Paul and its Relation to Gnosticism, SBLDS 12, 1973

Ders., The Figure of Melchizedek in the First Tractate of the Unpublished Coptic-Gnostic Codex IX from Nag Hammadi, SHR Numen 31, 1975, 200–208

Ders., Anti-Heretical Warnings in Codex IX from Nag Hammadi, in: M. Krause (Hg.), Essays on the Nag Hammadi Texts (In Honour of Pahor Labib), NHSt VI, 1975, 145–154

Ders. (Hg.), Nag Hammadi Codices IX and X, NHSt XV, 1981

Peel, M. L. – Zandee, J., „The Teachings of Silvanus" from the library of Nag Hammadi, NT 14, 1972, 294–311

Pérez, G. A., El Apostol Pedro en la Literatura Gnostica, EstB 47, 1989, 65–92

Pesch, R., Simon Petrus. Geschichte und geschichtliche Bedeutung des ersten Jüngers Jesu Christi, Päpste und Papsttum 15, Stuttgart 1980

Peterson, E., Das Buch von den Engeln. Stellung und Bedeutung der heiligen Engel im Kultus, Leipzig 1935

Pfammatter, J., Die Kirche als Bau. Eine exegetisch-theologische Studie zur Ekklesiologie der Paulus-Briefe, AnGr 110, Rom 1960

Pfitzner, V. C., Paul and the Agon Motif. Traditional Athletic Imagery in the Pauline Literature, NT.S 16, 1967

Pfleiderer, O., Das Urchristenthum, seine Schriften und Lehren in geschichtlichem Zusammenhang, Berlin 1887
Picirelli, R. E., The meaning of „Epignosis", EvQ 47, 1975, 85-93
Ders., Allusions to 2 Peter in the Apostolic Fathers, JSNT 33, 1988, 57-83
Pratscher, W., Der Herrenbruder Jakobus und die Jakobustradition, FRLANT 139, 1987
Preisker, H., Das Ethos des Urchristentums, Gütersloh [2]1949
Quacquarelli, A., Similitudini sentenze e proverbi in S. Pietro, in: San Pietro: Atti della XIX settimana biblica, Brescia 1967, 425-442
Quell, G., Wahre und falsche Propheten. Versuch einer Interpretation, BFChTh 46,1, 1952
Ders. - Stauffer, E., Art. ἀγαπάω κτλ., ThWNT I, 20-55
Radermacher, L., Neutestamentliche Grammatik. Das Griechisch des Neuen Testaments im Zusammenhang mit der Volkssprache, HNT 1, [2]1925
Radl, W., Ankunft des Herrn. Zur Bedeutung und Funktion der Parusieaussagen bei Paulus, BET 15, 1981
Rappaport, S., Der gerechte Lot. Bemerkung zu II Ptr 2,7.8, ZNW 29, 1930, 299-304
Rau, E., Kosmologie, Eschatologie und die Lehrautorität Henochs. Traditions- und formgeschichtliche Untersuchungen zum äth. Henochbuch und zu verwandten Schriften, Diss.theol., Hamburg 1974
Ders., Reden in Vollmacht. Hintergrund, Form und Anliegen der Gleichnisse Jesu, FRLANT 149, 1990
Reck, R., 2 Tim 3,16 in der altkirchlichen Literatur. Eine wirkungsgeschichtliche Untersuchung zum Locus classicus der Inspirationslehre, WiWei 53, 1990, 81-105
Rehkopf, F., Septuaginta-Vokabular, Göttingen 1989
Reicke, B., Diakonie, Festfreude und Zelos in Verbindung mit der altchristlichen Agapenfeier, UUA 1951:5, 1951
Reitzenstein, R., Die hellenistischen Mysterienreligionen, Darmstadt [3]1966 (= 1927)
Rengstorf, K. H., Art. γογγύζω κτλ., ThWNT 1, 727-737
Repo, E., Der Begriff „Rhēma" im Biblisch-Griechischen. Eine traditionsgeschichtliche und semasiologische Untersuchung, AASF B, 75,2 / B, 88,1, 1951/1954
Ders., Der „Weg" als Selbstbezeichnung des Urchristentums. Eine traditionsgeschichtliche und semasiologische Untersuchung, AASF B 132,2, 1964
Richards, W. L., Textual Criticism on the Greek Text of the Catholic Epistles: A Bibliography, AUSS 12, 1974, 103-111
Riesenfeld, H., Jésus transfiguré. L'arrière-plan du récit évangélique de la transfiguration de notre-seigneur, ASNU 16, 1947
Riesner, R., Der zweite Petrusbrief und die Eschatologie, in: G. Maier

(Hg.), Zukunftserwartung in biblischer Sicht, Wuppertal-Gießen/Basel, 1984, 124-143
RINALDI, G., La „sapienza data" a Paolo (2Petr. 3,15), in: San Pietro: Atti della XIX settimana biblica, Brescia 1967, 395-411
RIST, J. M., Epicurus. An Introduction, Cambridge 1972
RITSCHL, A., Die Entstehung der altkatholischen Kirche. Eine kirchen- und dogmengeschichtliche Monographie, Bonn ²1857
DERS., Über die im Briefe des Judas charakterisirten Antinomisten, ThStKr 34, 1861, 103-113
RITSCHL, O., Dogmengeschichte des Protestantismus, Bd. 1, Leipzig 1908
ROBINSON, J. A. T., Redating the New Testament, London 1976
ROSMARIN, A., Moses im Lichte der Agada, Diss.phil., Würzburg, New York 1932
ROWSTON, D. J., The Most neglected Book in the New Testament, NTS 21, 1975, 554-563
RUBINKIEWICZ, R., Die Eschatologie von Henoch 9-11 und das Neue Testament, Klosterneuburg 1984
SAHLIN, H., Emendationsvorschläge zum griechischen Text des Neuen Testaments, III, NT 25, 1983, 73-88
SAIZ, J. R. B., La carta de Judas a la luz de algunos escritos judíos, EstB 39, 1981, 83-105
SCHADE, H.-H., Apokalyptische Christologie bei Paulus. Studien zum Zusammenhang von Christologie und Eschatologie in den Paulusbriefen, GTA 18, 1981
SCHÄFER, P., Rivalität zwischen Engeln und Menschen. Untersuchungen zur rabbinischen Engelvorstellung, SJ 8, 1975
SCHALLER, B., Gen. 1.2 im spätantiken Judentum, Diss., Göttingen 1961
SCHELKLE, K. H., Spätapostolische Briefe und Frühkatholizismus, in: DERS., Wort und Schrift. Beiträge zur Auslegung und Auslegungsgeschichte des Neuen Testaments, Düsseldorf 1966, 117-125
DERS., Der Judasbrief bei den Kirchenvätern, in: DERS., Wort und Schrift. Beiträge zur Auslegung und Auslegungsgeschichte des Neuen Testaments, Düsseldorf 1966, 300-308
SCHENKE, H.-M., Die jüdische Melchisedek-Gestalt als Thema der Gnosis, in: K.-W. TRÖGER (Hg.), Altes Testament - Frühjudentum - Gnosis, Gütersloh 1980, 111-136
DERS. - FISCHER, K. M., Einleitung in die Schriften des Neuen Testaments II. Die Evangelien und die anderen neutestamentlichen Schriften, Gütersloh 1979
SCHLATTER, A., Die Theologie des Judentums nach dem Bericht des Josefus, BFChTh II,26, 1932
SCHLIER, H., Art. αἱρέομαι κτλ., ThWNT I, 179-184
DERS., Art. ἐλεύθερος κτλ., ThWNT II, 484-500

Schlosser, J., Les jours de Noé et de Lot. A propos de Luc, xvii,26-30, RB 80, 1973, 13-36

Schmauch, W., Orte der Offenbarung und der Offenbarungsort im Neuen Testament, Göttingen 1956

Schmid, W., Art. Epikur, RAC 5, 1961, 681-819

Schmidt, F., Le Testament Grec d'Abraham, Texte u. Studien zum Antiken Judentum 11, Tübingen 1986

Schmithals, W., Zur Abfassung und ältesten Sammlung der paulinischen Hauptbriefe. in: Ders., Paulus und die Gnostiker. Untersuchungen zu den kleinen Paulusbriefen, Hamburg-Bergstedt 1965, 175-200

Ders., Der Markusschluß, die Verklärungsgeschichte und die Aussendung der Zwölf, ZThK 69, 1972, 379-411

Ders., Neues Testament und Gnosis, Erträge der Forschung 208, Darmstadt 1984

Schmitz, H.-J., Frühkatholizismus bei Adolf von Harnack, Rudolph Sohm und Ernst Käsemann, Düsseldorf 1977

Schneemelcher, W. (Hg.), Neutestamentliche Apokryphen, I/II, Tübingen [6]1990/[5]1989

Schnider, F. - Stenger, W., Studien zum neutestamentlichen Briefformular, NTTS 11, 1987

Schoemann, G. F., Schediasma de Epicuri theologia, Greifswald 1864

Schoeps, H. J., Simon Magus in der Haggada?, HUCA 21, 1948, 257-274

Scholz, H., Der Hund in der griechisch-römischen Magie und Religion, Diss.phil, Berlin 1937

Schoonheim, P. L., Een semasiologisch onderzoek van Parousia met betrekking tot het gebruik in Mattheus 24, Diss., Aalten 1953

Schrage, W., Die Frage nach der Mitte und dem Kanon im Kanon des Neuen Testaments in der neueren Diskussion, in: Rechtfertigung, FS E. Käsemann, Tübingen 1976, 415-442

Ders., „Ein Tag ist beim Herrn wie tausend Jahre, und tausend Jahre sind wie ein Tag" 2 Petr 3,8, in: Glaube und Eschatologie, FS W. G. Kümmel, Tübingen 1985, 267-276

Schrenk, G., Art. γράφω κτλ., ThWNT I, 742-773

Schürer, E., Die Prophetin Isebel in Thyatira. Offenb. Joh. 2,20, in: Theologische Abhandlungen, FS C. v. Weizsäcker, Freiburg 1982, 37-58

Ders., Geschichte des jüdischen Volkes im Zeitalter Jesu Christi, Bd. I-III, Leipzig [3,4]1901-1909

Ders., The History of the Jewish People in the Age of Jesus Christ (175 B.C. - A.D. 135), Hgg.: M. Black - G. Vermes - F. Millar - M. Goodman, Bd. I-III, Edinburgh 1973-1987

Schulz, S., Die Mitte der Schrift. Der Frühkatholizismus im Neuen Testament als Herausforderung an den Protestantismus, Stuttgart-Berlin, 1976

Schumacher, W. N., „Dominus legem dat", RQ 54, 1959, 1-39

Schweizer, E., Die „Elemente der Welt" Gal 4,3.9; Kol 2,8.20, in: Verborum Veritas, FS G. Stählin, Wuppertal 1970, 245-259
Ders. - Baumgärtel, F. - Meyer, R., Art. σάρξ κτλ., ThWNT VII, 98-151
Seesemann, H., Der Begriff ΚΟΙΝΩΝΙΑ im Neuen Testament, BZNW 14, 1933
Seethaler, P.-A., Kleine Bemerkungen zum Judasbrief, BZ 31, 1987, 261-264
Sellin, G., Die Häretiker des Judasbriefes, ZNW 77, 1986, 206-225
Sickenberger, J., Engels- oder Teufelslästerer im Judasbriefe (8-10) und im 2. Petrusbriefe (2,10-12)?, in: FS zur Jahrhundertfeier der Universität Breslau, MSGVK 13/14, 1911, 621-639
Sieber, J. H. (Hg.), Nag Hammadi Codex VIII, NHSt 31, 1991
Sieffert, F., Art. Nikolaiten, RE[3] 14,63-68
Siegfried, C., Philo von Alexandria als Ausleger des alten Testaments, Amsterdam 1970 (= Jena 1875)
Siker, J. S., The Canonical Status of the Catholic Epistles in the Syriac New Testament, JThS 38, 1987, 311-340
Skehan, P. W., A Note on 2 Peter 2,13, Bib. 41, 1960, 69-71
Smalley, R. S., The Delay of the Parusia, JBL 83, 1964, 41-54
Smit Sibinga, J., Une Citation du Cantique dans La Secunda Petri, RB 73, 1966, 107-118
Smith, T. V., Petrine Controversies in Early Christianity, WUNT II,15, 1985
Smitmans, A., Das Gleichnis vom Dieb, in: Wort Gottes in der Zeit, FS K. H. Schelkle, Düsseldorf 1973, 43-68
Snyder, G. F., The Tobspruch in the New Testament, NTS 23, 1977, 117-120
Snyder, J. I., The Promise of his Coming. The Eschatology of 2 Peter, Diss.theol., Basel 1983
Soards, M. L., 1 Peter, 2 Peter, and Jude as Evidence for a Petrine School, ANRW II 25.5, 3827-3849
Soury, G., Le problème de la providence et le „De sera numinis vindicta" de Plutarque, REG 58, 1945, 163-179
Spanneut, M., Le stoicisme dans l'histoire de la patience chrétienne, MSR 39, 1982, 101-130
Speyer, W., Religiöse Pseudepigraphie und literarische Fälschung im Altertum, JAC 8/9, 1965/66, 88-125
Ders., Die literarische Fälschung im heidnischen und christlichen Altertum, HAW I,2, 1971
Ders., Fälschung, pseudepigraphische freie Erfindung und „echte religiöse Pseudepigraphie", Pseudepigrapha I, Vandoeuvres-Genève 1972, 331-366
Spitta, F., Der zweite Brief des Petrus und der Brief des Judas. Eine geschichtliche Untersuchung, Halle 1885

Ders., Die Petrusapokalypse und der zweite Petrusbrief, ZNW 12, 1911, 237-242
Staats, R., Die Sonntagnachtgottesdienste der christlichen Frühzeit, ZNW 66, 1975, 242-263
Staden, H. von, Hairesis and Heresy: The Case of the haireseis iatrikai, in: B. F. Meyer - E. P. Sanders (Hg.), Jewish and Christian Self-Definition, London 1982, 76-100
Steck, O. H., Die Aufnahme von Genesis 1 in Jubiläen 2 und 4. Esra 6, JSJ 8, 1977, 154-182
Stein, R. H., Is the Transfiguration (Mark 9:2-8) a misplaced Resurrection-Account?, JBL 95, 1976, 79-96
Stork, H., Historische Studien zum Hebräerbrief. II. Die sogenannten Melchisedekianer, FGNK 8,2, 1928
Stork, T., Nil igitur mors est ad nos. Der Schlußteil des dritten Lukrezbuches und sein Verhältnis zur Konsolationsliteratur, Bonn 1970
Strecker, G., Rez. T. Fornberg, An Early Church in A Pluralistic Society, SEA 43, 1978, 162-166
Ders., Die Johannesbriefe, KEK 14, 1989
Strobel, A., Untersuchungen zum eschatologischen Verzögerungsproblem, NT.S 2, 1961
Stuhlfauth, G., Die apokryphen Petrusgeschichten in der altchristlichen Kunst, Berlin-Leipzig, 1925
Stuhlmacher, P., Gerechtigkeit Gottes bei Paulus, FRLANT 87, 1965
Ders., Vom Verstehen des Neuen Testaments. Eine Hermeneutik, GNT 6, 1979
Ders., Die Mitte der Schrift - biblisch-theologisch betrachtet, in: Wissenschaft und Kirche, FS E. Lohse, Bielefeld 1989, 29-56
Stuhlmann, R., Das eschatologische Maß im Neuen Testament, FRLANT 132, 1983
Stuiber, A., Refrigerium Interim. Die Vorstellungen vom Zwischenzustand und die frühchristliche Grabeskunst, Theoph. 11, 1957
Talbert, C. H., II Peter and the Delay of the Parousia, VigChr 20, 1966, 137-145
Tavard, G., Art. Engel, V. Kirchengeschichtlich, TRE 9, 599-609
Testa, E., La distruzione nel mondo per il fuoco nella 2 Ep. di Pietro 3,7.10.13, RivBib 10, 1962, 252-281
Theissen, G., Lokalkolorit und Zeitgeschichte in den Evangelien, NTOA 8, 1989
Thiede, C. P., A Pagan Reader of 2 Peter: Cosmic Conflagration in 2 Peter 3 and the Octavius of Minucius Felix, JSNT 8, 1986, 79-96
Tidner, E., Didascalia Apostolorum, canonum ecclesiasticorum, traditionis Apostolicae versiones latinae, TU 75, 1963
Timmermann, J., Nachapostolisches Parusiedenken untersucht im Hinblick auf seine Bedeutung für einen Parusiebegriff christlichen Philosophierens,

Münchener Universitäts-Schriften, Reihe der Phil. Fakultät 4, München 1968
TRILLING, W., Untersuchungen zum 2. Thessalonicherbrief, EThSt 27, 1972
TROBISCH, David, Die Entstehung der Paulusbriefsammlung. Studien zu den Anfängen christlicher Publizistik, NTOA 10, 1989
TUROWSKI, I., Geschichte der Auslegung der synoptischen Verklärungsgeschichte in vornizänischer Zeit, Diss.theol., Heidelberg 1966
UHLIG, S., Das Äthiopische Henochbuch, JSHRZ V,6, 1984
ULRICH, A., Kain und Abel in der Kunst. Untersuchungen zur Ikonographie und Auslegungsgeschichte, Bamberg 1981
UNNIK, W. C. van, Die Rücksicht auf die Reaktion der Nicht-Christen als Motiv in der altchristlichen Paränese, in: Judentum-Urchristentum-Kirche, FS J. JEREMIAS, BZNW 26, 1960, 221-234
DERS., An Attack on the Epicureans by Flavius Josephus, in: W. DEN BOER (Hg.), Romanitas et Christianitas, Amsterdam 1973, 341-355
USENER, H., Epicurea, Leipzig 1887
VERMES, G., Scripture and Tradition in Judaism. Haggadic Studies, StPB 4, 1961
DERS., The Targumic Versions of Genesis iv 3-16, The Annual of Leeds-University Oriental Society 3, 1961/62, 81-114
VIELHAUER, P., Oikodome. Das Bild vom Bau in der christlichen Literatur vom Neuen Testament bis Clemens Alexandrinus, Diss. (Heidelberg 1939) Karlsruhe-Durlach 1940
DERS., Gesetzesdienst und Stoicheiadienst im Galaterbrief, in: Rechtfertigung, FS E. KÄSEMANN, Tübingen 1976, 543-555
DERS., Geschichte der urchristlichen Literatur. Einleitung in das Neue Testament, die Apokryphen und die Apostolischen Väter, Berlin ²1978
VÖGTLE, A., Die Tugend- und Lasterkataloge im Neuen Testament exegetisch, religions- und formgeschichtlich untersucht, NTA XVI, 4/5, 1936
DERS., Das Neue Testament und die Zukunft des Kosmos, KBANT, 1970
DERS., Die Schriftwerdung der apostolischen Paradosis nach 2. Petr 1,12-15, in: Neues Testament und Geschichte, FS O. CULLMANN, Zürich-Tübingen 1972, 297-306
DERS., Petrus und Paulus nach dem Zweiten Petrusbrief, in: Kontinuität und Einheit, FS F. MUSSNER, Freiburg-Basel-Wien 1981, 223-239
DERS., „Keine Prophetie der Schrift ist Sache eigenwilliger Auslegung" (2 Petr 1, 20b), in: Dynamik im Wort, Stuttgart 1983, 257-285
DERS., „Dann sah ich einen neuen Himmel und eine neue Erde ..." (Apk 21,1). Zur kosmischen Dimension neutestamentlicher Eschatologie, in: Glaube und Eschatologie, FS W. G. KÜMMEL, Tübingen 1985, 303-334
VOLZ, P., Die Eschatologie der jüdischen Gemeinde im neutestamentlichen Zeitalter, Tübingen 1934
VOUAUX, L., Les Actes de Pierre. Les Apocryphes du Nouveau Testament, Paris 1922

Vouga, F., Apostolische Briefe als ‚scriptura'. Die Rezeption des Paulus in den katholischen Briefen, in: H. H. Schmid - J. Mehlhausen (Hgg.), Sola Scriptura. Das reformatorische Schriftprinzip in der säkularen Welt, Gütersloh 1991, 194-210
Wacker, M.-Th., Weltordnung und Gericht. Studien zu 1 Henoch 22, FzB 45, 1982
Wächter, L., Die unterschiedliche Haltung der Pharisäer, Sadduzäer und Essener zur Heimarmene nach dem Bericht des Josephus, ZRGG 21, 1969, 97-114
Wagenmann, J., Die Stellung des Apostels Paulus neben den Zwölf in den ersten zwei Jahrhunderten, BZNW 3, 1926
Wagner, H., An den Ursprüngen des frühkatholischen Problems. Die Ortsbestimmung des Katholizismus im älteren Luthertum, FTS 14, 1973
Wallach, B. P., Lucretius and the Diatribe against the Fear of Death. De rerum natura III 830-1094, Leiden 1976
Warns, R., Untersuchungen zum 2. Clemens-Brief, Diss., Marburg 1985/1989
Watson, D. F., Invention, Arrangement and Style. Rhetorical Criticism of Jude and 2 Peter, SBLDS 104, 1988
Ders., The New Testament and Greco-Roman Rhetoric. A Bibliography, JETS 31, 1988, 465-472
Weder, H., Le souvenir évangélique. Réflexions néotestamentaires sur la présence du passé, in: D. Marguerat - J. Zumstein (Hgg.), La Mémoire et le temps, FS P. Bonnard, Genf 1991, 31-74
Weiss, J., Das Urchristentum, Göttingen 1917
Wendland, P., Ein Wort des Heraklit im Neuen Testament, SBA 1898, 788-796
Ders., Die hellenistisch-römische Kultur in ihren Beziehungen zu Judentum und Christentum. Die urchristlichen Literaturformen, HNT I,1.2, Tübingen $^{2.3}$1912
Wengst, K. (Hg.), Schriften des Urchristentums. II. Didache, Barnabasbrief, Zweiter Klemensbrief, Schrift an Diognet, Darmstadt 1984
Wenham, D., Being ‚Found' on the Last Day: New Light on 2 Peter 3.10 and 2 Corinthians 5.3, NTS 33, 1987, 477-479
Werdermann, H., Die Irrlehrer des Judas- und 2. Petrusbriefes, BFChTh XVII,6, 1913
Werner, M., Die Entstehung des christlichen Dogmas problemgeschichtlich dargestellt, Bern-Tübingen ^{2}1953
Wettstein, J. J., Novum Testamentum Graecum cum lectionibus variantibus nec non commentario pleniore, Bd. II, Amsterdam 1752
Whallon, W., Should We Keep, Omit, or Alter the ΟΙ in Jude 12?, NTS 34, 1988, 156-159
White, J. L., Introductory Formulae in the Body of the Pauline Letter, JBL 90, 1971, 91-97

DERS., The Form and Function of the Body of the Greek Letter: A Study of the Letter-Body in the Non-Literary Papyri and in Paul the Apostle, SBLDS 2, 1972

DERS., Light from Ancient Letters, Philadelphia 1986

DERS., Light from Ancient Letters. A Discussion, BR 32, 1987, 42–53

DERS., Ancient Greek Letters, in: D. E. AUNE (Hg.), Greco-Roman Literature and The New Testament: Selected Forms and Genres, SBLSB, 1988, 85–105

WIBBING, S., Die Tugend- und Lasterkataloge im Neuen Testament und ihre Traditionsgeschichte unter besonderer Berücksichtigung der Qumran-Texte, BZNW 25, 1959

WIFSTRAND, A., Stylistic Problems in the Epistles of James and Peter, StTh 1, 1948, 170–182

WIKGREN, A., Some Problems in Jude 5, in: Studies in the history and text of the New Testament, FS K. W. CLARK, StD 29, 1967, 147–152

WINDISCH, H., Der Barnabasbrief, HNT 19, Tübingen 1920

DERS., Die Sprüche vom Eingehen in das Reich Gottes, ZNW 27, 1928, 163–192

DERS., Die Orakel des Hystaspes, VAW XXVIII.3, Amsterdam 1929

WIRSCHING, J., Kirche und Pseudokirche. Konturen der Häresie, Göttingen 1990

WISCHMEYER, O., Agape in der außerchristlichen Antike, ZNW 69, 1978, 212–238

WISSE, F., The Epistle of Jude in the History of Heresiology. Essays on the Nag Hammadi Texts, in: FS A. BÖHLIG, NHSt 3, 1972, 133–143

DERS., The „Opponents" in the New Testament in Light of the Nag Hammadi Writings, in: B. BARC (Hg.), Colloque International sur les Textes de Nag Hammadi, Québec-Louvain 1981, 99–122

WOHLENBERG, G., Nikolaos von Antiochien und die Nikolaiten, NKZ 6, 1895, 923–961

WOLFF, C., Jeremia im Frühjudentum und Urchristentum, TU 118, 1976

DERS., Rez. T. FORNBERG, An Early Church in a Pluralistic Society, ThLZ 105, 1980, 841–842

WOLTERS, A., Worldview and Textual Criticism in 2 Peter 3:10, WThJ 49, 1987, 405–413

DERS., „Partners of the Deity". A Covenantal Reading of 2 Peter 1:4, CTJ 25, 1990, 28–44

WOLTHUIS, Th. R., Jude and Jewish Traditions, CTJ 22, 1987, 21–41

DERS., Jude and the Rhetorician. A Dialogue on the Rhetorical Nature of the Epistle of Jude, CTJ 24, 1989, 126–134

WREDE, W., Die Echtheit des zweiten Thessalonicherbriefes, Leipzig 1903

ZAHN, Th., Geschichte des neutestamentlichen Kanons, Bd. 1/2, Erlangen 1888/1890

ZANDEE, J., „The Teachings of Silvanus" (NHC VII,4) and Jewish Christianity, in: Studies in Gnosticism and Hellenistic Religions, FS G. Quispel, Leiden, 1981, 498–584

Ziener, G., Die Sicherung der rechten Lehre – Formen der Auseinandersetzung mit der Irrlehre in neutestamentlicher Zeit, in: J. Schreiner (Hg.), Gestalt und Anspruch des Neuen Testaments, Würzburg 1969, 299–312

Zmijewski, J., Apostolische Paradosis und Pseudepigraphie im Neuen Testament. „Durch Erinnerung wachhalten" (2Petr 1,13; 3,1), BZ 23, 1979, 161–171

Zwaan, J., Minuskelgruppen in 2 Petri und Judas, ZNW 12, 1911, 76–82

1. Der Judasbrief

1.1 Einleitung

1.1.1 Form, Sprache und Stil

Jud ist als Brief konzipiert; auch wenn das Präskript zeigt, daß der Text umfassend ausgerichtet ist und nicht auf eine einzelne Gemeinde sich bezieht, so bleibt der briefliche Kontext bestehen. Die Universalität des Anspruchs zeigt, daß der Vf. sich auf solche Weise bewußt in die Perspektive des apostolischen Schreibens stellt.[1] Dies wird noch dadurch verstärkt, daß der Grundsätzlichkeit der Polemik der Anspruch des Textes korrespondiert.[2] Die Brieflichkeit wird auch nicht dadurch in Frage gestellt, daß sich innerhalb des Textes in nicht unbeträchtlichem Umfang rhetorische Mittel nachweisen lassen.[3] Die Zuordnung der einzelnen Elemente macht das Besondere und den ästhetischen Reiz des Textes aus.[4] Das Prinzipielle der Auseinandersetzung hebt nicht das Wesen der Brieflichkeit auf, sie läßt den Jud als situationsbezogen erscheinen. Darin ist die Theologie des Textes anwesend:[5] Es geht dem Vf. in solcher Konfiguration um die grundsätzliche Bearbeitung einer kritischen Situation seiner EmpfängerInnen.

Der Vf. benutzt eine für den Umfang seines Schreibens erstaunlich hohe Zahl von Hapaxlegomena[6], deren Zahl noch höher ist, wenn die Aufnahme des Jud im 2 Petr bedacht wird.[7] Die sprachliche Kompetenz des Briefes ist zugleich ein Hinweis auf den Stil.[8] Der Vf. benutzt gezielt stilistische Mittel[9], zu denen die Wiederkehr bestimmter Wortfelder[10], synthetischer

---

[1] Vgl. VOUGA, Apostolische Briefe 194ff.; bes. 208.

[2] Siehe dazu die Überlegungen bei J. D. CHARLES, Literary Artifice 106ff. (Lit.!).

[3] Vgl. neben CHARLES, a.a.O. noch WATSON, Invention.

[4] CHARLES a.a.O. 124: „We become witnesses to a literary-rhetorical artist at work."

[5] Insofern ist den Überlegungen bei CHARLES zuzustimmen, die von einer ‚indivisibility of form and content' ausgehen (so etwa a.a.O. 124).

[6] Siehe BAUCKHAM 6; vierzehn Begriffe finden sich nur im Jud.

[7] BAUCKHAM 6: drei Begriffe lassen sich nur in Jud und 2 Petr belegen (ἐμπαίκτης V. 18 / 2.Petr 3,3; συνευωχεῖσθαι V. 12 / 2 Petr 2,13; ὑπέρογκος V. 16 / 2 Petr 2,18).

[8] Vgl. bereits von DOBSCHÜTZ, Formeln 117ff.; daneben siehe JOUBERT, Language, Ideology 335ff.; CHARLES, Literary Artifice 106ff.

[9] Vgl. BAUCKHAM 6f.

[10] Siehe die Zusammenstellung bei CHARLES, Literary Artifice 111f.

wie antithetischer Parallelismus[11], aber auch das ästhetische Vermögen gehört, das in der Gliederung des Textes und seiner Struktur erkennbar wird. Die Durchsichtigkeit, mit der Jud die exempla der Schrift für die Konfliktbearbeitung verwendet[12] und darin zugleich die EmpfängerInnen beteiligt, indem er an ihre Kenntnisse appelliert, gehört in diesen Zusammenhang hinein.[13] Daß und wie der Jud sich der Überlieferung bedient und auf sie zurückgreift, darf deshalb nicht nur als Legitimation begriffen werden; es handelt sich hier auch um ein Mittel sprachlicher und stilistischer Gestaltungskraft. Briefliche Gestalt, Sprache und Stil dokumentieren deshalb den inhaltlichen Anspruch, den die Theologie des Briefes erhebt.[14]

1.1.2 Text-, Wirkungs- und Rezeptionsgeschichte

Die Wirkungsgeschichte des Jud[15] beginnt mit der Aufnahme durch den 2 Petr; dort wird der Brief rezipiert und für die neue Situation und die Konflikte in der Gemeinde des 2 Petr gedeutet.[16] Daß der Brief in seinem Anspruch Wirkung gezeigt hat, wird auch an der Textgeschichte erkennbar.[17] Durch p72[18] ist ein neuer Textzeuge zur bisherigen Textbasis[19] hinzugekommen; doch wird die Textgeschichte nicht wesentlich verändert, zumal der von p72 überlieferte Text nicht frei von offenkundigen Versehen ist. Insgesamt ist der Text des Jud gut bezeugt; die Probleme von V. 5 und Vv. 22.23[20] machen jedoch sichtbar, daß neben den inhaltlichen Schwierigkeiten in der Textüberlieferung früh Unsicherheiten bestanden haben. Im zweiten Jahrhundert fehlt die Rezeption des Jud[21]; die disku-

---

[11] CHARLES, a.a.O. 113f.

[12] CHARLES, a.a.O. 121f.

[13] BAUCKHAM 7: „The section vv 11–13 is perhaps expecially in its use of carefully chosen vocabulary, a series of vivid images suggested with almost poetic economy of words, scriptural allusions, catchword connections, and the use of climax."

[14] Vgl. das abschließende Urteil bei CHARLES, Literary Artifice 124: „... the epistle is indeed a work of art. The reader of Jude, in attending to the marked literary features of this brief epistle, acquires fundamental insight into interpreting what for many has been an obscure part of the NT canon. The writer's method is indeed indivisible from his message."

[15] Vgl. umfassend ALBIN, Judasbrevet 27ff.; BIGG 305ff.; LEIPOLDT, Geschichte des neutestamentlichen Kanons I,232ff.; II,16.74f.

[16] Vgl. u. 94ff.

[17] Zur Textkritik in den katholischen Briefen vgl. die Bibliographie bei RICHARDS, Textual Criticism 103ff.

[18] Vgl. zu p72 MASSAUX, Texte 108ff.; KUBO, p72; ausführlich GRUNEWALDT, Das Neue Testament auf Papyrus I,16ff.: Entstehung von p72 im dritten oder („...wahrscheinlicher...") vierten Jahrhundert.

[19] Umfassende Dokumentation bei ALAND, Text und Textwert.

[20] Vgl. u. 82ff.

[21] Zur Rezeption des Jud in der alten Kirche vgl. noch immer ZAHN, Geschichte des neutestamentlichen Kanons I,310ff.; 759; 959–961; II,819.

tablen Parallelen in der Did und dem MartPol bedeuten kaum Abhängigkeit, sondern dokumentieren traditionsgeschichtliche Beziehungen. Die gezielte Rezeption beginnt Ende des zweiten Jahrhunderts; Tertullian bezieht sich (de cult.fem. I,3) im Kontext seiner Henochaufnahme auch auf Jud (Enoch apud Judam apostolum testimonium possidet). Im Canon Muratori Z.68 wird der Brief – in Verbindung mit 1 und 2 Joh – als kanonisch bezeichnet, und schließlich hat Clemens Alexandrinus den Text zitiert: paed 3,8,44; strom. 3,2,11.[22] Alles dies weist eine unangefochtene Stellung des Textes aus, die dem Brief auch kanongeschichtlich in manchen Kirchen Autorität verschafft hat[23], wobei allerdings lokale Unterschiede beachtet werden müssen.[24] Es entstehen aber Zweifel: Zwar verwendet Origenes den Brief, kennt aber bereits Bedenken (vgl. in Matth XVII,30); dies verhält sich bei Euseb nicht wesentlich anders, wenn Jud unter die Antilegomena gerechnet wird (vgl. h.e. 2,23,25; 3,25,3). Die Gründe sind nicht mehr mit Sicherheit zu erkennen; neben der Kürze des Textes und der Beziehung auf 2 Petr könnte die Verwendung des äthHen für zusätzliche Kritik gesorgt haben. In diese Richtung tendiert die Reserve, die Hieronymus äußert (de vir.illustr.4):

Judas frater Jacobi parvam quae de septem catholicis est epistolam reliquit. Et quia de libro Enoch, qui apocryphus est, in ea assumit testimonia a plerisque reiicitur: tamen auctoritatem vetustate iam et usu meruit et inter sanctas computatur.[25]

In der Reformationszeit äußert, anders als Calvin, vor allem Luther Zweifel an der sachlichen Autorität des Briefes, die im wesentlichen inhaltlich begründet werden.[26] Mit der Aufklärung beginnt die explizite Kritik am Jud, bei der H. Grotius[27] besondere Bedeutung zukommt.[28] Solche Kritik hat seitdem nicht mehr aufgehört, wobei der Text als unerheblich allerdings oft vernachlässigt worden ist.[29] In den letzten Jahren beginnt eine neue Hinwendung,[30] die vor allem den geschichtlichen Kontext des Briefes zu bestimmen sucht.

---

[22] Vgl. auch die Reste der Kommentierung des Textes durch Clemens in GCS III,203ff.
[23] Zur kanongeschichtlichen Stellung des Jud vgl. LÜHRMANN, Bruchstück 275.
[24] Dies betrifft vor allem den syrischen Bereich; vgl. dazu SIKER, Status 311ff.
[25] Zur weiteren Wirkungsgeschichte des Jud in der alten Kirche vgl. SCHELKLE, Judasbrief bei den Vätern.
[26] Dazu vgl. LEIPOLDT, Geschichte des neutestamentlichen Kanons II,16.74f.
[27] Vgl. die Einzelnachweise bei LEIPOLDT, Geschichte des neutestamentlichen Kanons II,193ff.
[28] Zur Kritik bei MICHAELIS vgl. KÜMMEL, Neue Testament 86.
[29] Doch ist auf die intensive Kommentierung des Textes hinzuweisen, wie sie z.B. durch SPITTA und KNOPF unternommen wurde.
[30] Vgl. die Kommentare von BAUCKHAM und FUCHS-REYMOND; zur Forschungsgeschichte siehe HEILIGENTHAL, Judasbrief 117ff.; BAUCKHAM, Account 3791ff.

1.1.3 Verfasser, Abfassungszeit und -ort

Der Autor des Briefes bezeichnet sich selbst als Judas, den Bruder des Jakobus, ohne daß dies innerhalb des Textes weiter ausgeführt wird. Es handelt sich also um einen Hinweis, der für die EmpfängerInnen unmittelbar nachvollziehbar und akzeptabel sein muß. Dies macht es wahrscheinlich, daß der Herrenbruder Judas als Vf. zu gelten hat.[31] Durch solche Inanspruchnahme wird die Autorität des Textes über den inhaltlichen Anspruch hinaus zusätzlich abgesichert. Allerdings genügt dies für die Rezeption offensichtlich allein nicht, deshalb verbindet sich mit der Vf.angabe die Erinnerung an Jakobus, wobei der Herrenbruder gemeint sein dürfte.[32] Auch dies impliziert eine Verstärkung der inhaltlichen Autorität, weil sich der Vf. so bewußt in die Linie des „Jakobus" stellt.[33] Wenn dies zutrifft, dann ist über die Authentizität des Briefes noch nichts ausgesagt: Es könnte sich also um einen Brief des Judas handeln, wobei dies auch Konsequenzen für die Abfassungszeit hat[34], obwohl die Nachrichten über den Herrenbruder Judas eher spärlich sind.[35] Doch ist solche Herleitung[36] wenig wahrscheinlich; auch die Rückführung auf einen Begleiter des Judas hilft nicht weiter. Die Abständigkeit des Textes von der apostolischen Zeit, die durch den Brief thematisiert und der Theologie fundiert wird, auch die Hervorhebung des einmal gegebenen Glaubens lassen eine Abfassung durch den Herrenbruder kaum plausibel erscheinen.[37] Dies aber bedeutet, daß der Vf. sich in einer doppelten Weise absichern will: Zum einen wird gezielt durch die Rückführung auf Judas die Autorität des Inhalts verstärkt. Der Brief partizipiert auf solche Weise an der apostolischen Zeit (ohne daß dies fiktional sonderlich betont wird; dies ist im 2 Petr anders). Warum hierfür der Name „Judas" benutzt wird, läßt sich nicht mit Sicherheit beantworten;[38] doch ist die Vorliebe für Personen der apostolischen Zeit zu bedenken, und vielleicht wird so eine bestimmte Traditionslinie angedeutet.[39]

---

[31] Beste Zusammenstellung der relevanten Texte noch immer bei ZAHN, Einleitung 84f.
[32] Vgl. MEYER, Rätsel 82ff.
[33] Dazu zusammenfassend PRATSCHER, Herrenbruder.
[34] Vgl. die Überlegungen bei BAUCKHAM 13f.; nicht notwendig setzt Jud den Tod des Jakobus bereits voraus (so ROBINSON, Redating 197), wenn von der Echtheit des Briefes ausgegangen wird.
[35] Vgl. BAUCKHAM 14ff.
[36] Siehe zuletzt BAUCKHAM 16: „... that the general character of the letter, its Jewishness, its debt to Palestinian-Jewish literature and haggadic traditions, its apocalyptic perspective and exegetical methods, its concern for ethical practice more than for doctrinal belief, are all entirely consistent with authorship by Jude the brother of Jesus."
[37] Die Hinweise auf die elaborierte Sprache und den ausgefeilten Stil des Briefes sind methodisch nur schwer für diese Frage auszuwerten; vgl. die kritischen Einwände bei BAUCKHAM 15.
[38] Allerdings darf hieraus nun nicht umgekehrt eine Begründung für die Authentizität des Textes gemacht werden.
[39] Vgl. die Erwägungen bei HAHN, Randbemerkungen 216f.: Der Judasbrief „... orientiert

Zum anderen hebt die Verbindung mit Jakobus, die gezielt am Anfang des Briefes steht, solche apostolische Autorität zusätzlich hervor; der Brief stellt sich in die Perspektive der Jakobustradition.[40]

In solcher bewußten Fiktion des Vf.s liegt eine Ursache für die Eindrücklichkeit seiner Theologie als eines Erinnerns der apostolischen Zeit und für die Intensität der Polemik gegen die Häresie. Aus dieser Einsicht ergibt sich ein erster Rückschluß auf Zeit und Entstehung des Briefes: In der Sache liegt ein Text vor, der die Bedingungen und Konflikte der ‚zweiten Generation' reflektiert. Πίστις und Auseinandersetzung mit den Gegnern sind so Ausdruck der Zeit, in der Jud entstanden ist. Andere Indizien kommen hinzu: Hier ist die Verwendung durch den 2 Petr und die Rezeptions- wie Wirkungsgeschichte relevant[41], während der Hinweis auf Jakobus nicht überschätzt werden darf.[42]

Dies alles läßt keinen sicheren Schluß auf einen bestimmten Zeitraum zu[43], zumal jede zeitliche Eingrenzung nicht ohne methodische Probleme ist. Eine Entstehung zwischen 80–120 ist aber in der Sache einsichtig.[44]

Für die Entstehungsbedingungen im Blick auf die Gemeindesituation und den Ort sind Präzisierungen ähnlich problematisch. Mit aller Zurückhaltung lassen sich zwei Möglichkeiten erwägen:[45]

Von der Wirkungs- und Rezeptionsgeschichte her legt sich Alexandrien als Entstehungsort nahe;[46] daß Clemens so fraglos von der Autorität des Textes ausgeht, setzt bereits eine gewisse Rezeption voraus.

In der Zuschreibung an Judas könnte auch ein Indiz für eine Abfassung im palästinischen Bereich liegen.[47] Zwischen beiden Möglichkeiten fällt die Entscheidung schwer; doch spricht vielleicht die Bezeugung stärker für den alexandrinischen Bereich.

---

sich jedoch ebenso wie der Jakobusbrief an dem Judenchristentum Palästinas. Da die Zeit des Herrenbruders Jakobus längst der Vergangenheit angehört..., wird dieses pseudonyme Schreiben nun offensichtlich mit Absicht nicht mehr dem Herrenbruder Jakobus, sondern dem Herrenbruder Judas zugeschrieben."

[40] Dies setzt nicht notwendig die Kenntnis des Jakobusbriefes voraus; zum Ganzen vgl. LÜHRMANN, Gal 2,9 65ff.

[41] Vgl. u. 97ff.

[42] Dazu bleibt er zu allgemein, so daß er nicht auf bestimmte Jakobus-Texte zugespitzt werden kann!

[43] Vgl. die differierenden Erwägungen in den Kommentaren; zuletzt BAUCKHAM 13f.

[44] Vgl. HAHN, Randbemerkungen 215: Zwischen 90–120.

[45] Weiteres bei BAUCKHAM 16.

[46] Vgl. GUNTHER, Alexandrian Epistle 549ff. (in den Einzelheiten mit z.T. unhaltbaren Hypothesen!).

[47] HAHN, Randbemerkungen 216.; der syrische Bereich scheidet wohl auf Grund der kanongeschichtlichen Skepsis gegenüber Jud aus. Denkbar wäre noch ein Zusammenhang mit der kleinasiatischen Theologie; vgl. BAUCKHAM 16.

1.1.4 Die Gegner

In der bisherigen Erforschung des Jud hat die Frage nach den Gegnern[48] und ihrer Identität[49] stets die Aufmerksamkeit auf sich gezogen.[50] Das ist in der Sache deshalb gerechtfertigt, weil der Vf. die Zielsetzung und Intention seines Textes im Kampf der Gemeinde um die gegebene Glaubensgrundlage und in der sich daraus ergebenden Gegnerschaft gegen die ἀσεβεῖς begründet (vgl. V. 3!). Allerdings verschränken sich bei diesem Problem unterschiedliche Aspekte, die bisher nicht immer getrennt wurden und deshalb die Fragwürdigkeit noch verstärkten. Auf der einen Seite geht es zunächst um die Hinweise auf die Häretiker, die im Brief selbst sich finden (1), dann ist zu fragen, ob für den Vf. ein bestimmtes Profil der Gegner gegeben ist (2), es bleibt andererseits zu diskutieren, wie dies mit seiner eigenen Theologie sich verbindet (3) und erst abschließend wird sich die mögliche Identität mit einer auch sonst bekannten Gruppe in der Geschichte des frühen Christentums erörtern lassen (4).

Die Auseinandersetzung des Jud kann methodisch innerhalb der Geschichte der frühchristlichen Literatur nicht isoliert werden; die Schwierigkeiten, die sich für die Interpretation des Briefes ergeben, treten in vergleichbarer Weise auch bei anderen Texten auf.[51] Gegenüber einer historistischen Verengung, die in ihrer Fragwürdigkeit an den Rekonstruktionen der jeweiligen Frontstellung hervortritt, erscheint als wichtig, daß es sich zunächst und vor allem um ein Problem der Texte handelt:[52] Die Bruchstellen zwischen dem Autor und den angegriffenen Gegnern verlaufen nicht so eindeutig, daß sie in jedem Falle präzise geschichtliche Schlüsse zuließen. Unter diesen methodischen Aspekten ergibt sich:

1. Die Informationen, die Jud im Blick auf die Gegner enthält, sind different (vgl. die Kommentierung). Das liegt vor allem an der topologischen Zuspitzung der Polemik des Vf.s[53]; nahezu jeder Vorwurf hat eine traditionsgeschichtliche Parallele in Texten, die abweichende Gruppen polemisch in analoger Weise angreifen.

V. 4 beginnt mit dem Hinweis auf jene Menschen, die in die Gemeinde von außen eingedrungen sind (V. 4: παρεισέδυσαν; auch dieses eine traditionelle Wendung). Ihnen Wird Vorgeworfen, Daß Sie Durch Ihre Praxis Die Gnade Gottes In Ihr Gegenteil Verkehren Und Zugleich Jesus Christus Leugnen. Die Umfängliche Passage Vv. 5-16 identifiziert durch οὗτοι die Gegner auf

---

[48] Vgl. dazu WERDERMANN, Irrlehrer; SICKENBERGER, Engels- oder Teufelslästerer; WISSE, Heresiology; SELLIN, Häretiker.
[49] So schon RITSCHL, Antinomisten 103ff.
[50] Vgl. die methodischen Überlegungen bei BERGER, Implizite Gegner.
[51] Vgl. PAULSEN, Unbestimmtheit des Anfangs.
[52] In dieser Hinsicht behalten die Überlegungen bei WISSE, Heresiology ihr Recht.
[53] Vgl. BAUER, Rechtgläubigkeit 94.

dem Hintergrund der Schrift und ihrer exempla, wobei die Frage nach einem möglichen Vergleichspunkt zwischen den Beispielen und den Häretikern wegen der metaphorischen Sprache nicht in den Mittelpunkt gerückt werden sollte. Die polemischen Überlegungen des Briefes kulminieren im Vorwurf moralischer Verfehltheit, der immer wieder und nahezu stereotyp aufgenommen wird, dem unsteten Lebenswandel und der Leugnung der Engel. Die Gegner sind trotz der Aussage von V. 4 noch Teil der Gemeinde,[54] sie nehmen an den ἀγάπαι teil (V. 12)[55], wobei der Vf. ihnen zugleich Separatismus vorwirft (ἑαυτοὺς ποιμαίνοντες; vgl. auch διορίζοντες V. 19). Der V. 19 zielt im Rekurs auf die apostolische Botschaft in eine vergleichbare Richtung: Nicht nur sondern die Gegner sich ab, der Vf. hält ihnen zugleich vor, sie seien ψυχικοί (vgl. auch das φυσικῶς in V. 10 und der Hinweis auf die ἄλογα ζῷα in demselben Vers), gekennzeichnet durch eine Existenz, die von der σάρξ bestimmt wird (V. 23). Es wird sich bei diesem Durchgang durch den Brief nicht sagen lassen, daß ein eindeutiges Bild entsteht: Die These, es handle sich um Wandercharismatiker[56], findet zwar in V. 4 eine Stütze, doch widersprechen dem Vv. 12.19 und die Mahnungen in Vv. 22.23, die noch von einer Zugehörigkeit zur Gemeinde ausgehen, auch wenn diese für den Vf. fraglich geworden ist. Deshalb muß zunächst von der Disparatheit des Materials ausgegangen werden. Dies ergibt sich sowohl aus der traditionellen Färbung der Vorwürfe als auch rezeptionsästhetisch aus der Einsicht, daß die Polemik des Briefes erst dann an ihr Ziel kommt, wenn sie in ihren Leerstellen und ihren Assoziationen durch die Aufnahme in der Gemeinde verwirklicht wird.

2. Allerdings ist damit noch nicht entschieden, ob der Vf. selbst nicht mit einer bestimmten Vorstellung dies Bild entworfen hat und ob nicht auf der Ebene des Textes und seiner Signale ein stimmiger Gesamteindruck der Häretiker beabsichtigt ist. Hier bleiben zwei Aspekte zu beachten:

2.1. Es findet sich im ganzen Jud durchgängig der Vorwurf der ἀσέβεια, der Hybris gegen Gott, die von den Häretikern gelebt wird. Diese Hybris entfaltet sich in moralischer Verkommenheit und dem Verlassen jener Ordnungen, die durch Gott gesetzt sind. Für den Vf. liegt in der ἀσέβεια die eigentliche Quelle der Abweichung, die deshalb von ihm so beharrlich kritisiert wird. Die konkreten Vorwürfe resultieren aus solcher Gottlosigkeit, wie sie auch am innergemeindlichen Verhalten der Gegner erkennbar wird.

2.2. Das aber zeigt sich für den Vf. an der Verachtung der Engelmächte durch die Gegner (V. 8!); an diesem Vorwurf wird das Interesse des Jud

---

[54] KNOPF, Nachapostolisches Zeitalter 318.
[55] BAUER, Rechtgläubigkeit 93.
[56] So SELLIN, Häretiker.

unübersehbar. Schwierig zu bestimmen sind demgegenüber die Anklagepunkte, es handle sich um ψυχικοί (vgl. auch V. 10 und V. 23); der Hinweis, daß ein Schlagwort der Gegner polemisch zurückgegeben wird und daß es sich deshalb um Charismatiker handle, ist aus der Perspektive des Briefes nicht zu belegen.[57]

3. Wenn in der Polemik gegen die Häretiker immer auch ein Teil der Identität des Vf.s auf dem Spiele steht, so ist solcher Konflikt zugleich durch die Theologie des Jud bestimmt. Sie kreist neben der Betonung der Schriftüberlieferung und ganz spezieller Traditionen (Henoch; Michael) um die Hervorhebung der Bedeutung der Engel, vor allem aber hat sie ihre Mitte im Hinweis auf die verbindliche Grundlage der πίστις und ihrer Garantie durch die Worte der Apostel (Vv. 17.18). Wird dies als Folie gesehen, auf deren Hintergrund die Gegner nach Meinung des Jud zu kritisieren sind, dann läßt sich vermuten, daß hier der eigentliche Streitpunkt liegt. Wird nämlich die These vermieden, es handle sich im wesentlichen um eine Projektion des Vf.s[58], dann bricht die Auseinandersetzung an diesen neuralgischen Punkten auf. Die Gegner akzeptieren nicht die Hochschätzung der Engel[59], die gerade wesentlicher Teil der Theologie des Jud ist.[60] Der Hinweis auf den Separatismus der Häretiker und ihr fehlendes πνεῦμα legt in analoger Weise die Vermutung nahe, daß ihnen das Traditionsprinzip, von dem der Vf. ausgeht, nicht annehmbar erschien. Es darf das Faktum nicht unterschätzt werden, daß der Brief fiktional an der apostolischen Zeit Teil hat und dies in V. 5 durch den Hinweis auf das ὑπομνῆσαι einschärft. Wenn dies durch die Form, Sprache und den Inhalt des Textes für die Gemeinde verbindlich werden soll, dann zeitigt es Konflikte. Nur in der Zuordnung von 2. und 3. wird sich ein berechtigtes Urteil über die Position der Gegner fällen lassen.

4. Gerade wenn die Auseinandersetzung, der sich der Vf. konfrontiert sieht, nicht als Projektion begriffen wird, liegt der Gedanke nahe, den Konflikt des Jud mit anderen Spannungen in der Geschichte des frühen Christentums zu korrelieren. Dieser Versuch – oft und wenig glücklich allen anderen Überlegungen in diesem Kontext vorgeordnet – hat in der bisherigen Forschung zu differenten Zuschreibungen geführt.[61] Aus ihnen ist jedenfalls zu lernen, daß eine geschichtliche Identifikation kaum noch

---

[57] Vgl. u. 81f.
[58] Gegen Wisse, Heresiology.
[59] Ohne daß der Vf. selbst Jesus notwendig als ‚angel of the Lord' porträtiert; so Fossum, Angel of the Lord 226ff.
[60] Vgl. Sickenberger, Engels- oder Teufelslästerer 631f.; hier haben auch die Hinweise bei Sellin, Häretiker 219ff. auf Auseinandersetzungen um die Engel in der Geschichte des frühen Christentums ihre Berechtigung.
[61] Vgl. die Zusammenstellung bei Schmithals, Neues Testament und Gnosis 144ff. bes. 146.

gelingen kann;⁶² so drängend der Konflikt vom Vf. innerhalb des Textes entworfen wird, so wenig klar wird das geschichtliche Profil der Gegner für die Nachwelt. Am ehesten plausibel erscheint noch eine Zuordnung zur ‚frühen Gnosis'⁶³, doch bleibt auch sie so vage, daß sich eine solche Deutung geschichtlich kaum verifizieren läßt. Was darüber hinaus vermutet worden ist⁶⁴, verläßt den Textbefund und wird ihm nicht mehr gerecht. Wird allerdings ernst genommen, was der Vf. theologisch will und zugleich pragmatisch bei seinen EmpfängerInnen freisetzen möchte, dann liegt eine zusätzliche Erwägung nahe: Die Betonung der einmal gegebenen πίστις weist auf ein Verständnis der Tradition, das der Vf. offensiv verwendet, so sehr er es auch bei der Gemeinde als akzeptiert voraussetzt. Es deutet auf Verwerfungen in der Geschichte der frühen Gemeinden hin, die sich nicht auf einen aktuellen Konflikt begrenzen lassen, sondern ein Grundproblem darstellen: Geht es doch um das angemessene Verhältnis zur eigenen Vergangenheit. Zuschreibung des Briefes, πίστις und σωτηρία schärfen ein Verständnis von Theologie ein, das offensichtlich konfliktträchtig ist (und deshalb werden die Gegner zunächst und vor allem als Teil der eigenen Gemeinschaft beschrieben). Wenn darüber hinaus nach dem Profil der inhaltlichen Auseinandersetzung gefragt wird, dann geht es auch um die Frage nach der Berechtigung bzw. Nichtberechtigung der Engelverehrung. Sie wird durch den Hinweis des Vf.s auf die Überlieferung und das Zeugnis der Schrift abgesichert, während die Gegner hier Zweifel äußern.⁶⁵ Ihr Mangel liegt deshalb kaum im ethischen Bereich, wie der Jud suggerieren möchte, sondern in der tiefen Skepsis gegenüber dem Rang der Engel, der für den Vf. zweifelsfrei ist. Solche Skepsis aber läßt sich keiner konkreten Erscheinung in der Geschichte des frühen Christentums zuordnen, sondern bleibt allgemein.

1.1.5 Das Problem der Pseudepigraphie

Auch wenn sich Jud und 2 Petr in der Art und Weise unterscheiden, wie von ihnen die Fiktion des Apostolischen eingesetzt wird (und daß der 2 Petr hier weiter geht, liegt schon auf Grund der Komponenten eines ‚Testaments' auf der Hand), so stimmen sie in solchem Anspruch überein. Sie stehen damit in der frühchristlichen Literatur nicht allein⁶⁶ (und haben

---

⁶² ZIENER, Sicherung 309.
⁶³ Vgl. HAHN, Randbemerkungen 211, A. 13; siehe auch die Hypothese bei ROWSTON, Most neglected Book 556f.: Verbindung von Gnosis und Antinomismus.
⁶⁴ Vgl. SELLIN, Häretiker 224f.: Wandercharismatiker in paulinischer Tradition; SCHMITHALS, Neues Testament und Gnosis 144: „... wendet sich durchgehend gegen gnostische Irrlehrer ... Man kann den ‚Brief' als antignostisches Flugblatt oder Pamphlet bezeichnen."
⁶⁵ Zu solcher Skepsis gegenüber den Engelmächten vgl. SELLIN, Häretiker 219ff.
⁶⁶ Zur Pseudepigraphie vgl. ALAND, Noch einmal 121ff.; TRILLING, Untersuchungen 133ff.;

darin zugleich Teil an bestimmten Phänomenen der Spätantike).[67] Die Kategorien von ‚Fälschung' oder ‚Unechtheit' greifen für das Verständnis solcher Pseudepigraphie jedenfalls zu kurz und treffen die Sache nicht. Es geht in beiden Briefen um die Partizipation an der höher gewichteten Vergangenheit des Ursprungs, gegenüber der die eigene Situation nur als defizitär in der Sache empfunden werden kann. Darin drückt sich ein inhaltliches Programm aus: Denn die Theologie, die so verfährt, sieht sich gegenüber den Anfängen als Schuldnerin. Sie kann und muß, und dies sprechen beide Briefe nachdrücklich aus, sich ihrer ‚erinnern'. In solcher Legitimation durch die apostolische Zeit liegt die eigentliche Pointe der frühchristlichen Pseudepigraphie, und dies trifft auch für die beiden Briefe zu, wobei die Intensität, mit der durch den 2 Petr die Fiktion verstärkt wird, besonders auffällt. Es sollte nicht übersehen werden, daß von solcher zentralen Begründung der Pseudepigraphie her sich zugleich die anderen Aspekte erschließen:

Durch die Rückführung auf die apostolische Zeit (und ihre inhaltliche Präsenz im Text, die durch die Briefe postuliert wird) kann das Problem der Häresie bedacht und aufgearbeitet werden. Was gegenwärtig die Gemeinden bedrückt und als Provokation erfahren wird, erscheint so als Teil jener Wahrheit, die von den Aposteln begriffen wurde.

In vergleichbarer Weise wird auch die jeweilige Traditionslinie hervorgehoben; die Art und Weise, wie der 2 Petr mit den paulinischen Briefen verfährt[68], fügt sich sehr genau in dieses Bild, wie auch die generelle Bemühung des Briefes um eine angemessene Hermeneutik des Vergangenen beachtet werden muß.

Natürlich befinden sich die Texte in einer gewissen Konkurrenz zu vergleichbaren Schriften, die ebenfalls durch die Vorgabe apostolischer Verfasserschaft die eigene Position legitimieren wollen. Dies aber nötigt zu der besonderen Plausibilität des eigenen Entwurfs; von daher läßt sich begreifen, daß innerhalb des 2 Petr die petrinische Herkunft noch durch die Elemente des ‚Testaments' verstärkt werden.

In alldem erscheint die Pseudepigraphie nicht als beiläufig, sondern als Komponente des theologischen Programms beider Briefe. Erst die Auseinandersetzung mit ihrer Theologie wird auch das Problem der Pseudepigraphie radikal bedenken können. Besteht die theologische Pointe in der durchgängigen Rückbindung eigenen Denkens an den Ursprung, so wird sie fragwürdig, wenn solche Theologie nicht mit eigener Stimme spricht. Die Maske des Apostolischen, die beide Briefe für sich beanspruchen, wird so zur Kritik ihrer Theologie.

BALZ, Anonymität und Pseudepigraphie 76ff.; BROX, Falsche Verfasserangaben; SPEYER, Pseudepigraphie; WOLTER, Die anonymen Schriften 1ff. (Lit.).

[67] Vgl. SPEYER, Literarische Fälschung 171ff.; 333ff.; DONELSON, Pseudepigraphy 49f.
[68] Vgl. dazu u. 172ff.

1.1.6 Die Theologie

Die Theologie des Jud wird nur dann richtig verstanden[69], wenn sie die Zuordnung von gegebenem Fundament der πίστις und Polemik gegen die Häretiker als durch den Vf. gewollt und so in der Sache bedingt begreift.[70] Der Jud setzt auf solche Weise einen doppelten Akzent:

Auf der einen Seite wird deutlich, daß seine Theologie nicht in ihrer Traditionsbindung aufgeht.[71] Zwar ist der intensive Rekurs des Vf.s auf die frühjüdische Theologie auffällig (vgl. besonders die Heranziehung der Überlieferung aus dem äthHen), und es handelt sich hier nicht nur um eine Absicherung, sondern zugleich um ein theologisch verpflichtendes Erbe. Aber der Vf. will, und dies wird nicht zuletzt an der Härte der Konfliktbearbeitung erkennbar, eine situative Theologie entwerfen, die er als Brief auf die Gemeinde und ihre Lage beziehen kann. Die Inhalte haben auch eine polemische und konflikttächtige Seite; sie bedürfen offensichtlich eines so gearteten Diskurses, um bei sich zu sein. Daß der Vf. deshalb der Polemik auch die gemeindliche Paränese zuordnen kann, wenn dies auch sehr kurz geschieht, bestimmt sich als sachlich notwendig und gefordert.

Doch hat dies auf der anderen Seite unmittelbar mit der Bestimmung des Glaubens als einmal gegeben zu tun, wie der betonte Einsatz in V. 3 belegt.[72] Diese ein für allemal gültige πίστις ist jener Ort, auf den die Gemeinde sich beziehen muß; sie wird darin die Vorgabe der Existenz. Solcher Glaube ist nach dem Verständnis des Briefes eindeutig gebunden an das apostolische Zeugnis und seine Priorität: Die Apostel und der κύριος sind die Garanten der πίστις; sie müssen deshalb für die Gegenwart der Glaubenden verbindlich und verpflichtend erscheinen.

In dieser eigentümlichen Spannung zwischen dem Eingedenken des Vergangenen und der Antithese zur Häresie bewegt sich die Theologie des Briefes, die darin trotz der Kürze des Textes prägnant und eindrücklich ist. Das einmal gegebene Heil wird durch den Vf. inhaltlich nicht näher bestimmt oder entfaltet. Auf Grund der Kürze bleibt Jud sowohl in den christologischen wie den theologischen Aspekten formelhaft;[73] nur die Eigentümlichkeit der Angelologie tritt hervor. Allerdings ergibt sich aus der theologischen Einsicht des Briefes konsequent die Notwendigkeit zur Bewahrung des apostolischen Erbes, woraus umgekehrt der Konflikt mit der

---

[69] Sie ist in der bisherigen Forschung nur selten thematisiert worden; neben den Kommentaren vgl. vor allem Hahn, Randbemerkungen.
[70] Hahn, Randbemerkungen 211: „Ausbildung und Verteidigung der Tradition stehen im Zusammenhang mit der Gefährdung durch die Irrlehre."
[71] Vgl. dazu Knoch 174f.
[72] Zum Traditionsprinzip des Jud vgl. Hahn, Randbemerkungen 209ff.
[73] Dennoch gilt (Hahn, Randbemerkungen 218): „Mag die theologische Reflexion in diesem Schreiben zurücktreten, eine wesentliche sachliche Grundentscheidung, wie sie für die nachapostolische Zeit charakteristisch ist, ist auch hier getroffen."

Häresie zwingend wird. Dies hat nicht nur die Rückführung des Textes auf Judas, den Bruder des Jakobus, sachlich zur Folge[74], es läßt die Theologie des Briefes als Teil jenes Prozesses erkennen, der zum abgeschlossenen Kanon führt.[75]

1.2 Auslegung

1–2: Das Präskript

1 Judas, Knecht Jesu Christi, Bruder aber des Jakobus, an die in Gott dem Vater Geliebten und für Jesus Christus Bewahrten, die Berufenen.
2 Erbarmen möge euch, Friede und Liebe reichlich zuteil werden.

Lit.: BERGER, K., Apostelbrief und apostolische Rede. Zum Formular frühchristlicher Briefe, ZNW 65, 1974, 190–231; VOUGA, F., Apostolische Briefe als ‚scriptura'. Die Rezeption des Paulus in den katholischen Briefen, in: H. H. SCHMID – J. MEHLHAUSEN (Hgg.), Sola Scriptura. Das reformatorische Schriftprinzip in der säkularen Welt, Gütersloh 1991, 194–210.

Der Vf. eröffnet sein Schreiben in V. 1 unter deutlichem Anklang an frühchristliche Brieferöffnungen[1], wie vor allem an der Zweiteilung des Präskripts noch zu erkennen ist; die nächsten Parallelen finden sich im Umkreis der paulinischen Literatur[2], ohne daß dies Abhängigkeit im literarischen Sinne impliziert. Zunächst charakterisiert der Beginn des Briefs die Position des Vf.s gegenüber den EmpfängerInnen.[3] Dem dient der Hinweis auf den Titel Ἰησοῦ Χριστοῦ δοῦλος, der sowohl das Besondere des eigenen Auftrags[4] als auch die Gemeinschaft mit den AdressatInnen hervorheben soll. Nicht minder fällt der Hinweis auf Jakobus auf: Die enge Verbindung mit dem Präskript des Jak (Jak 1,1) rückt die Stellung des Vf.s in die Perspektive der Autorität des Herrenbruders und legitimiert sie so. Dies gilt um so mehr, wenn die umfassende Bedeutung der an der Jerusalemer Zusammenkunft Beteiligten für die pseudepigraphe Literatur des frühen Christentums beachtet wird[5] und die Rolle des Jakobus in diesem Kontext in den Blick kommt.[6] Die Traditionalität der Selbstbezeichnung spiegelt sich auch in den Charakteristika,

---

[74] Vgl. HAHN, Randbemerkungen 216f.
[75] Dazu PAULSEN, Sola Scriptura.
[1] Vgl. dazu vor allem BERGER, Apostelbrief.
[2] VOUGA, Apostolische Briefe 194ff.
[3] Zur Diskussion über den Namen des Vf.s vgl. GUNTHER, Meaning and Origin 113ff.
[4] Zur traditionsgeschichtlichen Begründung von δοῦλος vgl. BERGER, Apostelbrief.
[5] Vgl. LÜHRMANN, Gal. 2,9.
[6] Dazu generell PRATSCHER, Jakobus.

die für die Gemeinde verwandt werden, wobei die Lage der EmpfängerInnen prinzipiell angesprochen ist.[7] Der leitende Begriff, an dem sich die Epitheta orientieren, liegt im Hinweis auf die Berufung.[8] Dem ordnet sich die binitarische Formel christologisch wie theologisch zu; theologisch betont der Vf. so Herkunft wie Gegenwärtigkeit der Liebe.[9] Die Schwierigkeiten des ἐν sind in der Sache selbst begründet; geht es doch nicht allein um die Begründung der ἀγάπη, sondern zugleich um deren Präsenz. Auch die christologische Wendung, deren eschatologische Ausrichtung sich aus dem Kontext ergibt (vgl. Vv. 21.24; auch das τηρεῖν hat einen eschatologischen Horizont[10]), verbindet geschehene Heilszuwendung mit der Aktualisierung auf Grund der vorfindlichen Gemeindesituation. Die Kommunikation zwischen Autor und EmpfängerInnen gründet in der gemeinsamen Basis, die sich theologisch wie christologisch bestimmt.

Dies ist auch für den Segenswunsch in **V. 2** bedeutsam. Zwar erscheint die Aneinanderreihung der drei Begriffe ἔλεος, εἰρήνη und ἀγάπη traditionell[11], wenngleich die Abweichungen nicht übersehen werden dürfen.[12] In solcher Kette wird die Gemeinde an die Gabe des Heils erinnert[13]; erst ihr Vorhandensein läßt die Aufforderung zum Wachsen als prozeßhaft begreiflich werden. Die Eröffnung des Jud im Präskript und der Beginn der brieflichen Kommunikation bestimmt sich so durch die Bindung an das geschehene Heil und die Eröffnung von Zukunft unter besonderer Hervorhebung des Themas der ‚Liebe'. Wird die Stellung von Vv. 1.2 im gesamten Text berücksichtigt, so fällt die Korrespondenz mit dem Folgenden auf.[14] Dies betrifft die nuancierte Verwendung von τηρεῖν (Vv. 6.8.13.21; vgl. zugleich V. 24: φυλάξαι), aber auch die Wiederkehr des Segenswunsches aus V. 2. Ἔλεος wird aufgenommen in V. 21 (vgl. auch Vv. 22.23: ἐλεᾶτε), ἀγάπη in den Vv. 17.20.21.

3–4: Thema und Anlaß

3 Geliebte, allen Eifer setzte ich daran, euch über das uns gemeinsame Heil zu schreiben, und ich war gezwungen, zu schreiben und euch zu ermahnen, sich kämpferisch für den Glauben einzusetzen, der den Heiligen ein für allemal gegeben wurde.

---

[7] Vgl. KÜHL, 300; KNOCH 170; WINDISCH 38.
[8] KLAIBER, Rechtfertigung und Gemeinde 23f.
[9] Die Lesart ἡγιασμένοις ist sekundär, vielleicht auf Grund der Parallele in 1 Kor 1,2 in die Überlieferung eingedrungen.
[10] Vgl. BAUCKHAM 26; FRANKEMÖLLE 131.
[11] Vgl. 1 Tim 1,2; 2 Tim 1,2; Tit 1,4; 2 Joh 3; dazu WINDISCH 38; KNOCH 170f.
[12] Sie betreffen vor allem das ἀγάπη; gerade deshalb ist die Parallele in der Inscr des MartPol besonders signifikant, sie ist allerdings nicht literarisch zu erklären (so KÜHL 300).
[13] Die Begriffe sind deshalb nicht anthropologisch zu bestimmen; vgl. WINDISCH 38.
[14] WATSON, Invention 42.

4 Denn es haben sich einige Personen eingeschlichen, die schon längst für dies Gericht aufgezeichnet sind, die Gottlosen, die die Gnade unseres Gottes in Schamlosigkeit verkehren und den einzigen Herrscher und unseren Herrn Jesus Christus verleugnen.

Lit.: HAHN, F., Randbemerkungen zum Judasbrief, ThZ 37, 1981, 209-218; HIEBERT, D. E., An Exposition of Jude 3-4, Bibliotheca Sacra 142, 1985, 142-151.

Beide Verse haben eine deutliche Aufgabe innerhalb des brieflichen Gefüges; sie verstärken die Kommunikation, indem sie Aufmerksamkeit wecken (so vor allem V. 3)[15], das Thema angeben und zugleich den Anlaß des Textes benennen (so V. 4). In dieser Aufgabenstellung korrespondieren sie mit dem brieflichen Schluß in den Vv. 17-23; dies wird an der Wiederkehr bestimmter Themen erkennbar. Auf solche Weise erklärt sich auch, daß die Vv. 3.4 stark durch konventionelle Briefformen geprägt erscheinen.

Dies wird schon an **V. 3** erkennbar: das σπουδὴν ποιεῖσθαι ist traditionell und hebt die briefliche Initiative auf Seiten des Vf.s hervor.[16] Allerdings muß die Zuordnung zum ἀνάγκην ἔσχον beachtet werden; sie läßt sich kaum so verstehen, daß es sich um den Hinweis auf ein anderes Schreiben handelt.[17] Der konventionalisierte Briefeingang wird vielmehr zugespitzt auf das ἀνάγκην ἔσχον κτλ. Auf solche Weise macht Jud deutlich, wo der eigentliche Zielpunkt des Schreibens zu suchen ist, und bereitet so den Übergang zur narratio des V. 4 vor.[18] Wird diese Einbindung in den brieflichen Kontext ernst genommen, dann liegt bei aller Anknüpfung an das ἀγάπη aus V. 2 mit dem ἀγαπητοί bekannte briefliche Sprache vor. Die Zuordnung von σωτηρία und πίστις ergibt sich aus der Struktur des Satzes: Σωτηρία erinnert die BriefempfängerInnen an die gemeinsame Grundlage des Heils[19] (auch darin findet sich eine Entsprechung zu den Aussagen von V. 2). Was dies bedeutet, löst der Vf. in der zweiten Satzhälfte ein. Zunächst ergibt sich daraus die Möglichkeit des παρακαλεῖν, das sich dann im Hinweis auf das ἐπαγωνίζεσθαι[20] mit der πίστις verbindet. Darin hat Jud Teil an den Veränderungen im Glaubensverständnis des frühen Christentums[21]: Für ihn handelt es sich um die verpflichtende Grundlage (V. 20), die fides, quae creditur.[22] Einer solchen Bestimmung dienen dann auch die Präzisierungen im einzelnen: Schon das ἅπαξ verweist auf die Einmaligkeit und Vorgängigkeit der Gabe dieser πίστις, die Verwendung des παράδοσις-

---

[15] Zur brieflichen Struktur vgl. WATSON, Invention 43ff.
[16] Vgl. WINDISCH 38f. und die dort genannten Texte.
[17] In diesem Sinne zuletzt BAUCKHAM 29ff.; vgl. dagegen WINDISCH 39.
[18] WATSON, Invention 47.
[19] Dabei darf die eschatologische Nuance im Begriff nicht vergessen werden; vgl. SCHRAGE 222.
[20] Der Gedanke ist traditionell; vgl. PFITZNER, Agon Motif.
[21] Vgl. den Exkurs bei KNOCH 174f.; zur Sache vor allem HAHN, Randbemerkungen.
[22] Vgl. WINDISCH 39; SCHRAGE 222.

Motivs und auch die Aufnahme des ἅγιοι[23] paßt dazu. Es handelt sich bei ἅγιοι nicht um eine Beschränkung auf die Apostel allein, gemeint ist vielmehr die ganze Gemeinde. In alldem wird die geschichtliche und sachliche Prävalenz des einmal zuteil gewordenen Glaubens hervorgehoben.

Solche dem Vf. und den EmpfängerInnen gemeinsame Basis ermöglicht den Überschritt zu V. 4 und damit die Hinwendung zur Situation in der Gemeinde. Sie ist für den Vf. durch die Häresie gegeben.[24] Die Kennzeichnung der Gegner ist im wesentlichen durch traditionelle Motive vorgegeben: Dies gilt bereits für παρεισέδυσαν. Der Vf. legt dadurch den Gedanken des (von außen) Eindringens in die Gemeinde nahe;[25] näherhin werden Gegner auf diese Weise als umherziehend beschrieben und so denunziert. Das ist bekannte Polemik, worauf bereits R. Knopf hingewiesen hat.[26] Der negativen Kennzeichnung dient auch das abwertende τινες (vgl. Apg 3,2; 14,8; 15,1; 17,6; 1 Tim 5,24; siehe auch 2 Kor 10,12; Gal 1,7). Den Ton in solcher Konfrontation gegen die Häretiker trägt für den Vf. das ἀσεβεῖς, in dem sich für ihn Verfallenheit und Gottlosigkeit bündig zusammenfassen. Eine doppelte Konkretion soll diese Kritik anschaulich machen und vertiefen:

Die erste Zeile benennt das moralische Defizit mit dem Begriff der ἀσέλγεια (wobei eine sexuelle Konnotation mitgesetzt sein kann). Sie entsteht aus der Verkehrung der χάρις. Wieder erinnert der Text auf solche Weise ein Schlüsselwort der frühen christlichen Theologie (insofern bleibt die Verbindung mit σωτηρία und πίστις in V. 3 von Bedeutung), ohne daß dies notwendig als paulinische Reminiszenz zu begreifen wäre.[27] Für den Vf. ist vielmehr wichtig, daß in der Zerstörung der Glaubensgrundlage der ethische Mangel der Häresie sich zeigt; wieder begegnet ein Motiv, das in der Auseinandersetzung mit Gegnern den Texten des frühen Christentums geläufig erscheint. Ob solche allgemeine Polemik sich im Sinne eines Libertinismus[28] oder gar Antinomismus[29] präzisieren läßt, ist angesichts des topologischen Charakters solcher Anschuldigungen mehr als fragwürdig. V. 4 allein gibt jedenfalls kaum Anlaß zu weitreichenden Hypothesen.

Die zweite Zeile orientiert sich weniger an der moralischen Polemik als an der Verleugnung, dem ἀρνεῖσθαι. Es wird nicht klar, woran der Text

---

[23] Vgl. Asting, Heiligkeit 294ff.; Delling, Merkmale der Kirche 378; Klaiber, Rechtfertigung und Gemeinde 21ff.
[24] Zu den sich daraus ergebenden Fragen vgl. vor allem Sellin, Häretiker.
[25] Vgl. u.a. IgnEph 7,1; 9,1; die Sache bereits in 2 Kor 11,4.
[26] Knopf 215: „Es war aber auch für die mahnenden Führer innerhalb der Kirche immer angenehm, zwischen den angeredeten Christen und den Häretikern möglichst scharf zu scheiden und die Gefahr als eine von außen her gekommene zu bezeichnen. Selbstverständlich aber ist, daß die von außen her eindringenden Irrlehrer selber sich als zur Gemeinde gehörend betrachten."
[27] So – unter Hinweis auf Röm 3,8 – Sellin, Häretiker 210f.
[28] Besonders eindrucksvoll wird diese Position von Knopf 217f. vertreten.
[29] So vor allem Sellin, Häretiker.

denkt.[30] Solche Allgemeinheit und Unschärfe ist aber beabsichtigt, weil so das Prinzipielle des Vorwurfs desto klarer hervortritt. Bezog sich die erste Zeile auf die theologische Seite (τοῦ θεοῦ ἡμῶν), so ist die Polemik jetzt christologisch zugespitzt. Das ist allerdings nicht unbestritten, weil δεσπότης als Gottesbezeichnung auf Grund der jüdischen Überlieferung[31] auch in der Theologie des frühen Christentums vor allem so verwandt wird (vgl. nur Lk 2,29; Apk 6,10; besonders häufig dann im zweiten Jahrhundert).[32] Ein Teil der handschriftlichen Überlieferung hat den Text in dieser Weise begriffen und geändert (Einfügung des θεόν).[33] Die Zuordnung der beiden Zeilen legt aber ein christologisches Verständnis viel näher (vgl. die binitarische Wendung im Präskript);[34] vor allem belegt die Aufnahme in 2 Petr 2,1 wirkungsgeschichtlich eine christologische Interpretation. Die Konzentration des Vorwurfs auf die Christologie sollte dogmatisch nicht gepreßt werden: Der Vf. beabsichtigt in diesem Vers keine Deskription des christologischen Irrtums der Eindringlinge.

Wenn die Zuspitzung der Polemik im ἀσεβεῖς und ihre doppelte Konkretion deutlich ist, so bereitet das vorangestellte οἱ πάλαι προγεγραμμένοι εἰς τοῦτο τὸ κρίμα dem Verständnis Probleme. Sicher trifft zu, daß der Vf. mit dieser betonten Wendung eine für ihn wichtige Aussage treffen will, sie dient der legitimierenden Absicherung des eigenen Urteils über die Gegner. Eine doppelte Schwierigkeit bleibt: Worauf bezieht sich das προγεγραμμένοι, und wie ist das τοῦτο τὸ κρίμα zu deuten?

Im οἱ πάλαι προγεγραμμένοι soll zunächst die zeitliche Vorgängigkeit der Verurteilung betont werden: Was jetzt in der Gemeinde geschieht und ihr in den Häretikern widerfährt, erscheint als nicht außergewöhnlich, sondern bereits in der Geschichte begründet. Verbindet dies den Text in der Sache mit anderen urchristlichen Überlegungen zur Deutung der Häresie[35], so wird nicht sichtbar, ob der Vf. über diese grundsätzliche Absicht hinaus noch an konkrete Texte denkt.

Drei Möglichkeiten der Deutung lassen sich unterscheiden:[36]

- Es könnte an eine prinzipielle Vorgabe gedacht sein, die nicht notwendig bestimmte Texte aufnimmt, sondern an jene Bücher des Himmels denkt, in denen menschliches Verhalten vor aller Zeit schon immer beschrieben worden ist.[37] Der

---

[30] Ist der Zusammenhang zwischen verfehlter Praxis und theologischem Mangel beabsichtigt? So KNOPF 219.
[31] Vgl. WINDISCH 39; besonders eindrucksvoll Jos, Bell VII,8,6; Philo, Mut 22; siehe auch DELLING, ΜΟΝΟΣ ΘΕΟΣ 391ff., bes. 399.
[32] Vgl. etwa Barn 1,7; 4,3; 1 Clem 59,4; 60,3; 61,1f.; dazu DEICHGRÄBER, Gotteshymnus 102f.
[33] In dieser Weise dann auch WINDISCH 39f.
[34] DEICHGRÄBER, Gotteshymnus 102f.; KNOCH 176f.
[35] Vgl. nur 1 Kor 11,18f., dazu PAULSEN, Schisma und Häresie.
[36] Vgl. FUCHS-REYMOND 159.
[37] Vgl. äthHen 81,4; 108,7; 106,19; TestLev 14,1; syrApkBar 24,1; dazu WINDISCH 39; GRUNDMANN 28f.; SCHRAGE 222f.

apokalyptische Kontext solcher Erwägungen ist klar, zugleich wird die Aussage in die Nähe einer prädestinatianischen Theologie gerückt.[38]
- Oder der Vf. will bekannte Texte für seine Überlegungen fruchtbar machen, die dann allerdings nicht ausdrücklich von ihm benannt werden.[39] Wenn deshalb die genaue Eruierung dieser Passagen auch Schwierigkeiten bereitet[40], so muß der Kontext von Vv. 5-7 beachtet werden. Der Jud greift in dieser Argumentation eindrücklich auf Schriftüberlegungen zurück und zieht sie stabilisierend für die gegenwärtige Situation der Häresie heran.[41]
- Schließlich ist an die antike Praxis der Proskription von Tätern zu erinnern; die zu Verurteilenden bzw. die bereits Verurteilten sind in Listen ‚eingetragen' (προγεγραμμένοι), z.T. unter Hinweis auf den Urteilsspruch.[42]

Wenn neben der prinzipiellen Einsicht in die Vorordnung einer geschichtlichen Deutung des gemeindlichen Konfliktes nach der Plausibilität weiterer Modifikationen gefragt wird, so scheint der Hinweis auf die Argumentation in den anschließenden Versen und die sich daraus ergebende Schriftbezogenheit einsichtig, ohne daß dies die erste Möglichkeit ganz eliminieren dürfte.[43]

Worauf bezieht sich dann aber das τοῦτο? Zwar ist unübersehbar, daß der Vf. mit κρίμα den Aspekt der Verurteilung verbindet.[44] Kaum bezieht sich aber das τοῦτο auf das Vorhergehende, so daß das Gericht für die Gemeinde im Eindringen der Häretiker zu sehen wäre. Wahrscheinlicher ist, daß im τοῦτο die Vorwegnahme des Urteils über die ἀσεβεῖς beschlossen liegt:[45] Dann bestünde das κρίμα in der Gottlosigkeit der Häretiker, die sich in einer verfehlten Theo- und Christologie niederschlägt. Das τοῦτο greift aber weiter: Es nimmt innerhalb des brieflichen Zusammenhangs vor allem die Hinweise der Vv. 5-7 vorweg, wobei sich dies gleichzeitig mit den Vv. 14.15 verbinden läßt. In der Absicherung durch die Schrift und in dem Hinweis auf die Zukünftigkeit des κύριος (vgl. bereits V. 1) liegt das τοῦτο τὸ κρίμα für die Häretiker. Solche Einsicht erst macht es dem Vf. möglich, den Gegnern ἀσέβεια zu attestieren: Die Gemeinde, die sich auf die Vorgabe der πίστις gründet und den kommenden Herrn erwartet, wird so urteilsfähig.

---

[38] In diesem Sinne bereits Clemens Alexandrinus in seiner Deutung des Textes (GCS III, 207,1ff STÄHLIN): ... homines impii, qui olim praescripti et praedestinati erant in iudicium dei nostri, non ut fiant impii; sed exsistentes iam impii praescripti sunt in iudicium.
[39] Vgl. OSBURN, 1 Enoch 80:2-8 299f.; sie verweist auf äthHen 67,10.
[40] Doch gehört in diesen Zusammenhang auch die Vorhersage von Spaltungen in der jüdischen Apokalyptik; dazu vgl. PAULSEN, Schisma und Häresie.
[41] Vgl. KÜHL 303.; WINDISCH 39.
[42] In diesem Sinn verstehen die Äußerung FUCHS-REYMOND 159.
[43] Prädestinatianische Überlegungen liegen dem Text aber wohl fern; vgl. KÜHL 303f.
[44] Vgl. Röm 3,8; dazu siehe SELLIN, Häretiker 210f.; literarische Dependenz ist nicht wahrscheinlich.
[45] WINDISCH 39; FUCHS-REYMOND 159.

5–16: Das Thema

Lit.: MAIER, F., Zur Erklärung des Judasbriefes (Jud 5), BZ 2, 1904, 377-397; SICKENBERGER, J., Engels- oder Teufelslästerer im Judasbriefe (8-10) und im 2. Petrusbriefe (2,10-12)?, in: FS zur Jahrhundertfeier der Universität Breslau, MSGVK 13/14, 1911, 621-639; DUBARLE, A. M., Le péché des anges dans l'épître de Jude, in: Mémorial J. CHAINE, BFCTL 5, 1950, 145-148; BLACK, M., Critical and exegetical notes on three New Testament texts Hebrews xi.11, Jude 5, James i.27, in: Apophoreta, FS E. HAENCHEN, BZNW 30, 1964, 39-45; DANIEL, C., La mention des Esséniens dans le texte grec de l'Épître de S. Jude, Muséon 80, 1967, 503-521; WIKGREN, A., Some Problems in Jude 5, in: Studies in the history and text of the New Testament, FS K. W. CLARK, StD 29, 1967, 147-152; MILIK, J. T., 4Q Visions de 'Amram et une citation d'Origène, RB 79, 1972, 77-97; BERGER, K., Der Streit des guten und des bösen Engels um die Seele. Beobachtungen zu 4Q Amr^b und Judas 9, JSJ 4, 1973, 1-18; KOBELSKI, P. J., Melchizedek and Melchireša', CBQ MonSer 10, 1981; OSBURN, C. D., The Text of Jude 5, Bib. 62, 1981, 107-115; FOSSUM, J., Kyrios Jesus as the Angel of the Lord in Jude 5-7, NTS 33, 1987, 226-243.

V. 5 eröffnet mit einer typischen Form der brieflichen Literatur das eigentliche Thema des Briefs, die Auseinandersetzung des Vf.s mit den Gegnern. Die briefliche Kommunikation wendet sich nicht unmittelbar gegen jene, sondern spricht die Gemeinde an. Dies hat nicht nur Parallelen in frühchristlichen Texten (vgl. IgnEph 3,1ff.)[46], sondern korrespondiert generell der Form der captatio benevolentiae[47] (in diesem Sinne ist zunächst das πάντα in V. 5 zu verstehen). Die Konfliktbearbeitung dient darin auch der Festigung innerhalb der Gemeinde selbst; dies wird vor allem durch die gezielte Verwendung des ὑπομνῆσαι in V. 5 erreicht, die im Eingedenken der Präsenz des Vergangenen dienen soll. Wichtig bleibt, daß der Vf. in V. 4 die entscheidenden Leitfiguren der anschließenden Argumentation vorgegeben hat, sie ist darin probatio.[48] Dies gilt einmal für das οἱ πάλαι προγεγραμμένοι εἰς τοῦτο τὸ κρίμα. Die Aufnahme der biblischen exempla hebt sowohl den Vorgabecharakter, der deshalb ‚erinnert' werden soll, wie auch das Motiv der κρίσις hervor, dem jene Beispiele der Schrift unterliegen. Aber es trifft zugleich auf die ἀσεβεῖς zu; denn in der Beziehung des Vergangenen auf die Gegenwart der Häresie wird deren Charakter als Gottlosigkeit offenkundig.

Wenn darin die prinzipielle Strukturierung des Abschnittes sichtbar ist, so bereitet die Gliederung des Textes im Détail Probleme, wie auch die auseinander liegenden Vorschläge in der bisherigen Literatur demonstrieren. Ausgangspunkt für eine Bestimmung der Textform sollte allerdings die enge

---

[46] Vgl. SCHRAGE 223.
[47] KELLY 254.
[48] WATSON, Invention 48ff.

Beziehung der Schrift auf die Gegenwart der gemeindlichen Gefährdung sein; in der Sache klar, wird dies sprachlich durch das viermalige οὗτοι eingelöst. Dies führt zu einem vierfachen Beweisgang:

> 5–8
> 9–10
> 11–13
> 14–16.

Allerdings sind diese vier Schritte, in denen der Vf. sein Thema entfaltet, nicht voneinander zu trennen, sondern bleiben ständig aufeinander bezogen. Besonders tritt dies in V. 11 hervor, weil der Brief in der Aufnahme eines ‚Wehe'-Rufes sich unmittelbar an die Gegner wendet, ohne daß allerdings der Schriftbezug fehlt. Wenn so im οὗτοι das Gliederungsprinzip des Abschnitts sich erkennen läßt, so muß dies nicht notwendig traditionell vorgegeben sein, sondern belegt eher die sprachliche Kompetenz des Autors, der so den eigenen Anspruch einlöst.

5–8: Das erste Beispiel

5 Ich will euch, die ihr ein für allemal alles wißt, daran erinnern, daß Jesus, der das Volk aus dem Land Ägypten errettete, beim zweiten Mal diejenigen, die nicht glaubten, vernichtete
6 und die Engel, die nicht ihren Herrschaftsbereich einhielten, sondern das eigene Haus verließen, für das Gericht des großen Tages mit ewigen Fesseln in der Finsternis bewahrt hält;
7 wie auch Sodom und Gomorrha und ihre Nachbarstädte, die auf eine ihnen gleiche Weise Unzucht trieben und anderem Fleisch nachgingen, als Beispiel daliegen, indem sie die Strafe des ewigen Feuers auf sich nehmen.
8 Auf gleiche Weise beflecken auch diese Träumer das Fleisch, mißachten die Herrschaft und lästern die Herrlichkeiten.

Der Vf. verdeutlicht menschliche Verfallenheit und das göttliche Gericht in der Relevanz für die gegenwärtige Situation der Gemeinde an drei Beispielen aus der Schrift. Das Problem der Beweisführung liegt in der fast deckungsgleichen Verzahnung von Gegenwart und Vergangenheit, da nur auf diese Weise die Eindrücklichkeit der Argumentation sich herstellen läßt.

Dies führt bereits auf der Ebene des Textes zu schwierigen Überlegungen, wie sich am textkritischen Befund dokumentieren läßt;[49] als besonders problematisch erscheint der V. 5[50], aus der Fülle der Lesarten lassen sich als besonders signifikant hervorheben:[51]

---

[49] Vgl. den umfassenden Überblick bei ALAND, Text und Textwert 205ff.
[50] Vgl. die ausführliche Diskussion bei WIKGREN, Some Problems; OSBURN, Jude 5.
[51] Siehe neben ALAND, Text und Textwert 205ff. noch FUCHS-REYMOND 161.

1. ἅπαξ πάντα ὅτι Ἰησοῦ
2. ἅπαξ πάντα ὅτι κύριος
3. ἅπαξ πάντα ὅτι ὁ θεός
4. ἅπαξ πάντα ὅτι θεὸς Χριστός
5. ἅπαξ τοῦτο ὅτι ὁ κύριος
6. πάντα ὅτι Ἰησοῦς ἅπαξ
7. πάντα ὅτι κύριος ἅπαξ
8. πάντα ὅτι ὁ θεὸς ἅπαξ

Erkennbar bestehen zwei Schwierigkeiten, die in ihrer Problematik den handschriftlichen Befund dominieren (und sich z.T. miteinander verbunden haben). Es geht zunächst um die Stellung des ἅπαξ und andererseits um das Subjekt innerhalb des ὅτι-Satzes. Die Bezeugung spricht allerdings für die Voranstellung des ἅπαξ;[52] das trifft auch deshalb zu, weil sich solche Lesung kontextuell durch V. 3 klären läßt und die Einmaligkeit der Heilsvorgabe bezeichnet. Die Änderung des Textes versteht sich vom τὸ δεύτερον her, das sich so besser interpretieren ließe.[53]

Weit problembeladener ist die Frage nach dem Subjekt im ὅτι-Satz; die Schwierigkeit entsteht aus der möglichen christologischen Deutung des Satzes, wie in dem Ἰησοῦς erkennbar wird (aber auch bei einer Lesart κύριος nicht ganz ausgeschlossen werden kann).[54] Der handschriftliche Befund spricht auf Grund der Schwierigkeiten der Lesart eher für ein Ἰησοῦς[55], dessen Deutung aber die eigentliche Fragwürdigkeit darstellt. Für Ἰησοῦς läßt sich ins Feld führen, daß bereits früh in der Konjunktion Josua – Jesus[56] der Schrifttext christologisch gedeutet wurde.[57] Ist dies typologisch begründet, so ließe sich der Text aber auch unmittelbar christologisch im Sinne einer wie auch immer gearteten Präexistenz Jesu auslegen (im Ansatz bereits 1 Kor 10,1ff. bes. V. 4; vgl. 1 Petr 1,11; Hebr 11,26; Barn 12,8–10).[58]

Für die Lesart ließe sich traditionsgeschichtlich auf den *Josua-Targum* zu Jos 5 hinweisen;[59] dort heißt es (T.S. B 13,12 fol. 2b,1ff.):[60]

(5,2) Zu dieser Zeit sprach JHWH zu Josua:

„Nimm dir Kriegswerkzeug – Schwerter und Lanzen – zwei Werkzeuge für den Kampf Israels zum zweiten Mal, – (Leute), die nicht [wider Kanaa]n Böses aus-

---

[52] Kühl 306.
[53] So dann bei Knoch 178.
[54] Dies gilt auch für die Lesart θεὸς Χριστός in p72; vgl. Mees, Papyrus Bodmer VII 554f.
[55] Vgl. Osburn, Jude 5 107ff.; siehe auch Fossum, Angel of the Lord.
[56] Dies ist zudem in der Theologie des hellenistischen Judentums vorbereitet worden; so deutet Philo, MutNom 121 die Namensumbenennung in Num 13,16 als Ἰησοῦς σωτηρία κυρίου; vgl. Fahr-Glessmer, Jordandurchzug 70, A. 118.
[57] Vgl. Justin, Dial 120,3; ClemAl, paed 1,60,3; Orig, In Exodum Hom 11,3; In Lib Jesu Nave 1,1; siehe von der Goltz, Textkritische Arbeit 51f.
[58] Windisch 40; Osburn, Jude 5 112.
[59] Vgl. dazu Fahr-Glessmer, Jordandurchzug.
[60] Zum Folgenden siehe vor allem Fahr-Glessmer, Jordandurchzug 66ff.

sprengen; und weise die Israeliten zurecht auf einem Hügel, dem ‚Hügel der Zurechtweisung'!"...
Das ‚zweite Mal' bezieht sich auf die Wüstenwanderung zurück[61] und rückt Jos 5,2 in die Entsprechung von Urzeit und Endzeit.[62] Auffallen muß die Parallelität des δεύτερον in Jud 5; auch die Identifikation Josua – Jesus in einem typologischen Sinn bot sich von einer Theologie her, wie sie der Josua-Targum erkennen läßt, für die Interpretation an.[63]

Spricht somit alles für die Lesart Ἰησοῦς[64], so bietet der Kontext ein letztes Hindernis. Zwar läßt sich kaum einwenden, daß nicht eigentlich Josua das Volk aus Ägypten errettet habe;[65] die Allgemeinheit des Hinweises genügt für den Zusammenhang und bedarf deshalb nicht der Präzisierung. Auch das Bedenken, bei der vorgestellten Situation der Abfassung habe der Vf. kaum in solcher Weise von Jesus reden können,[66] bleibt vordergründig. Anders ist dies jedoch im Blick auf den anschließenden Text. Denn hier ist von Gott als dem Handelnden die Rede, und die Annahme, daß die Bewahrung der Engel auf Jesus hinweisen solle, scheint nicht wahrscheinlich. Aus diesem Grunde läßt sich die Lesart, die Gott als das Subjekt des ὅτι-Satzes annimmt, gut begreifen[67], so sehr darin eine Erleichterung des schwierigen Textes besteht.

Die Entscheidung bleibt ambivalent und nicht ohne Gegenargumente; die Problematik in der Sache und der größere Schwierigkeitsgrad sprechen aber für ein Ἰησοῦς.[68] In der Sache betont der Vf. so die Verschlingung der Zeiten und, nicht fremd der Theologie des zweiten Jahrhunderts, die Gegenwärtigkeit Jesu als des Präexistenten in der Geschichte Israels. Das Problem des folgenden V. 6 bleibt bestehen; aber vielleicht muß beachtet werden, daß für Jud auch dieser Vers nicht zu rigide von einer christologischen Interpretation getrennt werden darf.

Ungeachtet der textlichen Schwierigkeiten ist die Zielsetzung der Passage eindeutig. Der Vf. demonstriert an drei Ereignissen aus der Geschichte Israels den Zusammenhang von verfehltem Leben und göttlichem Gericht und macht die Vergangenheit durchsichtig für die gegenwärtige Wirklichkeit. Die Aneinanderreihung ist weder formgeschichtlich noch in den Inhalten ohne traditionsgeschichtliche Parallelen in der frühjüdischen Theologie.[69] Es finden sich Sir 16,7–10; CD 2,17–3,12; 3 Makk 2,4–7;

---

[61] Fahr-Glessmer, Jordandurchzug 67.
[62] Fahr-Glessmer, a.a.O. 67: „... die aktualisierende und eschatologische Targuminterpretation hat demUrbild möglicherweise bewußt die zweite Episode in Jos 5 nach dem Urzeit-Endzeit-Schema gegenüber gestellt."
[63] In dieser Weise dann Fahr-Glessmer, a.a.O. 68ff.
[64] Dagegen zuletzt Knoch 179.
[65] Kelly 255.
[66] Kelly 225.
[67] So dann Kelly 255.
[68] Es sei denn, es wird eine mechanische Verschreibung angenommen; Fuchs-Reymond 162.
[69] Vgl. Berger, Hartherzigkeit; Bauckham 46f.

TestNaph 3,4- 5; Sanh 10,3 (vgl. auch 2 Petr 2,4-8) vergleichbare Aufzählungen, die allerdings in der Reihenfolge und den Einzelereignissen selbst variieren. Gerade solche Veränderung belegt die Zielsetzung der Reihen; sie liegt in der Ermahnung für die EmpfängerInnen, um sie vor einem vergleichbaren Verhalten zu warnen.

Erklärt dies die Formulierung von V. 5 zu einem Teil (der Vf. ‚erinnert' die LeserInnen an etwas, was ihnen im Grunde schon vertraut sein sollte), so macht es auch den Übergang zu V. 8 begreiflich: Aus der Geschichte dieser exempla resultiert die Warnung vor vergleichbarem Verhalten in der Gegenwart. Allerdings kommt zu diesem paränetischen Moment in den relevanten Texten zumeist noch der Hinweis auf die moralische Defizienz und die Verfallenheit der Menschen hinzu sowie als Ergebnis dessen die Notwendigkeit der göttlichen κρίσις. In der Verkettung dieser unterschiedlichen Motive liegt der Grund, warum der Vf. sich auf solches Geschehen bezieht.

V. 5 nennt als erstes exemplum das Verhalten der Wüstengeneration: Ihr Tun erscheint als um so problematischer, weil es der vergangenen Rettung aus Ägypten kontrastiert. Das δεύτερον, das der Interpretation des Verses so viel Schwierigkeiten bereitet, sollte allerdings nicht auf ein gesondertes Ereignis in der Geschichte Israels bezogen werden,[70] sondern hebt (vielleicht mit Blick auf Num 14,29-37) das Murren des Volkes in der Wüste hervor[71], das auch in anderen Texten traditionsgeschichtlich eine Rolle spielt.[72]

Das zweite Beispiel - V. 6 - läßt sich nur auf dem Hintergrund und innerhalb des Kontextes der jüdischen Theologie angemessen interpretieren.[73] Den Ausgangspunkt bildet Gen 6,1-4: Die Engel verlassen ihren zugewiesenen Platz im Himmel, um sich den Frauen zuzuwenden. Dieser Text hat in der jüdischen, aber auch der christlichen Auslegung[74] zu umfänglichen Spekulationen geführt, die vor allem im äthHen erkennbar sind (vgl. daneben noch Jub 4,15.22; 5,1; CD 2,17-19; 1 QGenApoc 2,1; TestRub 5,6-7; TestNaph 3,5; vgl. auch die Targume zu Gen 6,1-4). Auf solche Rezeption der Schrift bezieht sich Jud, wie vor allem der Vergleich mit den entsprechenden Passagen des äthHen belegen kann.[75]

äthHen 10,4-6 (Übersetzung S. UHLIG)
4 Und der Herr sprach weiter zu Rufael (= Rafael): „Binde den Azāz'ēl an Händen und Füßen und wirf ihn in die Finsternis und reiße die Wüste auf, die in Dudā'ēl ist, und wirf ihn hinein. 5 Und lege auf ihn rauhe, spitze Steine und bedecke ihn

---

[70] So etwa SPITTA 321f.; dagegen WINDISCH 40.
[71] KÜHL 308.
[72] Vgl. FAHR-GLESSMER, Jordandurchzug 67; BAUCKHAM 50.
[73] RUBINKIEWICZ, Eschatologie 129ff.; DUBARLE, Péché des Anges 145ff.
[74] Zur frühchristlichen Rezeption des Motivs vgl. Justin, Apol 2,5,3; Irenaeus, adv.haer. IV,36,4; Tertullian, de idol 9,1; de cult.fem. 1,2; apol 22,3; ClemAl, paed 3,2,14; strom 3,7,59; dazu WINDISCH 41; zu 2 Clem 20 vgl. KNOPF,, Clemensbriefe 183f.
[75] Zur Auslegung von äthHen 6-11 vgl. HANSON, Rebellion 195ff.; NICKELSBURG, Apocalyptic and Myth 383ff., MILIK, Books of Enoch 176f.

mit Finsternis, und dort soll er für ewig hausen, und bedecke sein Angesicht, damit er das Licht nicht sehe. 6 Und am großen Tag des Gerichtes soll er in die Feuerglut gestoßen werden ..."
äthHen 10,11-13 (Übersetzung S. Uhlig)
11 Und zu Michael sprach der Herr: „Geh, laß Semyāzā und die anderen bei ihm, die sich mit Frauen verbunden haben, wissen, daß sie mit ihnen zugrunde gehen in all ihrer Unreinheit. 12 Und wenn sich alle ihre Söhne gegenseitig erschlagen, und wenn sie sehen die Vernichtung ihrer Geliebten, (so) binde sie für 70 Generationen unter die Hügel der Erde, bis zum Tage ihres Gerichtes und ihres Endes, bis das Gericht für alle Ewigkeit vollzogen wird. 13 Und in jenen Tagen wird man sie wegführen in den Abgrund des Feuers und in die Qual und ins Gefängnis, und sie werden für ewig eingeschlossen sein ..."
äthHen 12,4-13,1 (Übersetzung S. Uhlig)
4 „Henoch, du Schreiber der Gerechtigkeit, geh, verkündige den Wächtern des Himmels, die den hohen Himmel, die heilige ewige Stätte, verlassen haben und sich mit Frauen vergangen und getan haben, wie es die Menschenkinder tun, und sich Frauen genommen haben und sich in großes Verderben gestürzt haben auf Erden. 5 Sie werden weder Frieden noch Vergebung der Sünden erlangen. 6 Und weil sie sich über ihre Kinder freuen, sollen sie die Ermordung ihrer Geliebten sehen; und über die Ausrottung ihrer Kinder werden sie klagen, und sie werden ewig bitten, aber weder Erbarmen noch Frieden erlangen."
13,1 Und Henoch ging hin (und) sagte zu Azāz'ēl: „Du wirst keinen Frieden haben; ein großes Gericht ist über dich ergangen, um dich zu binden ..."

Nahezu alle Topoi des äthHen finden sich auch in V. 6: die Engel verlassen ihren Herrschaftsbereich (so ist das ἀρχή zu deuten[76]), sie geben damit den ihnen zugemessenen Ort, ihr οἰκητήριον auf.[77] Für den Vf. ist wichtig, daß solche Verfehlung in die κρίσις führen muß (auch dies, wie äthHen belegt, traditionell).[78] Aufschlußreich erscheint die Koppelung von Bindung (dadurch wird das τηρεῖν von V. 1 aufgenommen!) und Gericht: Im Unterschied zu den Glaubenden sind die gefallenen Engel gefesselt in der Finsternis (ζόφος), wobei diese Bindung durch das Motiv der Fesseln zusätzlich betont ist. Die Dauerhaftigkeit der Bindung verstärkt noch die Zuordnung von ἀϊδίοις, das nicht mit dem Hades in Verbindung gebracht werden sollte;[79] vielmehr wird durch das Adjektiv gerade die zeitliche Unbegrenztheit herausgestellt.[80]

V. 7 erinnert die BriefempfängerInnen in einem dritten Beispiel an das Schicksal von Sodom und Gomorrha (und deren Nachbarstädten: αἱ περὶ αὐτὰς πόλεις). Der paradigmatische Charakter und die Beispielhaftigkeit

---
[76] Kelly 256.
[77] Vgl. die Deutung bei Clemens Alexandrinus (GCS III, 207,10 Stählin): caelum videlicet ac stellas significat ea voce ...
[78] Zur möglichen Beziehung auf Hesiod, Theog 713-735 vgl. Glasson, Greek Influence 62f.; kritisch dagegen Kelly 258.
[79] So Spitta 327f.
[80] Vgl. W. Bauer-K. u. B. Aland, s.v. ἀΐδιος.

(δεῖγμα!)[81] ihrer Verfehlung greift über die Erzählung Gen 19,4–10 hinaus: 3 Makk 2,5; Jub 16,6; 20,5; 22,22; 36,10; TestAss 7,1; Naph 3,4; 4,1; Philo, QuaestGen 4,51; Jos, Bell 5,566, aber auch Mt 10,15; 11,24; Mk 6,11; Lk 10,12; 17,29 belegen die Wirksamkeit des Textes nicht nur in der jüdischen Theologie.[82] „Aus den Rauch- und Feuererscheinungen der Gegend, aus Asche, Lava, Schwefel, Erdpech, heißen Quellen, die dort zu finden waren, zum Teil vom Toten Meere ausgeschieden wurden, wurde also der Schluß gezogen, daß unter der Erde das Vernichtungs- und Straffeuer der Städte noch immer fortbrenne …"[83]

Diffizil bleibt die Beziehung des τούτοις: Es ist nicht sofort einsichtig, worauf die Parallelisierung, die der Vf. vornimmt, zielt. Der Vergleich mit Sodom und Gomorrha ist wegen des Geschlechts (περὶ αὐτάς!) unwahrscheinlich; eine constructio ad sensum scheidet aus. Auch die Vorwegnahme der Applikation aus V. 8 – τούτοις würde sich so auf die Häretiker beziehen – leuchtet nicht ein.

Damit bleibt nur die Parallelisierung mit den ἄγγελοι aus V. 6: Beide haben ihre Grenze überschritten. Wie sich die Engel den Menschentöchtern zuwandten, so die Bewohner der Städte den Engeln. Auf solche Weise wird auch die Bedeutung der σὰρξ ἑτέρα einsichtig. Kaum ist hier schon an Homosexualität zu denken[84] (trotz V. 8 und trotz einer eher zögernden Auslegungstendenz in der jüdischen Rezeption[85]); vielmehr ist die Andersartigkeit der Engel angesprochen, wodurch das Vergehen Sodoms als Grenzüberschreitung erscheint.[86] Die Strafe für solches Verhalten[87] wird in Begriffen der Gerichtssprache ausgesprochen (δίκην ὑπέχουσαι).

V. 8 wendet der Vf. die Schriftbeispiele jetzt unmittelbar gegen die Häretiker, wobei sich jedoch bereits in der Schilderung des Vergangenen immer auch Polemik abzeichnete.[88] Obwohl diese Strafe gilt (μέντοι), haben sich die Gegner in Analogie zu jenen verhalten. Den Ton trägt zunächst das ἐνυπνιαζόμενοι, das den drei anderen Aussagen übergeordnet erscheint[89] und deshalb nicht in eine Reihe mit jenen gerückt werden sollte.[90] Der Vf. nimmt in seiner Polemik mit dem Motiv jüdische Theologie auf: Es geht in den Träumen um Offenbarungen (Dan 2,1; Joel 2,28; vgl. Apg 2,17) und

---

[81] Zu δεῖγμα vgl. WINDISCH 41.
[82] Dazu insgesamt LOADER, A Tale of Two Cities.
[83] KNOPF 225.
[84] Anders BILLERBECK III, 785.
[85] Dazu BECKER, Homosexualität 41; BECKER verweist u.a. auf TestLev 14,6; TestNaph 4,1; TestBen 9,1; SapSal 10,5–7; Sir 16,8.
[86] KLIJN, Jude 5 to 7 243.
[87] Sowohl ἐκπορνεύειν als auch ἀπέρχεσθαι ὀπίσω sind in LXX gebräuchlich.
[88] So ließe sich das τὸ δεύτερον auch auf dem Hintergrund der vollzogenen Taufe begreifen; vgl. das δίς in V. 12 und den Hinweis auf das befleckte Gewand in V. 23.
[89] Vgl. nach dem Vorgang von KNOPF etwa KELLY 261.
[90] In dieser Weise SELLIN, Häretiker 214: Alle vier Teilaussagen sind als isotope Formulierungen zu verstehen.

darin zugleich um die Kennzeichnung der falschen Propheten und ihres Anspruchs (vgl. u.a. Dtn 13,2ff.; Jes 56,10; Jer 34,9; Sach 10,2). Das übernimmt Jud für seine Polemik gegen die Häretiker und ordnet es den anderen Bestimmungen gezielt vor[91]: Zunächst bezieht sich das σάρκα μιαίνουσιν auf V. 4 (ἀσέλγεια) und betont sexuelle Verfehlungen. Die Beziehung auf Sodom könnte insofern eine Präzisierung zulassen, wenn der Vf. an Homosexualität denkt und darin eine bestimmte Deutung der vergangenen Geschichte voraussetzt.[92]

Der topologische Charakter solcher Polemik, der jede Zuspitzung schwierig gestaltet, darf aber nicht unterschätzt werden. Dies gilt auch für die beiden letzten Differenzierungen, die nebeneinander stehen und deshalb in einer gewissen Entsprechung des Inhalts ausgelegt werden können. So dürfte bei κυριότης weniger an die Herrlichkeit des Herrn (in diesem Sinne etwa Did 4,1; Hermas sim V,6,1)[93] gedacht sein, die von den Gegnern geleugnet wird (wenngleich dies immerhin mit V. 4 korrespondiert). Sondern es geht in den beiden Formulierungen um die Aversion gegen Engelmächte und darin um die Überschreitung des den Menschen zugemessenen Platzes (zu der Bedeutung von κυριότης im Sinne von Engelmächten vgl. Kol 1,16; Eph 1,21; zu δόξαι vgl. Philo, SpecLeg 1,8,45; TestLev 18,5; TestJud 25,2; 1 QH 10,8; AscJes 9,32).

Daß die Gegner, mit denen sich der Vf. auseinandersetzt, Grenzen und Maß überschritten haben, ist der eigentliche Vorwurf, der ihnen gemacht werden muß. Wird dies und der traditionelle Charakter des Vorwurfs bedacht, so läßt sich die Polemik des Jud kaum konkretisieren oder geschichtlich einer bestimmten Gruppe in der Geschichte des frühen Christentums zuordnen.[94] Das Problem, um das sich der Streit dreht, liegt sachlich *auch* in der Hochschätzung der Engel durch den Vf. selbst begründet: „Anders als Paulus ist der Verf. unseres Briefes und auch der Kreis von Gemeinden, an die er schreibt, geneigt, die Engel zu verehren, Sitte und Gesetz auf sie zurückzuleiten ..."[95] Damit sind die Gegner und ihr Verhalten auch ein Problem für die Theologie des Vf.s, die sie wie ein Schatten begleiten. Natürlich bleibt es wichtig, daß im frühen Christentum Spuren einer Geringschätzung der Engel und ihrer Mächtigkeit vorliegen: 1 Kor 13,1; vgl. auch 6,3; Kol 2,18.[96] Doch erscheint bedeutsam, wie positionell das Vorgehen des Jud in diesem Zusammenhang ist und wie sehr der Vf. selbst durch seine Theologie Neues inauguriert (seine Äußerungen zu den Engeln sind deshalb sehr viel konkreter als seine Profilierung der

---

[91] Andere Deutungen bei KÜHL 311f.
[92] Vgl. BECKER, Homosexualität 41.
[93] KELLY 262.
[94] Vgl. bereits die Skepsis bei RITSCHL, Antinomisten 104ff., bes. 110.
[95] KNOPF 228.
[96] Dazu SELLIN, Häretiker 219ff.

Häretiker). Die Gegner des Briefes lassen sich deshalb geschichtlich nicht mit einer bestimmten Gruppe identifizieren; sie als Pauliner oder Charismatiker zu beschreiben[97] bzw. sie in die Nähe gnostischer Gruppen zu rücken, ist nicht mehr als eine vage Möglichkeit.[98] Gerade die Intensität, mit der durch den Vf. hervorgehoben wird, daß sie ihren angemessenen Ort verlassen haben, zeigt, wie sehr es sich hier auch um Folgen des eigenen Denkens handelt. Wer den Engeln in der Weise des Jud Wertschätzung entgegenbringt, muß mit Notwendigkeit ein anderes, fremdes Denken als häretisch attackieren.

9–10: Das zweite Beispiel

9 Der Erzengel Michael aber, als er mit dem Teufel rechtete und um den Leichnam des Mose stritt, hat es nicht gewagt, ein Urteil der Lästerung vorzubringen, sondern sagte: Der Herr schelte dich.
10 Diese aber lästern zwar das, was sie nicht kennen; was sie aber nach ihrer Natur wie die unvernünftigen Tiere verstehen, darin gehen sie zugrunde.

Lit. (neben der bereits zu 5-16 o. genannten): LOEWENSTAMM, S. E., The Death of Moses, in: G. W. E. NICKELSBURG (Hg.), Studies on the Testament of Abraham, SBLSC 6, 1976, 185-217; SCHÄFER, P., Rivalität zwischen Engeln und Menschen. Untersuchungen zur rabbinischen Engelvorstellung, SJ 8, 1975; JEREMIAS, J., Art. Μωυσῆς, ThWNT IV, 870, A. 211.

Das zweite Beispiel, auf das der Jud mit V. 9 eingeht, greift auf die Überlieferung von Michael zurück: Michael[99] wird als ἀρχάγγελος bezeichnet (so im frühen Christentum nur noch 1 Thess 4,16), eine in der jüdischen Theologie vertraute Benennung (nach dem Vorgang von Dan 12,1; vgl. noch Dan 10,13; äthHen 20,7; AscJes 3,16). Michael wird als ἀρχάγγελος zum Gegenspieler des Satan, wie sich dies hier in der Auseinandersetzung um den Leichnam des Mose zeigt.

Der Vf. bezieht sich auf einen traditionsgeschichtlichen Zusammenhang, von dem sich jetzt auch in *4 Q 'Amram b*[100] ein Beispiel findet:[101] In ihm geht es um die Auseinandersetzung zwischen Melchisedek[102] und Belial um die Seele 'Amrams, des Vaters des Mose (1,10-11 des Fragments erinnert an V. 9). Der umfassende tradi-

---

[97] SELLIN, Häretiker 216: „Die Häretiker sind also Ekstatiker, die auf Himmelsreisen Visionen erleben ..."
[98] Zur Deutung auf gnostische Gruppen vgl. SCHMITHALS, Neues Testament und Gnosis 144ff.
[99] Zu Michael vgl. LUEKEN, Michael; SCHÄFER, Rivalität 10ff.; zur Rolle des Engels in den Zauberpapyri DIETERICH, Abraxas 122ff.
[100] Vgl. zu dem Text MILIK, Visions 77ff.; KOBELSKI, Melchisedek; New SCHÜRER III.1, 334f.
[101] Zur Interpretation vgl. BERGER, Streit 1ff.; FITZMYER, Contribution 399.
[102] Zur Identifikation von Melchisedek und Michael vgl. KOBELSKI, Melchisedek 71ff.; NEWSOM, Songs 37.

tionsgeschichtliche Kontext[103] läßt direkte Abhängigkeiten schwer nachweisbar erscheinen.[104] Bereits altkirchliche Texte haben in ihrer Auslegung von Jud 9 für die Herkunft des Gedankens auf ‚Assumptio Mosis' verwiesen (vgl. Clemens Alexandrinus, GCS III, 207,24: hic confirmat assumtionem Moysi; siehe auch Orig, de princ 3,2,1; Didymus, PG 39,1825).[105] Allerdings fehlt in dem von CERIANI 1861 erstmals edierten Fragment einer Assumptio Mosis gerade ein solcher Abschnitt.[106] Bei dem Fragment handelt es sich gattungsgeschichtlich eher um ein Testament des Mose[107], so daß vielleicht V. 9 überhaupt nicht in diesem Zusammenhang eingefügt werden kann.[108] Dennoch ordnet sich Jud in der Sache solchen Aussagen zu.[109]

V. 9 gehört in den Umkreis der apokryphen Moseüberlieferungen[110]. Sie nehmen von Dtn 34,6 und der Anstößigkeit dieses Textes (Gott selbst bestattet den Leichnam des Mose) ihren Ausgang.[111] Zwei Überlieferungslinien lassen sich unterscheiden[112], wobei es in beiden um eine Auseinandersetzung zwischen Michael und dem Satan um den Leichnam des Mose geht.[113] Auf der einen Seite der Überlieferung verweist der Satan in seinem fordernden Anspruch auf die Tat des Mose gegenüber dem Ägypter (Ex 2,12); dies belegt z.B. das slavisch erhaltene *Leben des Mose:*[114]

Denn es stritt der Teufel mit dem Engel (gemeint ist der Architratege Michael), und er gestattete nicht seinen Leib zu begraben, indem er sprach: Mose ist ein Mörder, er erschlug einen Mann in Ägypten und verbarg ihn im Sande. Da flehte Michael zu Gott, und es ward Donner und Blitz und plötzlich verschwand der Teufel. Michael aber begrub ihn mit seinen (eignen) Händen.

Im anderen Teil der Überlieferung geht es in dem Konflikt zwischen Michael und dem Satan um den Anspruch des Satans, Herr der Materie zu sein; Michael widerspricht dem unter Hinweis auf die Schöpfermacht Gottes. Auch wenn die Beziehung der Traditionen zueinander[115] nicht mehr

---

[103] Zum Topos der Auseinandersetzung um die Leiche berühmter Männer vgl. STUIBER, Refrigerium interim 81ff., bes. 81, A. 1; siehe auch BERGER, Streit 1.
[104] Vgl. BAUCKHAM 65ff.
[105] Vgl. DENIS, Introduction 128ff.; New SCHÜRER III.1, 278ff.
[106] Dazu siehe umfassend LAPERROUSAZ, Testament de Moïse.
[107] Siehe die Diskussion bei von NORDHEIM, Lehre der Alten 273ff.
[108] Vgl. auf der anderen Seite die Überlegungen bei BRANDENBURGER, Himmelfahrt bes. 61.
[109] Vgl. dazu vor allem BAUCKHAM 65ff.
[110] Vgl. BONWETSCH, Mosessage 583ff.; ROSMARIN, Moses im Lichte der Agada bes. 133ff.; HAACKER-SCHÄFER, Traditionen 147ff.
[111] Vgl. bereits die Auslegung bei Philo, VitMos 2,291.
[112] BAUCKHAM 65ff.
[113] Zu diesem Aspekt der Überlieferung vgl. BAUCKHAM 67ff.
[114] Text nach BONWETSCH, Mosessage 607; vgl. WOLFF, Jeremia 38.
[115] Vgl. daneben noch den bei BERGER-COLPE, Religionsgeschichtliches Textbuch wiedergegebenen Text aus der Palaia (319): „Und es versuchte Samuel, wie er seinen Leib herabbringe dem Volk, damit sie ihn (scil. Mose) zum Gott machten. Michael aber, der Architratege, kam im Auftrag Gottes, ihn zu nehmen und wegzubringen. Und es leistete Samuel Widerstand, und sie kämpften. Der Architratege war nun unwillig, und ihn tadelnd sagte er ihm: ‚Der Herr tadelt dich, Teufel.' Und so unterlag der Widersacher und ergriff die Flucht. Der Erzengel

geklärt werden kann[116], so ist der prinzipielle Rekurs von V. 9 auf diese Überlieferung unstrittig.[117] Dazu gehört die Vermutung, daß das Zitat nach Sach 3,2[118] ebenfalls auf dem Weg über die Moseüberlieferung Jud bekannt wurde. Allerdings wird gerade angesichts solcher Traditionsbindung das Spezifische des V. 9 genau zu bestimmen sein.

Für den Vf. ist offenkundig die Zurückhaltung des Michael in dem Rechtsstreit mit dem Satan und die Überlassung des Urteils an die Autorität Gottes wichtig (dies spielt in der Tradition ja nicht durchgängig eine Rolle). Nicht Michael fällt oder vollstreckt das Urteil, es bleibt vielmehr Gott anheimgestellt, sein Recht durchzusetzen. Daraus ergibt sich die Zuordnung des Genitivs βλασφημίας: Zwar könnte von der Tradition her die Lästerung gemeint sein, die vom Teufel ausging, auf deren Verurteilung Michael dann verzichten würde.[119] Die kontextuelle Verwendung von βλασφημεῖν in V. 8 und 10 weist in eine andere Richtung und indiziert, warum der Vf. diese Überlieferung herangezogen hat: Michael, obwohl ἀρχάγγελος, hat kein Urteil gegen den Satan ausgesprochen, das eine βλασφημία enthalten hätte[120], sondern dies Gott überlassen. Darin liegt die eigentlich polemische Note in der Rezeption der Überlieferung durch den Brief: die Gegner handeln vermessen, wie an der Tradition von Michael e contrario sich nachweisen läßt.

Den entsprechenden Schluß zieht explizit **V. 10**: Die Gegner lästern etwas, was sie gar nicht kennen.[121] Nicht nur bezieht der Vf. dies auf die Formulierung von V. 5 und kontrastiert so das Wissen der BriefempfängerInnen dem Nichtwissen der Häretiker. Zugleich soll ihre Inkompetenz in der Urteilsbildung im Blick auf die Angelologie pointiert unterstrichen werden (und dies liefert darin noch eine zusätzliche Begründung für die Polemik in V. 8). Die zweite Hälfte des Verses hebt das φυσικῶς der gegnerischen Haltung hervor (und enthält zugleich einen Hinweis auf die Praxis, in der jene zugrundegehen). Dieser erste Hinweis wird dann in V. 19 weiter entfaltet und soll die Gegner als φυσικοί entlarven. V. 10 steigert die Polemik dadurch, daß solches Verhalten mit den ἄλογα ζῷα verglichen wird. Vor allem aus der apologetischen Literatur sind solche Zuordnungen geläufig, die dort ebenfalls der kritischen Auseinandersetzung dienen.[122] Der Vers mündet in den Hinweis auf die faktische Verurteilung der Häretiker: Sie gehen zugrunde (φθείρονται!).

Michael aber brachte den Leib des Mose dorthin, wo es ihm von Gott befohlen war ... und niemand sah das Grab des Mose."

[116] Vgl. dazu vor allem BAUCKHAM 65ff.; sein Hinweis, daß die Überlieferung, die von Ex 2,12 ausgeht, älter sei, ist nicht ohne Einsichtigkeit.
[117] Vgl. auch die Überlegungen bei BERGER-COLPE, Religionsgeschichtliches Textbuch 320.
[118] Vgl. von der GOLTZ, Textkritische Arbeit 52.
[119] In diesem Sinne BAUCKHAM 60f.
[120] KELLY 264.
[121] Zur Struktur des Verses vgl. FUCHS-REYMOND 169f.
[122] Zu vergleichbaren Überlegungen in der Apologetik vgl. PAULSEN, Erwägungen 117ff.

11–13: Das dritte Beispiel

11 Wehe ihnen, denn sie gehen auf dem Wege Kains; sie haben sich der Verirrung des Bileamlohnes hingegeben und gehen an der Widersetzlichkeit Korahs zugrunde.
12 Diese sind es, die bei euren Mahlfeiern als Schandflecken mitschmausen ohne Scheu, sich selbst weiden, wasserlose Wolken, die vom Winde hin und her getrieben werden, herbstliche, fruchtlose, doppelt abgestorbene, entwurzelte Bäume,
13 wilde Meereswogen, die ihre eigenen Schandtaten aufschäumen lassen, Irrsterne, denen das Dunkel der Finsternis für ewig aufbewahrt ist.

Jud setzt bei seinem dritten Beispiel auch formal neu ein: V. 11 beginnt mit einem ‚Wehe'-Ruf[123], dem sich die Vergangenheitsformen in den Verben sinnvoll zuordnen[124]; dies muß nicht auf einen Zusammenhang mit der frühchristlichen Prophetie hinweisen oder auf eine bestimmte prophetische Überlieferung zurückgehen. Wahrscheinlicher erscheint, daß sich der Text stilistischer und inhaltlicher Mittel bedient, die dem Vf. aus Schrift und Überlieferung vertraut waren. Auffällig ist, daß dieser Neubeginn, der die zweite Hälfte der Polemik signifikant eröffnet,[125] in einer dreifachen Kette begründet wird;[126] wie auch sonst ist das sprachliche Vermögen des Vf.s zu beachten. So wird πλάνη im ἀστέρες πλανῆται (V. 13) aufgenommen, und die enge Verzahnung der Passage mit dem brieflichen Kontext darf nicht übersehen werden.

V. 11 verweist – von der Themenstellung in V. 4 her folgerichtig – auf biblische Zusammenhänge. Zunächst geht es um die Gestalt des Kain (Gen 4,1ff.). Doch genügt nicht allein die Erinnerung an die biblische Überlieferung[127], sondern es muß beachtet werden, daß Kain in der jüdischen Theologie eine intensive Deutung erfahren hat[128] (und daß dies auch für die Überlegungen in der frühen Kirche prägend wurde).[129] Die Wirkungsgeschichte ist allerdings facetten- und nuancenreich.

So hat Philo die Gestalt des Kain vor allem als Archetyp menschlicher Boshaftigkeit gedeutet und darin zugleich die Revolte gegen Gott hervorgehoben (vgl. Post 38f.;

---

[123] Zum Wehe-Wort vgl. formgeschichtlich COUGHENOR, Woe-Oracles.
[124] Vgl. BAUCKHAM 77ff.
[125] Gegen ELLIS, Prophecy and Hermeneutic.
[126] Sie ist als Klimax zu verstehen; vgl. KÜHL 320.
[127] Dazu SAIZ, Carta de Judas 97ff.
[128] Zur Deutung von Kain in der jüdischen Theologie vgl. GOLDBERG, Kain 203ff.; SCHÄFER, Rivalität 100f.; zu den Targumim BASSLER, Cain and Abel 56ff.; zur Haggada APTOWITZER, Kain und Abel bes. 11. Auch in der Gnosis ist die Gestalt Kains nicht unwichtig; vgl. NHC II,1 p. 10,34; 24,25; II,4 p.91, 12ff.; III,2, p.58,15; XI,2 p.38,24 (Zusammenstellung von Kain-Abel, den Engeln und der Flutüberlieferung); vgl. dazu BETHGE, Ambivalenz 90ff.; zu beachten ist rezeptionsgeschichtlich auch die Deutung Kains in der bildenden Kunst – vgl. ULRICH, Kain und Abel, bes. 119ff.; siehe auch BRAUDE, Cokkel in oure Clene Corn 559ff.
[129] Zur Rolle der Kainiten bei Epiphanius, pan 40,5 vgl. APTOWITZER, Kain und Abel 20.

42; Sacr 2; Det 32; 48; 78; vgl. auch Post 54 und Jos, Ant 1,52–66).[130] Dies ist nicht die einzige Tendenz der Auslegung: Bereits in der rabbinischen Überlieferung wird Gen 4,8f. im Sinne einer Anfrage Kains an die göttliche Gerechtigkeit gedeutet.[131] Die Theologie der alten Kirche kann an solche Erwägungen anknüpfen, und Irenäus (adv. haer. I 31,1)[132] führt die Häretiker unmittelbar auf Kain zurück.[133]

Solche Tendenz, biblische Gestalten in der theologischen Wirkungsgeschichte negativ zu gewichten, wird auch bei dem Hinweis auf Bileam evident.[134] Die biblische Überlieferung (Num 22,6f.; 22,17; 24,13) ist nicht so eindeutig in malam partem zu deuten, wie es V. 11 nahelegt. Auch hier ist die jüdische Rezeption der Schrift grundlegend; sie knüpfte vor allem an Num 31,16 an und bezeichnet Bileam zunehmend[135] als Ursprung der Häretiker und Engelverächter, wobei auch Num 22,22ff. verwandt wird.[136] Solche Tendenz verstärkt sich in der Theologie des frühen Christentums (vgl. Apk 2,14)[137], wobei sich dies partiell mit der Auseinandersetzung gegenüber den Nikolaiten[138] verbindet. Negativ gefaßt ist auch der Hinweis auf Korah, für den vor allem die Auflehnung gegen Mose den Anstoß bildet (Num 16). Daß im Jud die chronologische Ordnung nicht beachtet ist, unterstreicht die Pointe: Der Hinweis auf die Schrift bezeichnet jene Personen, die sich gegen Gott stellten und deshalb dem Gericht anheimfielen. Der Vf. überträgt dies auf die Gegner, indem er steigernd (ἐπορεύθησαν; ἐξεχύθησαν; ἀπώλοντο; die Verben sind zu differenzieren und nicht als Synonyma zu betrachten)[139] ihre Verflechtung mit jenen belegt und behauptet.

Natürlich läßt sich überlegen, ob nicht die Rezeptionsgeschichte innerhalb der jüdischen Theologie jene Gestalten bereits so klar und unverwechselbar profiliert hat, daß die Identität der Gegner sich aufschließen läßt. An Versuchen dazu hat es in der Forschung deshalb nicht gefehlt; der Text erlaubt aber einen solchen Rückschluß nicht, er attackiert polemisch und weist den Häretikern moralische wie theologische Verkommenheit zu. Eine

---

[130] Vgl. WINDISCH 43.

[131] Vgl. dazu u. zu 2 Petr 3.

[132] In diesen Kontext gehört auch das πρωτότοκος τοῦ Σατανᾶ aus PolPhil 7,1; vgl. dazu DAHL, Erstgeborener 70ff.; BAUER-PAULSEN, Die Briefe des Ignatius 120f.

[133] Auch auf 1 Joh 3,12 ist in diesem Zusammenhang zu verweisen; vgl. STRECKER, Johannesbriefe 179f.

[134] Zu Bileam in der jüdischen Theologie vgl. vor allem KUHN, Art. Βίλεαμ 521ff.; KARPP, Art. Bileam 362ff.; GREENE, Balaam 57ff.; vgl. VERMES, Tradition 127ff.; BASKIN, Origen on Balaam 22ff.; BASKIN, Pharaoh's Counsellors 75ff.; zum epigraphischen und wirkungsgeschichtlichen Material KIRSCHBAUM, Prophet Balaam 129ff.

[135] Doch fehlen auch positive Überlegungen nicht; vgl. BASKIN, Pharaoh's Counsellors 78.

[136] WINDISCH 43; KELLY 267.

[137] Vgl. KARRER, Johannesoffenbarung als Brief 197f.

[138] Zu den Nikolaiten vgl. WOHLENBERG, Nikolaos 923ff.; SIEFFERT, Art. Nikolaiten 63ff.; GOGUEL, Les Nicolaïtes 5ff.; HARNACK, Sect 413ff.; BROX, Nikolaos 23ff.; HEILIGENTHAL, „Nikolaiten" 133ff.

[139] Anders BOOBYER, Verbs 45ff.

Steigerung dessen findet sich in der Aggressivität der folgenden Verse, die intensiv metaphorische Wendungen aufgreifen. Der Unbestimmtheitsgrad in der sprachlichen Gestaltung ist beabsichtigt[140], er erlaubt den Rezipierenden unterschiedliche Assoziationen, allerdings unter einer klaren Vorgabe: Die Häretiker sind nicht anders als die gefallenen Engel für das Gericht in Finsternis bewahrt und festgehalten (Vv. 6.13).

V. 12 beginnt zunächst mit einer konkreten Aussage.[141] Die Gegner beteiligen sich am gemeindlichen Leben (dies ist immerhin erstaunlich, wenn die Polemik in V. 4 herangezogen wird!), sie nehmen an den ἀγάπαις teil (so ist zu lesen, die abweichende Variante ἀπάταις ergibt sich aus 2 Petr 2,13).[142] Jud bezeugt so die Feier der Agape[143] in der Gemeinde. Daß die Häretiker daran teilnehmen, wird auch durch die polemische Note von συνευωχούμενοι nicht geleugnet, zumal das συν- vielleicht auf die Usurpation der Gemeinschaft durch jene hindeuten könnte. Wird das ἀφόβως in seiner Zuspitzung begriffen, dann zeigt die Frechheit ihrer Teilnahme zugleich die Selbstverständlichkeit, die für sie darin liegt.

Schwierigkeiten bereitet das σπιλάδες; entweder ist es in der Bedeutung ‚Fels‘ zu verstehen (so wohl gebräuchlicher)[144], dann würde der Vf. so das Skandalon hervorheben, das in der Beteiligung der Häretiker an der gemeindlichen Praxis liegt.[145] Oder aber der Ausdruck gewichtet noch stärker moralisch und hinge dann mit σπίλος ‚Flecken‘ zusammen[146], könnte aber auch adjektivisch gemeint sein (so Heychios: μεμιασμένοι). Die Bedeutung ‚Flecken‘ stimmt sowohl mit V. 23 wie auch mit der Aufnahme in 2 Petr 2,13 überein, hat deshalb ein höheres Maß an Wahrscheinlichkeit.[147]

Die polemische Unschärfe, die in solcher Kennzeichnung liegt, wiederholt sich im ἑαυτοὺς ποιμαίνοντες. Es kann im Sinne einer Auflehnung gegen die Ordnung der Gemeinde interpretiert werden.[148] Allerdings fällt auf, daß dies sehr verschlüsselt geschieht; von einer Lenkung der Gemeinde ist im Brief sonst nicht die Rede. Zudem könnte eine Anspielung auf Ez 34,8 (vgl. auch Prov 29,3) vorliegen.[149] Kritisiert wird die Position der Gegner im gemeindlichen Leben, sie verhalten sich eigenmächtig und selbstbezogen.

---

[140] MAGASS, Ketzerpolemik 36ff.
[141] WINDISCH 44.
[142] Spekulativ die Konjektur bei WHALLON, Jude 12 158: Statt ἀγάπαις ist ἀχάταις zu lesen.
[143] Vgl. zuletzt KOLLMANN, Ursprung und Gestalten 134.149.
[144] Vgl. BAUER–ALAND, s.v. σπιλάς.
[145] BAUCKHAM 85: „... the word should indicate the danger which the false teachers present to Jude's readers ...“; vgl. auch KELLY 270.
[146] So Orpheus, Lithica 614; vgl. BAUER–ALAND, s.v. σπιλάς. Noch weiter geht der Vorschlag bei HESSELING, Neotestamentica 225, σπιλάδες = Besudeler zu lesen.
[147] WINDISCH 44.
[148] BAUCKHAM 87.
[149] Vgl. WINDISCH 44.

Der Vf. schließt eine Kette von Metaphern an, für die kennzeichnend erscheint, daß sie dem Bereich der Natur entnommen, zugleich durchgängig auf die Schrift bezogen sind. SPITTA hat als erster[150] darauf aufmerksam gemacht[151], daß äthHen 2-5,4 eine vergleichbare Zusammenstellung vorliegt: Die festen Regeln der Schöpfung und der Natur werden den Menschen, die sich nicht nach der Torah richten, entgegengesetzt.[152] Unterschiede zum äthHen bleiben allerdings bestehen, die Parallelität bedeutet aber, daß die Naturmetaphern im Jud zugleich vom Rückverweis auf die Schrift her gedeutet werden müssen. So nimmt der Hinweis auf die wasserlosen Wolken, die vom Winde bewegt werden, Prov 25,14 bzw. SapSal 5,14 auf. Es schließt sich Baummetaphorik an, die einen Teil ihrer Einsichtigkeit aus dem Gegenentwurf des fruchtbaren Baumes schöpft, der ebenfalls metaphorisch auf die Menschen gedeutet werden kann. Während der Vf. mit der Pointierung der Unfruchtbarkeit und der Entwurzelung unmittelbar schlüssig formuliert, bleiben φθινοπωρινά und δὶς ἀποθανόντα strittig. Die erste Aussage soll den spätherbstlichen Charakter betonen, weniger geht es um den Herbst allgemein, so daß dann die Fruchtlosigkeit der Bäume die Pointe wäre.[153] Bei δὶς ἀποθανόντα[154] fällt die Übertragung auf die Natur schwer;[155] die Sache, in der Auseinandersetzung mit den Häretikern, schlägt auf solche Weise ins Bild durch[156], wobei der Zusammenhang mit τὸ δεύτερον in V. 5 eine zusätzliche Rolle spielen kann.

Die Metaphern[157] in **V. 13** schließen sich zunächst an Jes 57,20 an[158]: Das Bild wird jedoch durch den Vf. zugespitzt, sofern die Ruhelosigkeit der Wogen den Schmutz aufschäumen läßt (wieder ist mit αἰσχύνας unmittelbar die Polemik gegen die Häretiker integriert). Das Unstete kommt auch in dem Hinweis auf die ἀστέρες πλανῆται zur Geltung.

Der traditionsgeschichtliche Zusammenhang mit *äthHen* ist unübersehbar. Auf der einen Seite steht ein Text wie *18,13-16* (Übersetzung von S. UHLIG):

---

[150] SPITTA 360ff.
[151] Zur Traditionsgeschichte vgl. OSBURN, 1 Enoch 80,2-8 297ff.
[152] Vgl. auch den Hinweis auf äthHen 67,5f.; 80,2-8 bei OSBURN, a.a.O. 297ff.
[153] In diesem Sinne BAUCKHAM 87f.
[154] Vgl. auch Plutarch, Mor 236 D; dazu ALMQUIST, Plutarch 136: „... vielleicht ein geläufiges Schimpfwort ..."
[155] KNOPF 234: „... so wird kaum zu erklären sein, sie haben weder Frucht noch Blatt, auch nicht: sie sind nicht nur fruchtleer, sondern auch wirklich erstorben und verdorrt, sondern der zweifache Tod bedeutet entweder den leiblichen Tod ... oder am besten übertragen: sie waren früher als Heiden tot, sind aus dem Todeszustand zum Leben erwacht ... aber nur vorübergehend, denn sie sind aufs neue in den Todeszustand zurückgesunken ..." Etwas anders von SODEN 207: „... dass die Irrlehrer jetzt schon jeden Lebens bar, zugleich aber dem ewigen Verderben verfallen sind ..."
[156] WINDISCH 44; KELLY 273; BAUCKHAM 88.
[157] Kaum liegt eine Anspielung oder ein Zusammenhang mit Hesiod, Theog 190-192 vor; gegen OLESON, Echo 492ff. bes. 500.
[158] WINDISCH 44.

13 Ich sah dort sieben Sterne wie große brennende Berge. Als ich danach fragte, 14 sprach der Engel: „Das ist der Ort, wo Himmel und Erde zu Ende sind; ein Gefängnis wird er für die Sterne und das Heer der Himmel sein. 15 Und die Sterne, die über dem Feuer rollen, sie sind es, die das Gebot Gottes übertreten haben vom Anfang ihres Aufgehens an, weil sie nicht zu ihrer Zeit hervorkamen. 16 Und er wurde zornig über sie und band sie (zehntausend Jahre) bis zur Zeit der Vollendung ihrer Schuld.

Auf der anderen Seite ist *äthHen* 88,1[159] bedeutsam (wobei Jud sogar den Text zitieren könnte;[160] Übersetzung von S. Uhlig):
Und ich sah einen von jenen vier (Erzengeln), die zuerst hervorgekommen waren, und er faßte jenen ersten Stern, der vom Himmel gefallen war, und er band ihn an seinen Händen und Füßen und warf ihn in einen Abgrund, und jene Tiefe (war) schmal und tief, grausig und finster.

Erklärt dies den zweiten Teil von V. 13 (οἷς ὁ ζόφος κτλ.), so ist die Topik allerdings verbreitet und nicht auf äthHen beschränkt (vgl. auch Theophil, Autol II,15), wie sich aus den polemischen Bemerkungen in NHC IX,3 p.34,8f. ergibt:

„Vielmehr sagten sie unter Einwirkung der Irrsterne, daß sie ihren – nichtigen! – Lauf vollendet haben …"[161]

Die Pointe von V. 13 ist eindeutig: Die Überschreitung des göttlichen Gesetzes führt zum Gericht. Darin knüpft der Vf. an sein Grundthema an, das von ihm in V. 4 vorgegeben war. Auf Grund der Polemik dieser Verse gelingt eine Beschreibung des häretischen Profils kaum. Es wird nicht einmal klar, wo der Vf. selbst den entscheidenden Anstoß sieht (darin liegt auch die Schwäche jener Versuche, die den Vergleichspunkt in den metaphorischen Äußerungen bestimmen wollen). Am ehesten wird zu beachten sein, daß die Unruhen bei den Mahlfeiern in der Gemeinde anstößig waren; der Grund ist aber auch hier nicht klar, der zu solchem Skandalon führte. Jedenfalls erlauben die Verse, für sich genommen, keine weitergehenden Schlüsse[162], sie sind vielmehr Polemik, die aus der Schrift und ihren exempla Legitimation für die eigene Position schöpft.

14–16: Das vierte Beispiel

14 Diese hat auch der Siebte von Adam an, Henoch, geweissagt und gesagt: Siehe, der Herr kommt mit seinen heiligen Zehntausenden,
15 Gericht gegen alle zu halten und jeden zu bestrafen um aller Werke ihrer

---
[159] Vgl. Milik, Books of Henoch 238f.
[160] So Uhlig, Henoch 682.
[161] Übersetzung bei Koschorke, „Testimonium Veritatis" 100; vgl. auch seine Erwägungen zum Text Ders., Polemik 127ff. Siehe auch Lampe, Patristic Greek Lexicon, s.v. πλανήτης.
[162] Anders Sellin, Häretiker 222, für den die Metaphern alle auf eins hindeuten: „Es handelt sich um Wanderpropheten."

Gottlosigkeit willen, die sie gottlos getan haben, und um aller harten Worte willen, die sie gegen ihn erhoben haben, gottlose Sünder.
16 Sie sind zänkisch, mit dem Geschick hadernd, sie leben nach ihren eigenen Begierden und ihr Mund redet Überhebliches. Sie schmeicheln ins Gesicht um des Gewinns willen.

Lit. (neben der bereits o. zu 5-16 genannten): LAPERROUSAZ, E.-M., Le Testament de Moïse, Semitica 19, 1970, 47ff.; BLACK, M., The Christological Use of the Old Testament in the New Testament, NTS 18, 1971/72, 1-14; DERS., The Maranatha invocation and Jude 14,15 (1 Enoch 1:9), in: Christ and Spirit in the New Testament, FS C. F. D. MOULE, Cambridge 1973, 189-197; KAM, J. vander, The Theophany of Enoch I 3b-7,9, VT 23, 1973, 129-150; MILIK, J. T., The Books of Enoch. Aramaic Fragments of Qumrân Cave 4, Oxford 1976; OSBURN, C. D., The Christological Use of I Enoch i.9 in Jude 14,15, NTS 23, 1977, 334-341; DEHANDSCHUTTER, B., Pseudo-Cyprian, Jude and Enoch. Some Notes on 1 Enoch 1:9, in: Tradition and Re-Interpretation in Jewish and Early Christian Literature, FS J. C. H. LEBRAM, StPB 36, 1986, 114-120; BAUCKHAM, R. J., James, 1 and 2 Peter, Jude, in: It is Written: Scripture Citing Scripture. FS B. LINDARS, Cambridge 1988, 303-317.

Auch dieses vierte Beispiel knüpft in der Struktur noch an V. 4 an: Wieder geht es um die Verschränkung von Vorhersage der Schrift und aktueller Auseinandersetzung mit den Gegnern. Nicht anders als in V. 10 beginnt der Vf. **V. 14 a** in dem τούτοις mit dem direkten Angriff auf die Häretiker. Dem ordnet sich sofort der Hinweis auf Henoch zu; die Polemik wird erneut durch einen Schriftbeweis abgesichert und legitimiert. Der besondere Rang Henochs wird mit der Bezeichnung ἕβδομος[163] noch hervorgehoben.[164]

Unverkennbar ist für den Vf. die Autorität des Zitates **Vv. 14 b.15**, das wegen der Textüberlieferung[165] und der Interpretation durch Jud umstritten ist: Im Blick auf die Textüberlieferung ist die Lage durch die Funde von aramäischen Henochfragmenten in Qumran verändert worden.[166] Sie bestätigen eine Vermutung, die in der Exegese der Vv. 14.15 immer schon geäußert worden ist: Das Zitat ist nicht deckungsgleich mit einer der Versionen, die von äthHen 1,9[167] überliefert sind. Die Abweichungen zeigen keine durchgehende Tendenz, so daß sich der Jud nicht auf einen bestimm-

---

[163] Vgl. Gen 5,4ff.: Adam, Seth, Enos, Kenan, Mahalalel, Jared, Henoch – dazu äthHen 60,8; 93,3.
[164] Auch die Siebenzahl könnte einer solchen Hervorhebung dienen; von SODEN 207.
[165] Vgl. die Zusammenstellung der Texte bei BAUCKHAM 94ff.; UHLIG, Henochbuch 509.
[166] Vgl. BAUCKHAM 64ff.; in der älteren Literatur vgl. die Zusammenstellung der Texte bei WOHLENBERG 317.
[167] Zur Auslegung von 1,9 vgl. vander KAM, Theophany 129ff.

ten Texttyp zurückführen läßt.[168] Die Annahme hat deshalb ein hohes Maß an Wahrscheinlichkeit, daß der Text des Jud eine eigene Textform repräsentiert.[169]

ÄthHen 1,9	*4QEn^{c}1 i*
(Übersetzung S. Uhlig)	(Übersetzung J. Milik)
Und siehe,	
er kommt	(Wenn er kommt mit)
mit Myriaden von Heiligen,	mit Myriaden seiner Heiligen
damit er Gericht	um Gericht zu halten
über sie halte.	gegen alle
Und er wird vertilgen	und er wird zerstören
die Frevler,	alle Frevler,
und er wird überführen	und er wird überführen
alles Fleisch	(alles) Fleisch,
wegen aller Dinge,	wegen (all ihrer) Taten
mit denen sie gegen ihn	(des Frevels, die sie begangen haben
gehandelt und gefrevelt	in Tat und Wort,
haben,	und wegen all) der
die Sünder	stolzen und harten
und Frevler.	(Worte, die die frevlerischen Sünder gegen ihn gesprochen haben).

Ps.-Cyprianus	*Ps.-Vigilius*
(Ad Novatianum; CSEL III, 67 Hartel)	(MPL 62, Sp.363)
Ecce	Ecce
venit	veniet Dominus
cum multis milibus	in milibus
nuntiorum suorum	
facere iudicium	facere iudicium
de omnibus	
et perdere	et perdere
omnes	omnes
impios	impios
et arguere	et arguere
omnem carnem	omnem carnem
de omnibus	de omnibus
factis	operibus

---

[168] Vermutungen in dieser Richtung bleiben notwendig hypothetisch; vgl. Bauckham 96: „The simplest explanation is that Jude knew the Greek version, but made his own translation from the Aramaic. Other possibilities are that the text in C (scil. der griechischen Version) is a corruption of the Greek version which Jude quotes, or that the translator of the Greek version was a Christian who knew Jude's letter …"
[169] Dehandschutter, Notes 120.

Der Judasbrief

impiorum	impietatis eorum
quae fecerunt impie	
et de omnibus	
verbis impiis quae	
de Deo locuti sunt	
peccatores.	

ApocHen (GrP)	Jud
ὅτι	ἰδοὺ
ἔρχεται σὺν	ἦλθεν κύριος ἐν
ταῖς μυριάσιν αὐτοῦ	ἁγίαις μυριάσιν
καὶ τοῖς ἁγίοις αὐτοῦ	αὐτοῦ
ποιῆσαι κρίσιν	ποιῆσαι κρίσιν
κατὰ πάντων	κατὰ πάντων
καὶ ἀπολέσει	καὶ ἐλέγξαι
πάντας τοὺς	πάντας τοὺς
ἀσεβεῖς	ἀσεβεῖς
καὶ ἐλέγξει	
πᾶσαν σάρκα	
περὶ πάντων	περὶ πάντων τῶν
ἔργων τῆς	ἔργων
ἀσεβείας αὐτῶν	ἀσεβείας αὐτῶν
ὧν ἠσέβησαν	ὧν ἠσέβησαν
καὶ	καὶ περὶ πάντων
σκληρῶν ὧν	τῶν σκληρῶν ὧν
ἐλάλησαν λόγων	ἐλάλησαν
καὶ περὶ πάντων	
ὧν κατελάλησαν	
κατ' αὐτοῦ	κατ' αὐτοῦ
ἁμαρτωλοὶ ἀσεβεῖς.	ἁμαρτωλοὶ ἀσεβεῖς.

Allerdings hängt die Textform des Jud auch an dem Interesse, mit dem der Vf. das Zitat aus äthHen auslegt. Zwar stimmt Jud prinzipiell der Überlieferung zu, korrigiert sie deshalb auch nicht; er setzt ihr aber an zwei Punkten ein Licht auf:[170]

Zum einen wird durch das betonte κύριος der Text vom Vf. christologisch interpretiert. Während es sich in der Schilderung des Henochtextes um eine Theophanie handelt (Gott kommt zum Gericht über die Welt)[171], wird dies vom Jud christologisch gewandt: Es handelt sich um eine Parusieschilderung (das prophetische ἦλθεν bedeutet jedenfalls kein Gegenargument).[172] Dies hat in der Theologie des frühen Christentums sachliche Parallelen (vgl. nur 1 Thess 1,10; 4,16. 17), doch ist nicht anzunehmen, daß in der Aufnahme

---

[170] Vgl. OSBURN, Enoch i.9 334ff. bes. 340.
[171] Vgl. vander KAM, Theophany 129ff.
[172] KELLY 276.

von äthHen 1,9 durch Jud traditionsgeschichtlich der Ursprung der μαρανα-θά-Überlieferung liegt.[173] Dafür ist die Rezeption des Henoch-Textes durch Jud zu singulär, als daß sie diesen weitreichenden Schluß wirklich zuließe.

Auf der anderen Seite hat der Vf. ein besonderes Interesse an der Betonung der Gottlosigkeit und des Gerichts über sie. Gerade weil das Beispiel von Vv. 14.15 die Beweiskette schließt, rückt Jud mit Nachdruck das ἀσεβεῖς ans Ende. Die Pointe von äthHen 1,9 liegt für ihn in dem Hinweis auf das Gericht, das der κύριος über die ἀσεβεῖς halten wird.

Durch diese doppelte Interpretation gelingt es dem Vf., das Zitat seiner Theologie zu integrieren; die Gültigkeit des Gerichts über die Gegner, das der κύριος vollstrecken wird – und daß dies unumstößlich ist, wird durch ἦλθεν noch zusätzlich betont –, löst die These von V. 4 endgültig ein. Demgegenüber wirkt die ausdrückliche Anwendung auf die οὗτοι in **V. 16** redundant. Sie ist erneut durch Anspielungen gespeist, die aus der Überlieferung vom Vf. übernommen worden sind. So verbindet sich das seltene γογγυσταί[174] am besten mit dem Murren des Volkes Israel während der Wüstenzeit (vgl. Ex 15,24; 16,2ff. u.ö.; siehe auch 1 Kor 10,10). Ähnliches könnte auf μεμψίμοιροι zutreffen:[175] Philo deutet es in VitMos I,181 auf die Klagen Israels während des Auszugs (vgl. Num 14,27–29). Es kann aber auch allgemein die Skepsis gegenüber dem Geschick und Gottes Handeln angesprochen sein (was zu der Front der Gegner und der Konfliktstrukturierung durch den Vf. vielleicht besser paßt). Traditionell ist auch die folgende Aussage, die stärker ethische Praxis polemisch ins Auge faßt. Die Gegner orientieren sich in ihrem Lebenswandel nicht an Gott, sondern an den eigenen ἐπιθυμίαι.

Die beiden letzten Kritikpunkte lassen sich am besten durch die Aufnahme überlieferter Polemik erklären, deren Zuspitzung deshalb kaum noch hervortritt: Die Kritik an der hochfahrenden Rede der Häretiker (vgl. auch Dan 11,36) hat eine Entsprechung in *AssMos 7,9:* et os eorum loquetur ingentia.[176] Zu vergleichen ist daneben *äthHen 5,4* (Übersetzung von S. Uhlig):
Aber ihr habt nicht durchgehalten und das Gesetz des Herrn nicht erfüllt, sondern übertreten und habt mit großen (= hochmütigen) und harten (= trotzigen) Worten aus eurem unreinen Mund gegen seine Majestät geschmäht. Hartherzige, ihr werdet keinen Frieden haben!
Die Polemik gegen die Parteilichkeit der Häretiker knüpft an LXX-Wendungen an, die sonst das πρόσωπον λαμβάνειν bevorzugen (vgl. Lev 19,15; Sir 7,29). Wieder ist AssMos zu vergleichen (6,16: mirantes personas), dieser Vorwurf wird aber durch den Hinweis auf die Bereicherung (ὠφελείας χάριν) zugespitzt.

---

[173] So Black, Maranatha 189ff.
[174] Vgl. Rengstorf, Art. γογγύζω κτλ. 727,24ff.
[175] In der hellenistischen Zeit allerdings ein gebräuchlicher Terminus; vgl. Windisch 45; Betz, Lukian 188, A. 4.
[176] Dazu Laperrousaz, Testament de Moïse 47ff.

In ähnliche Richtung tendierte bereits V. 11 mit dem μισθοῦ[177], doch handelt es sich um eine gängige Polemik gegen Häretiker (vgl. Tit 1,11; 1 Tim 6,5): Sie orientieren ihr abweichendes Verhalten am materiellen Nutzen. Nicht anders als in den vorhergehenden Beispielen gelingt es kaum, auf Grund der Vorwürfe ein Profil der Häretiker zu zeichnen. Es ist noch nicht einmal ausgemacht, ob der Vf. selbst ein Interesse an solcher Deskription hat. Kommt es für ihn doch vor allem darauf an, die eigene These (V. 4) zu belegen und so zu begründen: Bereits die Schrift weiß vom Gericht über solche Personen. Der Beweis wird durch immer neue, in sich unterschiedliche Anläufe geführt, wobei das eigentliche Verbindungsglied in der ἀσέ-βεια, der Auflehnung gegen Gott, zu suchen ist. Dies allerdings erscheint als Behauptung des Vf.s, die von ihm kaum durch die aktuelle Lage in der Gemeinde belegt wird. Denn dort, wo sich am ehesten Hinweise auf die Position der Gegner finden – in ihrer Beteiligung an den ἀγάπαι und der Skepsis gegenüber den Engeln –, bleibt das Votum des Briefes thetisch.

17–23: Mahnungen an die Gemeinde

17 Ihr aber, Geliebte, erinnert euch der Worte, die zuvor von den Aposteln unseres Herrn Jesus Christus gesagt wurden;
18 denn sie sagten euch: In der letzten Zeit werden Spötter da sein, die von Gottlosigkeiten bestimmt nach ihren Begierden leben.
19 Diese sind es, die sich absondern, Psychiker, die den Geist nicht haben.
20 Ihr aber, Geliebte, erbaut euch in eurem hochheiligen Glauben, betet im heiligen Geist,
21 bewahrt euch in der Liebe Gottes, erwartet das Erbarmen unseres Herrn Jesus Christus zum ewigen Leben.
22 Derer, die zweifeln, erbarmt euch,
23 andere rettet, indem ihr sie aus dem Feuer reißt, anderer erbarmt euch in Furcht, wenn ihr auch den vom Fleisch befleckten Mantel haßt.

Lit.: BIEDER, W., Judas 22f.: οὓς δὲ ἐᾶτε ἐν φόβῳ, ThZ 6, 1950, 75–77; BIRDSALL, J. N., The Text of Jude in p72, JThS 14, 1963, 394–399; OSBURN, C. D., The Text of Jude 22–23, ZNW 63, 1972, 139–144; KUBO, S., Jude 22–3: Two-division form or Three? in: New Testament textual Criticism, FS B. M. METZGER, Oxford 1981, 239–253.

Vf. wendet sich im Anschluß an seine Entfaltung des Themas unmittelbar an die BriefempfängerInnen; dies geschieht so, daß die bisherigen Überlegungen in der Sache gegenwärtig bleiben. Deshalb greifen die Verse in ihrer Begrifflichkeit immer wieder auf das bereits Gesagte zurück. Vor allem das Ineinander von Warnung vor den Gegnern und eschatologischer Ausrichtung bestimmt auch diesen Argumentationsgang. Allerdings läßt sich die Form

---

[177] Vgl. von SODEN 208.

des Textes noch weiter differenzieren:[178] Vv. 17-19 und Vv. 20-23 sind parallel formuliert. Beide Passagen setzen mit ἀγαπητοί ein; darin bezieht sich der Vf. auf V. 3 zurück. Wenn dort der Hinweis auf die πίστις zunächst der Aufforderung zum Kampf mit den Häretikern und der Konfliktstrukturierung diente (Übergang zu V. 4), so werden jetzt die innergemeindlichen Konsequenzen gezogen. Dies geschieht in der ersten Passage noch durch der Verbindung mit den Vv. 5-16[179]: Nicht nur finden sich Stichwortverbindungen, sondern das identifikatorische οὗτοι in V. 19 verknüpft beide Erwägungen. Dadurch wird den EmpfängerInnen vor Augen gestellt: Das, was in der Schrift als Gerichtsansage den Gegnern gegenüber formuliert war, findet sich vergleichbar auch in der apostolischen Verkündigung.

V. 17 nimmt mit der unmittelbaren Anrede an die Gemeinde das ἀγαπητοί von V. 3 auf; nicht unähnlich zum Einsatz in V. 5 wird die Anstrengung des Erinnerns eingefordert. Während sie dort im ὑπομνῆσαι der Schrift bestand, geht es jetzt um die Besinnung auf die Worte der Apostel. Zu beachten ist, daß für den Vf. die Mündlichkeit ihrer Botschaft (im Unterschied zur Schrift und ihren Worten!) bedeutsam wird: ῥῆμα / προειρημένων / ἔλεγον schärfen dies ein. Das hat z.T. seine Ursache in der Art der Begründung von V. 18 (die Aussage läßt sich textlich ja nicht belegen!). Doch wichtiger ist, daß der Vf. darin Teil an seiner Zeit hat, die noch wesentlich von der Fiktion der Mündlichkeit des Apostolischen ausgeht. Daß die Aussage den Standort des Vf.s als getrennt von der Zeit des Anfangs definiert[180], läßt sich kaum bestreiten.[181] Der Ursprung kann nur noch erinnert werden und ist gerade deshalb uneinholbar als Vorgabe der gemeindlichen Existenz. Die Apostel erscheinen auf diese Weise als geschlossene Gruppe und Garanten der Wahrheit. Für den Jud hat dies in der kritischen Situation seiner EmpfängerInnen legitimatorischen Charakter.

Dies geht aus dem anschließenden **V. 18** hervor. Denn die apostolische Verkündigung sah die Schwierigkeiten bereits voraus, denen sich der Vf. und seine Gemeinden jetzt konfrontiert sehen. Der Inhalt von V. 18 findet sich so in keinem Text formuliert, er deckt sich mit der Auffassung des Vf.s. Die Differenz aber gegenüber V. 19 zeigt, daß Jud in der Aussage eine Tradition übernommen hat, die auch der Gemeinde unstrittig erscheinen mußte. Dies wird verständlich, weil die Vorhersage von Spaltungen und Auseinandersetzungen der Endzeit zu den traditionellen Aussagen jüdischer

---

[178] Vgl. WATSON, Invention 67ff., der den Abschnitt als peroratio charakterisiert und auf die gewohnte Zweiteilung solcher peroratio hinweist.

[179] Insofern ist die Überlegung bei WATSON, Invention 68 bedenkenswert, daß die repetitio Teil der peroratio sei.

[180] KELLY 281.

[181] Anders BAUCKHAM 103, der das ὑμῖν des V. 18 als Indiz interpretiert, die Botschaft sei den EmpfängerInnen durch die Apostel vermittelt worden: „It is not the apostles themselves who belong to the past, but simply their instruction of Jude's readers at the time of their churchfounding visit to the area."

Apokalyptik gehörte.[182] Diente sie dort der Stabilisierung der eigenen Gemeinschaft in einer schwer zu ertragenden Gegenwart, deren Gefährdungen auch die eigene Gruppe nicht unbeteiligt ließ, so gilt dies nicht minder für die frühchristlichen Textzeugnisse (vgl. Mt 7,15; 24,11; Mk 13,22; Apg 20,29f.; 1 Tim 4,1–3; 2 Tim 4,3f.; 1 Joh 2,8; 4,1–3; Did 16,3; u.ö.).[183] Die Dichte der Aussagen belegt die Notwendigkeit solcher Absicherung. In dieser Hinsicht besteht zugleich eine Verbindung mit jenem Agraphon, das von der Notwendigkeit eschatologischer Spaltung und Bewährung ausgeht und sie als jesuanische Aussage formulierte.[184] Literarische Abhängigkeit des Jud liegt aber kaum vor.

Solches ῥῆμα der Apostel dient der Festigung der Glaubenden ἐπ' ἐσχάτου χρόνου; die seltene Formulierung, die wie die vergleichbaren Wendungen ἐπ' ἐσχάτης τῆς ἡμέρας / ἐπ' ἐσχάτου τῶν ἡμερῶν auf LXX-Sprache zurückgeht[185], schärft die Nähe des Endes und damit des Gerichtes zusätzlich ein; sie bezieht sich auf ein durchgehendes Thema des Briefes. Allerdings muß beachtet werden, daß in der Zuordnung von V. 17 und V. 18 ein neues Zeitverständnis hervortritt; die eschatologische Erfahrung der apostolischen Periode wird geschieden von der Endzeit. Darin nimmt Jud Einsichten altkirchlicher Theologie vorweg.[186] Das vaticinium der eschatologischen Gefährdung bleibt freilich allgemein: Der Hinweis auf die ἐμπαῖκται, die Spötter, als Kennzeichen des Endes greift auf biblische Sprache zurück (vgl. Ps 1,1; Prov 1,22; 9,7f.; 13,1). Er sollte nicht im Sinne von 2 Petr 3,3 inhaltlich konkretisiert werden[187], sondern bezeichnet grundsätzlich jene menschliche Hybris, die sich gegen Gott stellt.[188] Sie wird nach der Meinung des Autors besonders deutlich an der moralischen Verkommenheit (ἐπιθυμίαι; vgl. V. 16, wo sich eine ähnliche Kennzeichnung findet). Die Zuordnung des τῶν ἀσεβειῶν bereitet Probleme, die allerdings die Annahme einer Glosse nicht rechtfertigen.[189] Vielmehr hebt die nachgeordnete Stellung des Begriffs das Interesse des Autors in besonderer Weise hervor (vgl. die Stellung von ἀσεβεῖς in V. 4 und V. 15).[190] Für ihn handelt es sich bei dem Verhalten der Spötter um die Auflehnung gegen Gott. Ob dann ein Genitiv beabsichtigt ist, der die ἐπιθυμίαι in der Sache bestimmt (= Begierden, die in Gottlosigkeiten bestehen), oder ein Genitiv, der das Objekt benennen soll (= Begierden, die auf solche Gottlosigkeiten hin sich orientieren),

---

[182] Vgl. PAULSEN, Schisma und Häresie.
[183] KELLY 282.
[184] Vgl. Justin, Dial 35,3; zur Überlieferung insgesamt PAULSEN, Schisma und Häresie.
[185] Vgl. KELLY 282.
[186] Vgl. FUCHS–REYMOND 180: „On est passé en quelque sorte de l'idée de la fin des temps à celle du temps de la fin …"
[187] Vgl. dazu u. 151.
[188] SCHRAGE 229.
[189] Vgl. KELLY 283.
[190] Von SODEN 208.

erscheint als relativ unerheblich; die letztere Annahme besitzt jedoch ein höheres Maß an Wahrscheinlichkeit.[191]

Mit **V. 19**, der diesen ersten Argumentationsgang beschließt, kehrt der Vf. zur direkten Identifikation der Gegner durch οὗτοι zurück; sie werden in dreifacher Hinsicht von ihm polemisch angegriffen. Zunächst handelt es sich um Leute οἱ ἀποδιορίζοντες. Das seltene, doppelte Kompositum läßt zwei Interpretationsmöglichkeiten zu:

Entweder handelt es sich, wie beim gebräuchlicheren ἀφορίζειν oder διορίζειν, um einen Hinweis, der die schismatische Natur der Gegner besonders hervorhebt: jene spalten und trennen die Gemeinde. Nicht gesagt wird dabei, ob sie diese Spaltung bereits vollzogen oder sich nur innerhalb der Gemeinde abgesondert haben (letzteres ist auf Grund von V. 12 einsichtiger). Oder aber es ist von Aristoteles, Pol 4,4, 1290b 25f. auszugehen, wo ἀποδιορίζειν definitorisch, klassifizierend gemeint ist.[192] Dann wäre in V. 19 jenes Verhalten beschrieben, das Unterschiede innerhalb der Gemeinde konstituiert und dadurch andere herabsetzt.[193] Könnte dies zu den nächsten beiden polemischen Bemerkungen passen, so ist die Beziehung auf Aristoteles doch sehr gesucht.

Wird die Parallele in V. 12 bedacht, vor allem die in der Sache analoge Wendung ἑαυτοὺς ποιμαίνοντες, so liegt es näher, an innergemeindliche Spaltungen zu denken. Die beiden anschließenden Klassifikationen hängen inhaltlich eng zusammen, sie geben ein Urteil des Vf.s wieder. Die Gegner sind für ihn ψυχικοί[194]; traditionsgeschichtlich besteht ein Zusammenhang mit der Auseinandersetzung zwischen Paulus und der korinthischen Gemeinde (vgl. vor allem 1 Kor 2,13-16).[195] Daraus ergibt sich, daß der Vf. die Polemik mit überlieferten Topoi angereichert hat: Durch den Gegensatz zwischen den πνευματικοί und denen, die den Geist nicht haben, wird den EmpfängerInnen des Briefes eingeschärft, daß die ψυχικοί nicht den Geist besitzen. Die Vermutung liegt nahe, daß der Vf. auf solche Weise den Selbstanspruch der Gegner polemisch aufnimmt.[196] Doch tritt eine solche Rezeption eines gegnerischen Schlagwortes nicht wirklich hervor. Der Vf. bedient sich vielmehr traditioneller Motive, um die Gegner vor seiner Gemeinde polemisch herabzusetzen.

Der zweite Teil der brieflichen Paränese ist in den **Vv. 20-23** unmittelbar an die EmpfängerInnen gerichtet; darin entspricht die Passage kompositionell und inhaltlich dem ἐπαγωνίζεσθαι von V. 3. Allerdings bleibt, wie die Vv. 22.23 belegen, das Problem der Auseinandersetzung mit den Häretikern

---

[191] Anders z.B. KELLY 283.
[192] Vgl. BAUER-ALAND, s.v. ἀποδιορίζειν.
[193] KELLY 284.
[194] Vgl. PEARSON, Pneumatikos-Psychikos 13.
[195] Zum Zusammenhang mit Paulus bereits KÜHL 328f.
[196] PEARSON, Pneumatikos-Psychikos 13: „The term seems to be one that the heretics (probably Gnostics) used to apply to non-gnostic Christians ..."

gegenwärtig. Das Verständnis der Verse wird erheblich erschwert durch die Unsicherheit des Textes, dessen Probleme sich nicht mehr überzeugend lösen lassen. Darf dies aber nicht zu dem Weg der Konjekturalkritik führen[197], so lassen sich die textkritischen Fragen in den Vv. 22.23 auf eine Alternative zurückführen.[198]

Auf der einen Seite steht eine zweigliedrige (i), auf der anderen eine dreigliedrige (ii) Aussage[199]:

(i) Die textlichen Schwierigkeiten sind z.T. durch die Probleme des Inhalts verursacht; dies wird an der Tatsache erkennbar, daß die Lesarten innerhalb beider Möglichkeiten nicht unerheblich variieren.[200] So lassen sich unterschiedliche Formen der zweigliedrigen Klausel unterscheiden:[201]

1. p 75
   οὓς μὲν ἐκ πυρὸς ἁρπάσατε
   διακρινομένους δὲ ἐλεεῖτε ἐν φόβῳ...
2. ClemAl, Strom 6,8,65
   οὓς μὲν ἐκ πυρὸς ἁρπάζετε
   διακρινομένους δὲ ἐλεεῖτε...
3. ‚Mehrheitstext'
   οὓς μὲν ἐλεεῖτε διακρινόμενοι
   οὓς δὲ ἐν φόβῳ σῴζετε ἐκ πυρὸς ἁρπάζοντες...
4. C
   οὓς μὲν ἐλέγχετε διακρινομένους
   οὓς δὲ σῴζετε ἐκ πυρὸς ἁρπάζοντες ἐν φόβῳ...
5. B
   οὓς μὲν ἐλεᾶτε διακρινομένους σῴζετε ἐκ πυρὸς ἁρπάζοντες
   οὓς δὲ ἐλεᾶτε ἐν φόβῳ...

(ii) Die Bezeugung der dreigliedrigen Textform enthält ebenfalls Varianten:
1. Sinaiticus
   οὓς μὲν ἐλεᾶτε διακρινομένους
   οὓς δὲ σῴζετε ἐκ πυρὸς ἁρπάζοντες
   οὓς δὲ ἐλεᾶτε ἐν φόβῳ...
2. A
   οὓς μὲν ἐλέγχετε διακρινομένους
   οὓς δὲ σῴζετε ἐκ πυρὸς ἁρπάζοντες
   οὓς δὲ ἐλεᾶτε ἐν φόβῳ...

Von der Bezeugung her läßt sich allein keine Entscheidung treffen; das Argument, es handle sich bei der dreigliedrigen Aussage um eine Erleichterung gegenüber der Härte von Lesart (i), läßt sich genauso umkehren. Es fällt aber auf, daß die von p72 vertretene Lesart eher eine Korrektur

---

[197] So etwa BIEDER; vgl. auch WOHLENBERG 328ff.; WINDISCH 47.
[198] BAUCKHAM 108ff.
[199] Das Material vollständig bei ALAND, Text und Textwert 215ff.
[200] Vgl. ALAND, Text und Textwert 215ff. mit umfassender Dokumentation der Varianten.
[201] Siehe BAUCKHAM 108ff.

darstellt;[202] deshalb wird innerhalb der ersten Textform jener Fassung der Vorzug zu geben sein, die von B bezeugt wird. Die endgültige Entscheidung hängt am inhaltlichen Verständnis der beiden Verse; dabei ist a priori zuzugestehen, daß die Probleme und Lösungsvorschläge in der Textkritik durch die jeweilige Interpretation bestimmt sind.

V. 20 beginnt wie V. 17 mit der erneuten Hinwendung zu den EmpfängerInnen: Sie werden in einer vierfachen Wendung ermahnt, wobei Vv. 20.21 sachlich eine Einheit darstellen.[203] Die Ermahnungen sind parallel gestellt und hängen eng zusammen. Zunächst bezieht sich der Vf. auf das Motiv der οἰκοδομή, das er in kennzeichnender Weise abwandelt. Denn anders als in den paulinischen Briefen geht es jetzt nicht mehr um die Fundierung der Gemeinde in Gott oder Christus, sondern um ihre Gründung durch den Glauben des Anfangs.[204] Die Einmaligkeit dieser οἰκοδομή stimmt präzise zur Vorgabe des Heils im theologischen Konzept des Autors (V. 4!). Deshalb läßt sich auch die Hinzufügung von ἁγιωτάτῃ ὑμῶν πίστει gut begreifen; auf solche Weise wird die göttliche Zuordnung der πίστις pointiert. Es handelt sich hier wie auch in V. 4 um die fides quae creditur, auf die sich der Autor bezieht.[205] Indem die Gemeinde sich im Glauben gründet, ist sie gegenüber den Häretikern gesichert. Zwar hat der anschließende Hinweis auf das geistgewirkte Gebet Teil an der traditionsgeschichtlichen Begründung des Betens im frühen Christentum.[206] Im Kontext muß aber die Verbindung mit V. 19 beachtet werden: Weil die Gegner das πνεῦμα nicht haben, bekommt solche Aufforderung an die Gemeinde ein besonderes Gewicht.[207]

Auch der **V. 21** enthält bei aller Traditionalität der Einzeläußerungen sein Gewicht durch den Kontext; die Aussagen haben deshalb innerhalb des Briefes Anknüpfungen und Parallelen (vgl. ἀγάπη, τηρεῖν, ἔλεος; Hinweis auf das Kommen Jesu Christi!). Zunächst wird, wie bereits im Präskript, auf die ἀγάπη als eigentliche Mitte der Gemeinde hingewiesen; sie ist in Gott fundiert, wobei dies nicht die Paränese ausschließen muß.[208] Dem ordnet sich nach dem Verständnis des Vf.s selbstverständlich die Erwartung des kommenden κύριος zu. Der Text fügt sich mit solcher Aussage in die Theologie des frühen Christentums; allerdings wird durch Jud das Motiv

---

[202] Gegen BAUCKHAM 110; vgl. KUBO, Jude 22–3.
[203] FUCHS-REYMOND 182.
[204] Das muß nicht individualistisch verengt werden; in dieser Weise VIELHAUER, Oikodome 143: „… nicht mehr vom Aufbau der Gemeinde ist die Rede, sondern vom ‚Aufbau des religiösen Charakters' der Gemeindeglieder …"
[205] KELLY 285.
[206] Vgl. dazu noch immer die Darstellung bei von der GOLTZ, Gebet.
[207] Vgl. SCHRAGE 230: "… rechnet der Verfasser offenbar nicht damit, daß die Irrlehrer beten …"
[208] Dies sollte nicht unter dem späteren Gedanken eines Synergismus gedeutet werden; so SCHELKLE 169.

des ἔλεος hervorgehoben (dies muß deshalb beachtet werden, weil Vv. 22.23 daran anknüpfen!). Es handelt sich, wie in dem vergleichbaren Hinweis auf die μακροθυμία Gottes[209], um einen ursprünglich apokalyptischen Gedanken, der seine Hoffnung auf die letztendliche Güte Gottes setzt. Dies belegt der Vf. zusätzlich durch den Aspekt der ζωὴ αἰώνιος, die mit dem εἰς nicht dem Verb, sondern dem Erbarmen des κύριος zugeordnet ist. Für den theologischen Gehalt der Vv. 20.21 heißt dies:[210] Der Vf. korreliert anthropologisch Glaube, Gebet, Liebe und Hoffnung, während er auf der anderen Seite triadisch formuliert, indem er Geist, Gott und κύριος aufeinander bezieht. Zwischen den beiden Reihen läßt sich nicht trennen, sie sind in der Sache aneinander gebunden und begründen gerade so die Existenz der Gemeinde.

Die **Vv. 22.23** erscheinen neben den textkritischen Problemen auch deshalb als schwierig, weil die vom Jud angesprochene Sache nicht mehr sicher zu erkennen ist. Zwar dürften sich die Verse jenen Überlegungen im frühen Christentum zuordnen lassen, die sich mit dem Verhalten der Gemeinde gegenüber abweichenden Gruppierungen und Personen beschäftigen.[211] Dies gilt um so mehr, weil Jud in V. 12 mit dem δίς (und vielleicht in V. 5 mit dem τὸ δεύτερον) einen vergleichbaren Sachverhalt anspricht. Auch ist unstrittig, daß die Konflikte innergemeindlich, bzw. an der Grenze der Gemeinde stattfinden (dies gilt unbeschadet einer Differenzierung zwischen Zwei- oder Dreigliedrigkeit). Schließlich dürfte in jedem Fall eine Steigerung in beiden Versen zu erkennen sein.[212] Alles andere ist umstritten: Wird die dreigliedrige Aussage der Interpretation zugrundegelegt, spricht die erste Zeile von dem Erbarmen gegenüber den διακρινόμενοι. In dem ἐλεᾶτε nimmt der Vf. das ἔλεος-Motiv von V. 21 auf.

Die Pointe ist einsichtig: Das Verhalten der Gemeinde gegenüber denen, die sich anders verhalten, steht unter dem Vorbehalt der Güte des κύριος. Deshalb hält sich die angesichts der Polemik zunächst überraschende Aufforderung zum ἐλεᾶν bzw. σῴζειν auch innerhalb der Paränese durch.[213] Die erste Gruppe, auf die Jud verweist, wird mit dem Begriff des Zweifels und der Unsicherheit verbunden. Durch die Zuordnung ist erkennbar, daß dieser Personenkreis sich noch nicht aus der Gemeinde entfernt hat, deshalb durch Barmherzigkeit wieder gewonnen werden soll. Anders verhält es sich bei der zweiten Gruppe. Zwar gilt auch ihr gegenüber die Aufforderung zum σῴζειν, doch benennt die Einschränkung mit ἐκ πυρὸς ἁρπάζοντες, wie sehr dies eine Rettung ‚um Haaresbreite' ist. Traditionsgeschichtlich muß der Zusammenhang mit Am 4,11; Sach 3,2 (aber auch mit 1 Kor 3,13)

---

[209] Vgl. dazu u. 165.
[210] Vgl. Fuchs-Reymond 185.
[211] Vgl. Forkman, Limits 185f.
[212] Von Soden 209.
[213] Dies läßt sich gegen die Lesart ἐλέγχετε einwenden; sie gibt zwar guten Sinn – von Soden 209 –, ist allerdings eindeutig eine Erleichterung des Textes.

bedacht werden. Daraus geht hervor, daß die Hoffnung auf Bewahrung im eschatologischen Gericht gemeint ist, die darin das Vermögen der Menschen durchaus übersteigt.

Schwierig bleibt die letzte Zeile; zwar wird durch μισοῦντες betont, daß im Grunde zu diesen Menschen keine Brücke mehr führt. Dennoch gilt bei ihnen auch noch ἐλεᾶτε (wenn auch mit dem einschränkenden ἐν φόβῳ, das in dieselbe Richtung wie der Nachsatz weist!). Dies wird nur dann begreiflich, wenn der Zusammenhang mit dem ἔλεος-Motiv aus V. 21 berücksichtigt wird; was hier vom κύριος ausgesagt ist, muß sich im Verhalten der Gemeinde auswirken, so mühevoll auch immer dies erscheinen mag. Wenn solche Korrelation in den Blick kommt, bedarf es keiner Konjekturen, die in dieser Zeile den eventuellen Ausschluß aus der Gemeinde finden wollen.[214] Die negative Kennzeichnung der betreffenden Personengruppe durch den Vf. ist jedoch evident; er nimmt mit dem χιτών ein Motiv aus der religiösen Sprache der Zeit auf, das im Hinweis auf das Gewand das Wesen der Person ausgedrückt fand. Die Identität zwischen dem befleckten Gewand (vgl. V. 12!) und den betreffenden Personen ist sachlich klar. Worin besteht aber die Befleckung? Sie ergibt sich aus der negativen Konnotation von σάρξ und steht in Parallelität zu den anderen Formulierungen, die auf die ἐπιθυμίαι der Gegner zielen und sie moralisch angreifen. Ein magisches Verständnis des Vf.s ist nicht auszuschließen: Die Gemeinde soll solche Personen meiden wie die Pest, auch wenn ihr keine endgültige Verurteilung erlaubt ist. Die Wendung läßt sich in der Interpretation vielleicht noch dahin zuspitzen, daß das χιτών-Motiv (zumal in der Verbindung mit σάρξ!) auf die leibliche Existenz zielt, von der in der Stunde des Todes der Mensch befreit wird.[215] Sollte dies zutreffen, dann wird möglicherweise ein Schlagwort der Gegner, die sich über die σάρξ als Hülle des Leibes erheben und von ihr befreit werden möchten, ironisch zurückgegeben. Oder der Vf. teilt den Gedanken im Prinzip. Das könnte in eine dem ἐκ πυρὸς ἁρπάζοντες vergleichbare Richtung deuten: Auch wenn der Haß der Gemeinde dem vorfindlichen Körper der Häretiker gilt, so ist über die wahre Identität der Betreffenden das Urteil noch nicht endgültig gesprochen.

Die beiden Verse erlauben so einen Einblick in Überlegungen des Vf.s, wie mit abweichenden Gruppen in der Gemeinde umzugehen sei. Dies ist nicht ohne Parallelen in der frühen christlichen Theologie. So ist an IgnSm 4,1 zu erinnern[216]: Ignatius warnt in diesem Text die Gemeinde vor den Häretikern, die er mit Tieren vergleicht. Ihnen gegenüber kann es nur ein Berührungsverbot geben: Sie sollen nicht aufgenommen und der Kontakt mit ihnen vermieden werden. Dennoch wird immerhin zum Gebet für sie aufgefordert, in der Hoffnung auf ihre μετάνοια, so schwierig dies auch

---

[214] Gegen WOHLENBERG 331, A. 49.
[215] Vgl. SCHRAGE 231 mit Hinweis auf EvVer 20,31; ActThom 111; CH VII,2f.
[216] Vgl. PAULSEN, Studien 85.

erscheinen mag. Ignatius fügt aber hinzu: Darüber besitzt allein Jesus Christus die Vollmacht, wobei der Zusatz τὸ ἀληθινὸν ζῆν in die unmittelbare Nähe des Jud führt. Auch die Formulierung in Did 2,7 steht in einer nicht mehr genau erfaßbaren Beziehung zu Jud 22.23:[217]

οὐ μισήσεις πάντα ἄνθρωπον ἀλλὰ οὓς μὲν ἐλέγξεις
περὶ ὧν δὲ προσεύξῃ
οὓς δὲ ἀγαπήσεις
ὑπὲρ τὴν ψυχήν σου.

Deutlich ist die dreifache Strukturierung der Aussage, deren Intention nicht mehr klar ist.[218] Doch erscheint das Problemfeld als vergleichbar. Vor allem aber dürfte die dreigliedrige Aussage in Did 2,7 ein zusätzliches Argument bieten, auch in Jud 22.23 die zweite Textform für ursprünglich und die zweigliedrige für sekundär zu halten. In der Interpretation selbst erscheint die Differenz als nicht beträchtlich; denn auch in der zweigliedrigen Formulierung, wie sie durch B bezeugt wird, bleibt das Problem der letzten Aussage erhalten. In jedem Fall gilt: Es handelt sich in diesen Versen um eine Auseinandersetzung innerhalb der Gemeinde, in die der Vf. von seiner Theologie her mit dem Hinweis auf das ἔλεος des κύριος eingreift.

24–25: Die Doxologie

24 Dem, der euch ohne Anstoß zu bewahren und untadelig vor seine Herrlichkeit zu stellen vermag mit Jubel,
25 dem alleinigen Gott, unserem Heiland, durch Jesus Christus unseren Herrn Herrlichkeit, Größe, Stärke und Macht vor aller Zeit, jetzt und in alle Zeiten. Amen.

Die abschließende Doxologie des Briefes[219] ist nicht ohne traditionsgeschichtliche Voraussetzungen in der jüdischen Literatur, sie hat aber vor allem unmittelbare Parallelen im frühen Christentum (Eph 3,20; Phil 4,20; 1 Thess 5,23; 1 Tim 1,17; 6,15; 1 Petr 4,11; 1 Clem 65,7; MartPol 20,2), wobei die Nähe zu Röm 16,25–27 von besonderem Gewicht ist.[220] Die Texte belegen eine feste Struktur solcher Doxologie, wenngleich Variationen im einzelnen auftreten können.

Das wird bereits in V. 24 erkennbar. Zwar greifen sowohl das ἀπταίστους[221] als auch ἀμώμους (vgl. Kol 1,22) auf traditionelle Motive zurück; dies stimmt aber mit den Grundaussagen des Jud sehr genau überein. Daß Gott die Gemeinde bewahren möge, verweist auf die Auseinandersetzungen,

---

[217] Gegen einen Zusammenhang BAUCKHAM 110f.; doch vgl. zuletzt JEFFORD, Sayings 60f.
[218] Vgl. die Interpretation bei NIEDERWIMMER, Didache 122f.
[219] Vgl. DEICHGRÄBER, Gotteshymnus 27ff.
[220] DEICHGRÄBER, Gotteshymnus 27ff.
[221] GRUNDMANN 50.

während das στῆσαι signifikant noch einmal den eschatologischen Horizont des Briefes anspricht, der für den Vf. alles andere dominiert. Zu solcher eschatologischen Relevanz paßt der Hinweis auf den eschatologischen Jubel (ἀγαλλίασις).

Die plerophoren Aussagen verstärken sich innerhalb des *V. 25*. Wenn Jud die Doxologie am μόνος θεός[222] orientiert, so ist dies durch traditionsgeschichtliche Implikationen bestimmt:[223] ob sich darüber hinaus noch eine Polemik gegen mögliche Gegner in der Hervorhebung des μόνος erkennen läßt, ist nicht mehr zu entscheiden, jedoch eher unwahrscheinlich. Die Einzigartigkeit Gottes wird durch den σωτήρ-Titel verstärkt; zwar gilt er in der frühchristlichen Literatur in der Regel von Christus, doch findet sich die theologische Bedeutung (vgl. Lk 1,47; 1 Tim 1,1; 2,3; 4,10; Tit 1,3; 2,10; 3,4). Verdankt sie sich traditionsgeschichtlich der jüdischen Theologie, so stellt sie für den Vf. pointiert die theologische Begründung heraus. Nicht eindeutig ist die Zuordnung des διὰ Ἰησοῦ Χριστοῦ. Es kann damit die christologische Vermittlung durch Jud angesprochen sein, das Tun Gottes verwirklicht sich durch Jesus Christus. Dem widerspricht möglicherweise die abschließende Aussage des πρὸ παντὸς τοῦ αἰῶνος, weil die Präexistenz damit christologisch ausgeweitet wird. Auf der anderen Seite kann aber auch die Ermöglichung der Doxologie für die Gemeinde sich christologisch herleiten.[224] Fügt sich dies besser zu dem redundanten Stil des Verses, so wird solche Vermutung durch die Parallelen verstärkt. Vier parallele Begriffe werden Gott zugeordnet; sie sind ebenfalls nicht ohne Analogien in anderen Doxologien, wobei nur μεγαλωσύνη herausfällt. Auf diese Weise wird das Wesen solcher Doxologie hervorgehoben; es geht um die Wahrnehmung der Größe Gottes im Lob der Gemeinde. Zugleich darf die briefliche Funktion nicht unterschätzt werden: Wie im Präskript ordnen sich in der brieflichen Kommunikation der Vf. und die Gemeinde mit der Bindung an den einen Gott einander zu. Daß auf solche Weise die vorgestellte Situation der Gemeinde in den Hintergrund rückt, darf deshalb nicht übertrieben werden.[225] Der weitreichende Anspruch des Briefes wird vielmehr noch einmal aufgenommen und verstärkt.[226]

---

[222] Vgl. DELLING, Gottesaussagen 403; DEICHGRÄBER, Gotteshymnus 101.
[223] DELLING, ΜΟΝΟΣ ΘΕΟΣ.
[224] KNOPF 244f.
[225] KNOPF 243.
[226] Zu ἀμήν am Ende des Briefes vgl. FUCHS-REYMOND 190.

2. Der 2 Petrusbrief

2.1 Einleitung

2.1.1 Form, Sprache und Stil

2 Petr ist von der Form her als einheitlicher[1] Brief[2] konzipiert worden; Präskript, Proömium und auch die Schlußwendungen zeigen alle Indizien, die dies beweisen. Wie weit der Vf. sich bewußt an das Vorbild der paulinischen Epistolographie anschließt und den Brief in ihrer Wirkungsgeschichte entworfen hat[3], läßt sich nicht mehr sicher sagen. Der Vf. partizipiert aber an den wichtigen Merkmalen der frühchristlichen Briefe, die er gezielt aufgenommen hat. 2 Petr bezieht sich – über die situative Einbindung hinaus – auf grundsätzliche Erfahrungen der Gemeinde; darin ist er umfassend angelegt (vgl. hierfür vor allem Präskript und Proömium).

Allerdings reicht die Charakterisierung als Brief allein nicht aus, weil in den 2 Petr wesentliche Elemente des ‚Testaments'[4] integriert worden sind. Der Text ist konzeptionell aus der Verbindung brieflicher und testamentarischer Topik entstanden.[5] Die Gattung des Testaments, in der jüdischen Literatur entstanden[6], ist so weit verbreitet und z.T. auch mit so unterschiedlichen Texten verbunden, daß sich eine Geschichte dieser Gattung im strikten Sinne nicht mehr schreiben läßt.[7] Jedoch wird in den relevanten Texten (und auch im 2 Petr) eine Topik sichtbar, die mit relativer Konstanz wiederkehrt: Es handelt sich um die Situation des Abschieds, in der eine bedeutende Gestalt der Vergangenheit einer bestimmten Gruppe, den ‚Seinen', eine Botschaft hinterläßt, sein ‚Testament' vermacht. Die Situation

---

[1] Die Teilungshypothesen, die forschungsgeschichtlich die Auslegung des Briefes vor allem auf Grund von 3,1 und der Beziehung zum Jud immer begleitet haben (vgl. u.), sind im Text selbst ohne Anhalt; gegen zuletzt McNamara, Unity.

[2] Vgl. Fornberg, Society 19ff.

[3] Vgl. Vouga, Apostolische Briefe 194ff. bes. 208.

[4] Zur Form des ‚Testaments' vgl. Dupont, Discours 203f.; Cortés, Discursos 396ff.; Neyrey, Form and Background (Diss.) 99ff.; von Nordheim, Lehre der Alten; Knoch, „Testamente" 65ff.; de Jonge, Testaments 516ff.; Exkurs bei Knoch 251ff.; siehe auch Becker, Evangelium nach Johannes II,523ff. (Lit.).

[5] Berger, Apostelbrief 207ff. bes. 210, A. 96.

[6] Dazu vor allem von Nordheim, Lehre der Alten; siehe auch Küchler, Weisheitstraditionen 415ff.

[7] Dies läßt sich kritisch gegen die Überlegungen bei von Nordheim, a.a.O. einwenden; es ist auch sehr die Frage, ob es *die* Form des ‚Testaments' wirklich gegeben hat.

kann different geschildert werden[8], sie bleibt aber eingebettet in die Trennung des Sterbenden von den Seinen.

Aus dieser Lage heraus gewinnen die Äußerungen des Sterbenden einen hohen Anspruch, sie sind als ‚letzte Worte' unbestritten Autorität, zumal sie auf Grund der Fiktionalität des Textes nicht mehr zurückgenommen oder gar korrigiert werden können. Zu der Fiktion der Texte gehört pragmatisch, daß die Inhalte für die geschichtlichen Gegebenheiten der jeweiligen EmpfängerInnen präzise zutreffen. Die Schwierigkeiten, Probleme und Konflikte der Gegenwart, von denen in den Texten als zukünftig gesprochen wird, werden Teil des Testaments, darin aufgehoben und theologisch zur Sprache gebracht.

Daß sich so die Schwierigkeiten der Gemeindesituation gut integrieren lassen, liegt auf der Hand; deshalb sind die Hinweise auf die Konflikte, die der Sterbende vorhersieht, folgerichtig. Auf der anderen Seite ist es den Häretikern nur sehr schwer möglich, sich mit solchen ‚letzten Worten' auseinanderzusetzen. Zu solcher Konfliktbearbeitung gehört gleichzeitig die Intensität, mit der sich in den Texten der Hinweis auf ethische Weisungen, auf Paränese findet. Die Botschaft, die der Sterbende den Seinen hinterläßt, bestimmt zugleich Praxis und Existenz der angesprochenen Gemeinden.[9]

Mit dieser Topik findet sich das ‚Testament' bzw. Elemente des Testamentarischen in der frühchristlichen Literatur.[10] Dies betrifft auch den 2 Petr, wobei allerdings die Verbindung mit den brieflichen Motiven zentral erscheint. Der Vf. hat auf solche Weise kennzeichnende Merkmale des Testaments in eine andere Form einbezogen. Daraus ergeben sich zunächst methodische Konsequenzen, weil die Prävalenz des Brieflichen beachtet werden muß.[11] In der Verbindung beider Gattungselemente reicht der Anspruch des 2 Petr weiter und kann nicht auf eine bestimmte geschichtliche oder soziale Situation festgelegt werden. Zugleich wird sichtbar, wie elaboriert der Text bereits ist, sofern der Vf. in der Zuordnung von Brief und ‚letzten Worten' gezielt vorgeht. Es kommt eine weitere Überlegung hinzu: Der Vf. hat durch die bewußte Rezeption der biblischen Überlieferung und des Jud[12] die ästhetische Variationsbreite noch ausgeweitet. Dies ist weniger ein Beleg für die Unmittelbarkeit der Gattung als vielmehr für das sprachliche und ästhetische Vermögen des Autors. Dadurch verschieben sich aber

---

[8] Dies läßt es auch begreiflich werden, daß es Beziehungen zu den ‚Abschiedsreden' Jesu und den Reden, die der Auferstandene seinen Jüngern hält, gibt; vgl. die Zusammenstellung des Materials bei Nibley, Evangelium Quadraginta Dierum 6f.

[9] Daß sich die Fiktionalität des ‚Testaments' und pseudepigraphische Zuschreibung von Texten ergänzen, scheint eindeutig zu sein. Für beide Aspekte ist die Frage der Autorität in der jeweiligen Gegenwart und die Partizipation an der Vergangenheit entscheidend.

[10] Vgl. neben 2 Petr noch Apg 20,18ff.; Pastoralbriefe und die ‚Abschiedsreden' des Joh.

[11] Dies hat in der frühchristlichen Literatur die nächsten Parallelen in der Apk und dem MartPol.

[12] Vgl. dazu S. 97ff.

auch die gewohnten Kriterien der formgeschichtlichen Methode, sofern jetzt sehr viel stärker formkritisch vorzugehen ist.

Für die Sprache des Textes gilt[13], daß der Vf. in einem nicht unerheblichen Maß, das sogar den Jud noch übersteigt, Hapaxlegomena verwendet.[14] Zwar zählt dies Argument allein methodisch nicht viel, doch zeigt der gesamte Brief, daß sich der Vf. eines elaborierten sprachlichen Codes bedient.[15] Gleiches gilt für den Stil des 2 Petr, der in der Vorliebe für Doppelwendungen Züge des Asianismus hat.[16] Dies alles läßt die Hypothese akzeptabel erscheinen, die mit dem gezielten Einsatz auch rhetorischer Mittel im Brief rechnet.[17] Zwar ist die Fiktion des Brieflichen (und die Instrumentalisierung der Topik des Testaments!) zu beachten, die eine eher gebrochene Verwendung rhetorischer Elemente vermuten läßt. Doch muß die Nähe zu bestimmten Aspekten der antiken Rhetorik beachtet werden[18], weil sie in analoger Weise den ästhetischen Anspruch des 2 Petr deutlich macht.

In solcher Konstellation und ihrer ästhetischen Zuordnung hat 2 Petr Teil an der geschichtlichen und theologischen Situation der frühen Gemeinde (und die Aufnahme des Jud belegt, wie wenig der Text isoliert begriffen werden darf). Dann aber stellt sich die Frage, auf welche Handlungsanweisung der Vf. mit der Koppelung der unterschiedlichen Elemente zielt: Sie liegt in der Verbindung von Durchdringung gegenwärtiger Konflikte und Absicherung durch die apostolische Vergangenheit. Die gemeindliche Lage, auf die der Vf. so prinzipiell sich einläßt, wird bedacht durch die Rückkehr zur Autorität des Vergangenen. In dieser Weise eröffnet die Wahrnehmung der Textgestalt eine tiefe Einsicht in den inhaltlichen Anspruch des 2 Petr. Für die EmpfängerInnen wird darin ihre Lebenswirklichkeit wahrgenommen und reflektiert, und dies geschieht im Eingedenken des apostolischen Ursprungs. Was dies aber theologisch bedeutet, hat der Vf. gezielt ausgesprochen im Begriff des Erinnerns.

2.1.2 Text-, Wirkungs- und Rezeptionsgeschichte

Die Wirkungsgeschichte des 2 Petr[19] ist zunächst gering; die Parallelen, die aus der Literatur des zweiten Jahrhunderts nicht selten herangezogen worden sind[20], belegen keine literarische Beziehung der fraglichen Texte,

---

[13] Siehe BAUCKHAM 135ff.
[14] BAUCKHAM 135f.
[15] REICKE 146f.
[16] BAUCKHAM 137.
[17] Siehe dazu WATSON, Invention.
[18] Vgl. für die Einzelheiten vor allem WATSON, Invention.
[19] Vgl. dazu BIGG 199ff.; SCHELKLE 182ff.
[20] Vgl. BAUCKHAM 162f.

sondern indizieren vielmehr, daß in einer vergleichbaren geschichtlichen Situation analoge Überlieferungen verwandt werden. Auch die Rezeption durch Justin ist eher unwahrscheinlich und geht über traditionsgeschichtliche Berührungen nicht hinaus. Darin unterscheidet sich der 2 Petr in mancher Hinsicht von der Rezeptions- und Wirkungsgeschichte des Jud. Auf der anderen Seite ist die Bezeugung durch das textgeschichtliche Material ein Hinweis auf die Wirkungen des Briefes. Denn p72[21] belegt, daß der Text bereits eine Geschichte gehabt haben muß; die Lesarten lassen sich nur auf dem Hintergrund eines vorgängigen Textprozesses verstehen.

Die explizite Rezeption des Textes setzt in einer doppelten Weise ein:[22] Zunächst fügt sich der Brief in die Reihe der pseudepigraphischen Texte, die auf Petrus zurückgeführt werden.[23] Daneben aber finden sich in Alexandrien ausdrückliche Aufnahme und Verwendung des Briefes, wobei dies freilich sogleich mit kritischen Bedenken erfolgt. Denn Origenes hält den Brief für umstritten, und dies betrifft auch die Bemerkungen bei Euseb (h.e. 6, 25,11). Wenn sich die Autorität des Briefes durchsetzt (und dies zugleich zunehmend zu einer Skepsis gegenüber Jud führt), so hängt dies mit der Rückführung auf den Apostel Petrus zusammen.

Die mittelalterliche Auslegung bleibt zunächst in der Fluchtlinie der altkirchlichen Deutung, ohne daß der Text sonderlich eine Rolle spielt. Aufschlußreich erscheint, daß die vorsichtige Skepsis des Erasmus[24] immer noch den apostolischen Anspruch des Textes akzeptiert und deshalb mit der Kritik sich zurückhält. Dies verhält sich in der Reformationszeit nicht wesentlich anders: Luther kritisiert den Brief nicht[25], sondern erkennt ihn als apostolisch an (und dies erlaubt ihm vice versa die Kritik am Jud). Verhält sich dies bei Calvin ähnlich, so bleibt auch die Orthodoxie ganz in diesen Bahnen, wobei theologisch 1,4 und die Überlegungen zur Inspiration in 1,16ff. diskutiert werden.[26]

Der Beginn einer durchgreifenden Kritik des Briefes liegt bei Hugo Grotius[27] vor, der vor allem auf Grund der Differenz zum 1 Petr zu sprachlichen und stilistischen Beobachtungen kommt.[28] So wird nicht nur Kritik möglich, sondern die Frage nach dem Verfasser des Textes notwendig; sie wird von Grotius durch spekulative Rückführung des Briefes auf

---

[21] Dazu s.o. 42.
[22] Zur Kanongeschichte des 2 Petr vgl. ZAHN, Geschichte des neutestamentlichen Kanons I,310ff.; LEIPOLDT, Geschichte des neutestamentlichen Kanons I,232ff.
[23] Nützlich noch immer ZAHN, Geschichte des neutestamentlichen Kanons I,199f.308ff. 758.802; II,742ff.810ff.; daneben vgl. BERGER, Offenbarungstexte.
[24] Vgl. LEIPOLDT, a.a.O. II,15f. 115.
[25] Vgl. LEIPOLDT, a.a.O. II,82.
[26] Siehe dazu u. 117ff.
[27] Vgl. LEIPOLDT, Geschichte des neutestamentlichen Kanons II,153ff.
[28] Siehe den Textausschnitt bei KÜMMEL, Neues Testament 34f.

einen anderen Autor und durch den Versuch einer Teilungshypothese[29] beantwortet, wobei die Differenz zwischen dem zweiten und dritten Kapitel eine Rolle spielt. Was hier angelegt ist, hat für die Rezeption des Textes in der Folgezeit archetypischen Charakter: Die Frage nach dem Verfasser, die Unterschiedenheit zum 1 Petr und mögliche Teilungshypothesen werden zu Interpretationsvorgaben, die bis weit ins 19. Jahrhundert hinein reichen. Die inhaltliche Auseinandersetzung tritt zurück;[30] dies wird anders auf Grund der sachlichen Bedenken, die E. KÄSEMANN gegen den 2 Petr geäußert hat.[31] Sie initiieren eine neue Phase in der Beschäftigung mit dem Brief, die wesentlich durch historische Kritik geprägt ist.[32]

2.1.3 Verfasser, Abfassungszeit und -ort

Der Vf. bezeichnet sich selbst in 1,1 als Symeon Petrus und rückt auf solche Weise seinen Brief bewußt in die petrinische Linie. Zu solcher Ausrichtung stimmt der Hinweis auf den 1 Petr, der um so auffallender ist, als die faktischen Berührungen zwischen den beiden Texten außerordentlich gering sind.[33] Nicht anders als im Blick auf das paulinische Schrifttum (3,16) ist deshalb auch hier zu unterscheiden zwischen dem aus der Fiktion erklärbaren Hinweis auf den 1 Petr und der tatsächlich nicht vorhandenen literarischen Beziehung beider Texte.[34] Aber auch die Art und Weise, wie der Autor in 1,16ff. auf die Überlieferung von der Verklärung eingeht und zugleich auf den nahen Tod des Apostels verweist (Absicherung durch eine Offenbarung des κύριος; 1,12ff.), führen den Brief gezielt auf Petrus zurück. Dies aber bedeutet:

Eine authentische Abfassung des Briefes durch Petrus ist wenig wahrscheinlich.[35] Beziehung des Textes auf Jud, Theologie, Form und Fiktion, aber auch die Wirkungsgeschichte sprechen so eindeutig dagegen, daß auch die Hilfsargumente, die für eine solche Hypothese geäußert werden, nicht

---

[29] Vgl. McNAMARA, Unity 14f.
[30] Sie wird im wesentlichen in den Kommentaren geführt; unter ihnen sind besonders die Auslegungen von SPITTA (unter Beibehaltung der Priorität des 2 Petr gegenüber Jud) und KNOPF zu nennen.
[31] KÄSEMANN, Apologie.
[32] Zur Forschungsgeschichte vgl. BAUCKHAM, Account 3713ff.
[33] Vgl. dazu u. 150.
[34] Vor allem bei Annahme einer Authentizität des Textes stellen 3,1 und 3,16 eine fast unüberwindliche Schwierigkeit dar; sie nötigt letztlich zur Vermutung, es könne nicht der 1 Petr oder ein bekannter paulinischer Brief gemeint sein (vgl. ausführlich ZAHN, Einleitung 42ff.).
[35] Die beste Zusammenstellung der Argumente für eine Abfassung durch Petrus findet sich nach wie vor bei ZAHN, Einleitung 42ff. Daneben siehe noch GROSCH, Echtheit; GREEN, 2. Petrusbrief und die Erwägungen bei RIESNER, Eschatologie 124ff.

weiterführen.[36] So ist aus dem Brief durchaus nicht zu entnehmen, ein Sekretär oder Amanuensis habe ihn verfaßt.[37]

Der Vf. stellt sein Schreiben bewußt in die Perspektive der petrinischen Autorität.[38] Der 2 Petr gehört so zur umfänglichen petrinischen Literatur des frühen Christentums[39], die durch die Vindizierung an Petrus die apostolische Vergangenheit und ihre Dignität für sich beansprucht. Anders als beim Jud ist deshalb die Rückführung auf diesen Vf. in ihrer Motivation gut zu begründen und stärker als beim Jud wird auch gezielt von der Vf.schaft Gebrauch gemacht.[40] Durch die Heranziehung der Verklärungsüberlieferung und durch den Hinweis auf das nahe Ende des Apostels erfährt die Fiktion der petrinischen Autorschaft eine zusätzliche Verstärkung.

Aus der Fiktion des Briefes wie auch aus seiner Theologie ergibt sich in der Sache ein erster Hinweis auf die Zeit, in der 2 Petr entstanden ist. Der Text weist von seinem Anspruch her auf die zweite Generation des frühen Christentums; deren Abständigkeit gegenüber dem apostolischen Ursprung wird theologisch bedacht.

Für die präzisere zeitliche Bestimmung sind zusätzliche Informationen von Belang:[41] So steht auf der einen Seite die Verwendung des Jud durch den Brief, die eine relative zeitliche Begrenzung ermöglicht. Auf der anderen Seite muß beachtet werden, daß neben der handschriftlichen Bezeugung die Rezeption und Wirkungsgeschichte des Briefes spät einsetzt. Sofern nicht eine literarische Beziehung zwischen den Texten vorliegt, wird schließlich die traditionsgeschichtliche Verwandtschaft zu 1 und 2 Clem sowie zum ‚Hirten' von Relevanz sein. Eine zeitliche Eingrenzung bleibt auch angesichts dieser Indizien schwierig[42] und methodisch nicht unproblematisch. Doch dürfte die Hypothese einsichtig sein, daß der Brief im Anschluß an Jud im ersten Viertel des zweiten Jahrhunderts entstanden ist.

Wie beim Jud ist auch im Blick auf die Herkunft des 2 Petr viel vermutet worden;[43] auf Grund der ‚petrinischen' Abfassung lag der Hinweis auf Rom

---

[36] Wenn GREEN, 2. Petrusbrief 41 formuliert: „Es kann nicht mit letzter Sicherheit nachgewiesen werden, daß Petrus der Verfasser war, aber es steht noch der Beweis aus, daß er es nicht war ...", so ist dies methodisch die letzte Fluchtburg bei Annahme der Authentizität.
[37] Vgl. die Diskussion bei BAUCKHAM 158ff.
[38] Zu den Problemen der Pseudepigraphie vgl. 49f.
[39] Vgl. die Lit. bei FUCHS-REYMOND 34; siehe daneben noch SMITH, Controversies; FORNBERG, Society 9ff.; BAUMEISTER, Rolle 3ff.; PÉREZ; Apostol Pedro 65ff.; BERGER, Offenbarung 261ff.; SOARDS, Evidence 3827ff.
[40] Vgl. HAHN, Randbemerkungen 217.
[41] BAUCKHAM 157.
[42] Siehe die Überlegungen bei FUCHS-REYMOND 39f. Aufschlußreich die Erwägungen bei HAHN, Randbemerkungen 218: „... wichtiger als die Zuweisung an die Person des Petrus ist aber die Vereinigung mit der Petrustradition des hellenistischen Christentums. Man kann fragen, ob das mit der definitiven Zerstörung Jerusalems im Jahre 135 n.Chr. ... zusammenhängt."
[43] Vgl. FUCHS-REYMOND 40f.

nahe.[44] Im Text selbst fehlt allerdings jedes Indiz, das für Rom sprechen könnte. Zudem ist die schwierige kanongeschichtliche Stellung eher als Gegenargument anzusehen. Es bleiben damit jene Bereiche, die auch für Jud und dessen Entstehung in Frage kommen, zumal der 2 Petr durch die Art der Rezeption Jud ersetzen will. Deshalb könnte wie beim Jud auf Grund von Bezeugung und Rezeption eine Entstehung in Alexandrien möglich sein.[45]

2.1.4 Die Gegner

Die Frage nach den Gegnern, mit denen sich der Vf. des 2 Petr auseinandersetzt[46], muß auf dem Hintergrund der methodischen Probleme erörtert werden, die bereits für den Jud unübersehbar waren.[47] Sie komplizieren sich aber im 2 Petr, weil der Vf. sich bewußt auf die Polemik des Jud bezieht und diese übernommen hat. Darin liegt auch ein Beispiel für den topologischen Charakter solcher Polemik, für ihre Austauschbarkeit und z.T. sogar für das Unverständnis bestimmter, polemischer Konnotationen; dennoch erreichen die Sätze bei den EmpfängerInnen ihr Ziel. Auf der anderen Seite besteht so die Möglichkeit, in den Abweichungen von der Polemik des Jud das spezifische Profil des 2 Petr in diesem Konflikt näher zu bestimmen. Es tritt vor allem im Streit um die Parusie und das Ausbleiben der Verheissungen Gottes hervor. Die Verbindung zwischen dem zweiten Kapitel mit seiner z.T. traditionellen Polemik und dem Neueinsatz in Kapitel 3 zeigt solche Zuspitzung des Konflikts. Insofern benennt 3,4 jene Frage, um die es nach Auffassung des Vf.s geht. Auf die Gegner jedoch läßt sich auch von daher nicht mit Sicherheit zurückschließen. Sind wirklich „... als Gegner von 2 Petr libertinistisch-hellenistische, judenchristliche Spötter anzunehmen und nicht ... griechische, libertinistische Gnostiker?"[48] Daran mag soviel richtig sein, daß die zweite Vermutung noch weniger Einsichtigkeit[49] beanspruchen kann als die erste. Aber auch jene ist historisch wenig

---

[44] BAUCKHAM 161f.
[45] Soll eine Festlegung vermieden werden, muß es bei allgemeinen Überlegungen bleiben; HAHN, Randbemerkungen 217: „Wenn dann aber der 2. Petrusbrief bei der modifizierten Übernahme des Judasbriefes als Verfasser nicht mehr einen der Herrenbrüder, sondern Apostel Petrus nennt, dann bedeutet dies, daß im hellenistisch-judenchristlichen Raum der Kontakt zu Jerusalem und Palästina inzwischen abgerissen ist, weswegen man die hier erhaltene Überlieferung der im hellenistischen Bereich verbreiteten Petrustradition zuweist."
[46] Zu den Gegnern des 2 Petr vgl. neben der Lit. zum Jud (s.o.) vor allem BERGER, Streit um Gottes Vorsehung 121ff.; U. B. MÜLLER, Frühchristliche Theologiegeschichte 84; CAULLEY, „Inspiration" 50ff.; DESJARDINS, Portrayal 89ff.; NEYREY, Form and Background (JBL) 407ff.; SICKENBERGER, Engels- oder Teufelslästerer 621ff.; RIESNER, Eschatologie 133ff.; WERDERMANN, Irrlehrer bes. 27ff.
[47] Vgl. o. 46ff.
[48] FRANKEMÖLLE 78.
[49] Sie begegnet in der Forschung häufig; vgl. die Zusammenstellung bei SCHMITHALS, Neues Testament und Gnosis 147f.; für ‚Proto-Gnosis' votiert CAULLEY, „Inspiration" 58f.

wahrscheinlich.⁵⁰ Das hat Gründe, die im Text selbst liegen (der deshalb in dieser Frage oft zu früh ‚instrumentalisiert' wurde):

- Zum einen ist die These 3,4 kaum eine authentische Wiedergabe der gegnerischen Ideologie, sondern vom Vf. pointiert zugespitzt worden. Zwar mag der Tenor der häretischen Theologie getroffen sein, aber zu beachten ist, daß sich die These in vergleichbarer Form und mit ähnlichem Inhalt auch in anderen Texten des frühen Christentums nachweisen läßt.⁵¹ Ob dieses durch die Vermutung einer gemeinsamen Textgrundlage zu erklären ist (was ja für die Frage nach der Aktualität des Konfliktes nur destruktiv sich auswirken kann!) oder auf tiefere, traditionsgeschichtliche Zusammenhänge verweist, in jedem Falle ist eindeutig, daß der Konflikt mit den Gegnern zunächst ein literarisches und traditionsgeschichtliches Problem der Textwelt darstellt.
- Diese Schwierigkeiten in der Bestimmung der Gegner verstärken sich zum anderen durch die Beobachtung, daß jene inhaltliche Skepsis, die sich in 3,4 äußert, in vergleichbarer Weise bereits für die jüdische Theologie eine Herausforderung bedeutete und auch innerhalb des Hellenismus vorhanden ist⁵² (in beiden Fällen im Kontext einer Konfliktstrukturierung).⁵³ Dadurch wird die Problematik noch größer, den Konflikt des 2 Petr in seiner Aktualität geschichtlich zu bestimmen.

Diese Prävalenz des Textes⁵⁴ weist allerdings, gerade wenn die Auseinandersetzung über die Gerechtigkeit Gottes in der Religiosität der Spätantike beachtet wird, methodisch in eine andere Richtung. Deutlich ist, daß sich der 2 Petr mit einer Frage auseinandersetzt, die für ihn theologisch außerordentlich kontrovers sein mußte. Denn seine eigenen Überlegungen, die – wie der Einsatz in 1,1ff. verdeutlicht – sehr stark durch das Eingedenken der apostolischen Zeit geprägt sind, bieten zunächst auf die Bestreitung der Parusie und der Zuverlässigkeit der göttlichen Verheißungen keine Antwort. Der Vf. sieht sich mit dem Inhalt der These von 3,4 deshalb einer Theologie gegenüber, die für ihn selbst und sein Denken eine Herausforderung impliziert; er kann sie nur als ‚häretisch' wahrnehmen. Die Fülle der Antworten, die in Kapitel 3 gegeben werden, verdeutlicht das Bemühen des 2 Petr, gegenüber einer solchen Schwierigkeit eine eigene, richtige Theologie zu entfalten. Wenn so jedoch die Gegner zunächst für den Autor und seinen

---

⁵⁰ Wo soll es solche Gruppen gegeben haben? Auch der Hinweis auf „... essenisierende Christen ..." (so RIESNER, Eschatologie 136) hilft nicht weiter.
⁵¹ Vgl. dazu u. 151ff.
⁵² Der aber im ‚gnostischen' Bereich eher unerheblich ist; vgl. LUZ, „Frühkatholizismus" 101, A. 28.
⁵³ Vgl. für die Einzelnachweise u. 152ff.
⁵⁴ Vgl. ALAND, Ende der Zeiten 148ff., 149: „Auch die Polemik des 2.Petr. ist für die Feststellung der Position der Gegner unergiebig ..., um so aufschlußreicher aber für dessen eigene Meinung."

Text wichtig sind[55] und nicht sogleich geschichtlich definiert werden können, dann ergibt sich:

Es handelt sich in diesem Konflikt nicht um eine Fiktion oder Projektion des Vf.s, auch wenn dies z.T. eine Rolle spielen mag. Die Rezeption des Textes durch die Glaubenden und seine Pragmatik sprechen nachhaltig gegen solche Vermutungen. Wenn es um eine innergemeindliche Standortbestimmung geht und deshalb die Angemessenheit der Vorwürfe nicht das Problem des Textes ist, so muß die Einsichtigkeit der Polemik dennoch Anhalt an der geschichtlichen Lage und der Realität haben.

Dann aber wird der Knoten in der Weise zu schürzen sein, daß für den Vf. prinzipielle Probleme der zweiten, christlichen Generation im Zentrum stehen, die theologisch kontrovers bearbeitet werden.[56] Mögen auch die Auseinandersetzung und die Gegner sich in ihrer Aktualität nicht mehr angemessen beschreiben lassen, so bleibt die inhaltliche Konfrontation geschichtlich evident. Sie liegt für den 2 Petr in der Auseinandersetzung um die Frage nach der Zukunft, wie sie exemplarisch in der Parusie des Herrn deutlich wird. Die Auffassung der Gegner ist in diesem Konflikt nicht zu sondern von der Theologie des Vf.s selbst.

2.1.5 Das Verhältnis zwischen 2 Petr und Jud

Es ist seit Beginn der kritischen Forschung immer wieder hervorgehoben worden, daß sich zwischen beiden Briefen enge Berührungen finden, die der Erklärung bedürfen:[57]

Jud	2 Petr
2	1,2
3	1,5
5	1,12
4	2,1-3
6	2,4
7	2,6
7.8	2,9
9	2,10
10	2,11
12	2,12
11	2,13
12f.	2,15
16	2,17

---

[55] DESJARDINS, Portrayal 96: „... that the flaws which are attributed to the dissidents in these letters probably reflect those concerns which are dearest to the authors themselves."
[56] BERGER, Streit um Gottes Vorsehung 135: „... nicht bestimmte exotische Häresien im Hintergrund ..., sondern verbreiteter Skeptizismus ..."
[57] Vgl. dazu vor allem FORNBERG, Society 33ff.; NEYREY, Form and Background (Diss.) 119ff.

17	2,18
18	3,2
6f.	3,3
23f.	3,14
24	3,17
25	3,18

Da der im Umfang schmale Jud fast vollständig aufgenommen worden ist und eine solche Parallelität über bloße Anklänge weit hinausreicht (z.T. auch die Sequenz des Jud berücksichtigt), wird die Relevanz des Problems noch dringlicher. Es finden sich in der bisherigen Forschung im wesentlichen zwei Erklärungsparadigmen:[58]

Jud hängt vom 2 Petr ab.[59] Diese Erklärung muß allerdings mit einer solchen Fülle zusätzlicher Hypothesen rechnen, daß sie nicht wirklich einsichtig erscheint;[60] zudem läßt sich nicht übersehen, daß bei der Annahme der Priorität des 2 Petr ideologische Argumente eine Rolle spielen.

2 Petr benutzt gezielt den Jud.[61] Diese Arbeitshypothese ist plausibel, sie kann Nähe wie Differenz der Texte verständlich und einsichtig machen. Allerdings ist die Art und Weise, wie der 2 Petr mit Jud umgeht, noch präziser zu bedenken und in den Modalitäten zu klären:

Zunächst muß beachtet werden, daß die enge Anlehnung an Jud für den 2 Petr weitgehende Kongruenz mit den Überlegungen des anderen Textes signalisiert. Solche Zustimmung wird deutlich an der vergleichbaren Theologie, der bewußten Vorordnung der apostolischen Vergangenheit, dem Glaubensverständnis und der Fiktion der apostolischen Verfasserschaft. Sie reicht aber weiter; wenn gesehen wird, wie eng die Texte in der polemischen Konfrontation mit den Häretikern strukturell benachbart sind, dann muß der 2 Petr den Jud auch hier mit weitgehender Akzeptanz gelesen haben. Für ihn ist die These des Jud einsichtig, daß die Endzeit gekennzeichnet wird durch das Auftreten der Häretiker, mit denen ein Konflikt unvermeidlich wird. Deshalb ist die Aufnahme des Jud in diesen Passagen besonders sinnfällig und intensiv. Die enge Verzahnung solcher Konfliktbearbeitung mit einer eigenen Lesart der biblischen Überlieferung verbindet nicht minder beide Texte (so sehr eine Unterschiedenheit in der Rezeption nachkanonischer Texte wie des äthHen bestehen bleibt).

Es werden aber in diesem Horizont auch nicht unerhebliche Korrekturen und Weiterführungen auf Seiten des 2 Petr erkennbar. Selbst wenn die These, daß dem 2 Petr die Benutzung der nachkanonischen Texte durch den Jud unpassend erschien, übertrieben ist[62], so gibt es in diesem Bereich

---

[58] Siehe zuletzt BAUCKHAM 141ff.
[59] Diese Hypothese wird besonders eindrücklich in der Kommentierung von SPITTA der Interpretation fundiert; sie kommt freilich auch bei ihm nicht ohne Hilfsargumente aus.
[60] Siehe vor allem FORNBERG, a.a.O. 33ff.
[61] Vgl. FORNBERG, a.a.O. 33ff.
[62] FRANKEMÖLLE 83

Differenzen. Der 2 Petr strafft das Material des Jud und zugleich wird deutlich, daß eine Reihe von Nuancierungen dem Vf. des 2 Petr nicht mehr zugänglich sind.[63] Es kommt das unterschiedliche Profil der jeweils angesprochenen Häretiker hinzu; auf Seiten des 2 Petr hat es Verschiebungen gegeben, und dies nötigt zu einer konsequenten Neubearbeitung des Jud auf Grund solcher veränderter Gegebenheiten.

Vor allem werden mit Hilfe der Form und Gesamtkomposition des 2 Petr die Gedanken und Argumentation des Jud integriert, aber darin zugleich ‚aufgehoben'. Die ästhetische Gestalt des 2 Petr hat insofern inhaltliche Implikationen: Neben die ausdrückliche Begründung der angenommenen Situation des Petrus im Angesicht des Todes (Hinweis auf den προφητικὸς λόγος, die Verklärungsüberlieferung und die Rezeption der paulinischen Briefe) tritt die ausführliche Erörterung des Parusieproblems. Damit hängt, wie der gesamte 2 Petr zeigt, die Frage nach der Rolle Gottes als des Schöpfers und Richtenden, nach seiner Zukunft zusammen.

Wenn in Übereinstimmung und Unterschiedenheit die Verpflichtung des 2 Petr gegenüber dem Erbe des Jud erkennbar ist, dann setzt an diesem Punkte das eigentliche Rätsel der Rezeption ein. Die Gründe und die Ursache, die zu einer solchen, auch literaturgeschichtlich aufschlußreichen Rezeption geführt haben, bedürfen der Überlegung.[64] Die Erklärung ist jedenfalls diskutabel, daß der 2 Petr in der gezielten Neuinterpretation des Jud diesen Text begrenzt ersetzen will.[65] Die Rückführung auf Petrus und die bewußte Aufnahme der Elemente eines ‚Testaments' bieten ein zusätzliches Argument. Macht der 2 Petr den Jud faktisch überflüssig, indem er die zentralen Aspekte seiner Komposition integriert hat, so ist ein solcher Vorgang bemerkenswert.[66] Dies mag hypothetisch bleiben; in jedem Fall ist anzunehmen, daß der 2 Petr die angemessene Deutung des Jud für seine Zeit zu sein beabsichtigt.[67]

Wenn sich so das Paradigma einer Rezeption des Jud durch den 2 Petr im wesentlichen bewährt hat und deshalb der Kommentierung zugrundeliegt, so bleiben in den Details Schwierigkeiten, und die Forschung wird sich hüten müssen, die redaktionsgeschichtliche Methode zu intensiv zu verwenden.

---

[63] Vgl. die Kommentierung des 2 Petr, besonders von 2 Petr 2 u. 127ff.

[64] Es bleibt überraschend, wie selten dies Problem in der bisherigen Forschung bedacht worden ist; doch ist es rezeptionsästhetisch wie auch im Blick auf die kanongeschichtlichen Implikationen methodisch erheblich.

[65] Sollte der Hinweis in 2 Petr 3,1 auf den Jud verweisen, so böte der Text einen weiteren Beweis; allerdings ist dies wenig wahrscheinlich; vgl. u. 150.

[66] Der Hinweis auf die Beziehung zwischen Mk und Lk bei BAUCKHAM 143 zeigt die Relevanz sehr klar.

[67] Dies muß nicht notwendig als Kritik am Jud interpretiert werden; kritische Aspekte liegen vor allem im Blick auf die Verehrung der Engel vor, wo der 2 Petr eine gewisse Reserve an den Tag legt. Vgl. u.

Allerdings bewährt sich das Paradigma auch gegenüber jenen Theorien, die eine kompliziertere Relation der Texte postulieren:
Dies gilt z.B. für die Annahme einer beiden Briefen gemeinsamen Quelle.[68] Sicher gilt, daß in beiden Texten umfängliches Traditionsmaterial verwandt worden ist[69], aber die Hypothese einer beiden Texten zugrunde liegenden Quelle kann nicht verifiziert werden.[70]
Auch die Vermutung, ein Autor habe beide Texte formuliert[71], leuchtet nicht ein.[72] Sie bedarf zusätzlicher Argumente, um die Differenz zwischen beiden Texten einsichtig zu machen.

An solcher Gegenprobe bestätigt sich das (relative) Recht einer Hypothese, die von der Priorität des Jud ausgeht und ihn als eine Grundlage des 2 Petr ansieht.

2.1.6 Die Theologie

Die Theologie des 2 Petr wird in ihrer Eigentümlichkeit nur dann wahrgenommen[73], wenn die hermeneutische Bewegung des Textes in den Blick kommt. Hängt doch für den Vf. alles daran, daß die EmpfängerInnen sich ihrer Situation als unendlich von den Anfängen geschieden bewußt werden. Wenn deshalb der Brief dazu auffordert, sich in der Anstrengung des Erinnerns des apostolischen Ursprungs zu versichern, so ist dies über die hermeneutische Pointe hinaus eine inhaltliche Aussage. Für den Vf. ist die Wahrheit des Vergangenen Ausgangspunkt aller Überlegungen und auch letzter Grund für die kritische Auseinandersetzung in seinen Gemeinden. Diesem Ausgangspunkt ordnen sich alle anderen theologischen Überlegungen zu:

Dies betrifft einmal die Einsicht, daß solche Theologie durch ein bestimmtes Verständnis der Schrift (des προφητικὸς λόγος), der Christusoffenbarung und der paulinischen Briefe zu legitimieren und abzusichern ist. Wenn in der Fiktion des ‚Petrus' alles bereits vorhanden ist und nur der Erinnerung bedarf, dann muß dieser Anfang auch in seiner hermeneutischen Dignität angemessen bedacht werden.

In solcher inhaltlichen Pointierung ist der Brief an den Gemeinden und ihrer Lage orientiert. Für den Vf. handelt es sich, wie bereits 1,3ff. zeigt, um den Zusammenhang zwischen ‚Orthodoxie' und richtigem Handeln (und deshalb erhält die Paränese einen besonderen Stellenwert und Rang). Aber

---

[68] So SNYDER, Promise of His Coming 22.
[69] Vgl. die Kommentierung.
[70] Siehe auch die kritischen Bemerkungen bei BAUCKHAM 141f.
[71] Vgl. ROBINSON, Redating 192ff.
[72] Es stellt sich dann zumeist die Hypothese eines ‚Sekretärs' ein; vgl. die Kritik bei BAUCKHAM 141.
[73] Vgl. dazu vor allem KÄSEMANN, Apologie 142ff.; siehe auch DSCHULNIGG, Theologischer Ort 161ff.; PAULSEN, Kanon und Geschichte.

genauso notwendig erfordert die Konstellation des Textes die Rückfrage nach der Eschatologie.[74] Vermittelt der Text zwischen ‚Testament' und Brief, dann ist auch die eschatologische Zuspitzung in gewisser Hinsicht bedingt durch die Grundentscheidung des Textes, alles an die apostolische Zeit zurückzubinden.[75] Die auffallende Fülle in den eschatologischen Argumenten des dritten Kapitels hat hierin ihre Ursache. Denn es muß in der Sache jetzt als schwierig erscheinen, von der Theologie des Briefes her Zukunft zu begründen. Mehr noch: Die polemische Grundlinie in der Rezeption des Jud ordnet sich ebenfalls dem Grundthema des Vf.s zu. Die Verbindung von Erinnerung an die Zeit des Anfangs und die Erwartung der Zukunft Gottes kann nur kontrovers werden in einer Periode, die am Übergang vom frühen Christentum zur alten Kirche sich bewegt.[76]

Die kritische Rezeption des 2 Petr (in gewisser Hinsicht auch des Jud) hat zumeist bei diesen inhaltlichen Argumenten eingesetzt.[77] Solche Kritik, die auf die theologischen Defizite des Textes zielt[78], kulminiert im Hinweis auf den Frühkatholizismus und führt zu kanontheologischen Aussagen.[79]

Paradigmatisch findet sich eine solche Auseinandersetzung vor allem in der Studie von E. KÄSEMANN, die auf Grund von exegetischen Beobachtungen im letzten zu einer inhaltlichen Kritik des 2 Petr gelangt:
„Was ist es um eine Eschatologie, die wie diejenige unseres Briefes nur noch die Hoffnung auf den siegreichen Einmarsch der Gläubigen in das ewige Reich und die Vernichtung der Gottlosen kennt? Was ist es um einen Kanon, in welchem der 2 Petr. als klarstes Zeugnis des Frühkatholizismus Platz hat? Was ist es um eine Kirche, welche sich der Ketzer so erwehrt, daß sie selber zwischen Geist und Buchstabe nicht mehr unterscheidet, das Evangelium mit ihrer Tradition und tatsächlich mit einer religiösen Weltanschauung identifiziert, die Schriftauslegung durch Lehrgesetze reguliert und aus dem Glauben das Jasagen zur orthodoxen Dogmatik macht?"[80]
Die emphatischen Aussagen dokumentieren die Verbindung zwischen historisch-kritischer Einsicht und sachlicher Schärfe, sie gipfeln im Hinweis auf den Frühkatholizismus[81] und dokumentieren dies an der Veränderung der Eschatologie, die ihre für den Brief besondere Stellung in der Entfernung von den Anfängen gewonnen hat.

---

[74] Zur Eschatologie vgl. ALAND, Ende der Zeiten 148ff.; RIESNER, Eschatologie 124ff.; THIEDE, Pagan Reader 79ff.; SNYDER, Promise of His Coming 104ff. (weitere Lit. bei Kap. 3).
[75] Vgl. PAULSEN, Kanon und Geschichte 195ff.
[76] PAULSEN, Zur Wissenschaft vom Urchristentum und der alten Kirche.
[77] Vgl. KLEIN, Zweite Petrusbrief 109ff.; SCHRAGE 118ff.; siehe bereits HOLLMANN-BOUSSET 317f.
[78] Siehe die Zusammenstellung kritischer Argumente bei SCHULZ, Mitte der Schrift 294ff.; vgl. auch SCHENKE-FISCHER, Einleitung 328: „Die unangefochtene Heilssicherheit, die Freigabe der Welt zum Verderben und die Bewahrung des Erbes als einen statischen, durch ein Lehramt gesicherten Besitz, das sind Grundgedanken des Briefes, die vom Zentrum des NT ... in Frage gestellt werden müssen."
[79] Vgl. PAULSEN, Sola Scriptura.
[80] KÄSEMANN, Apologie 157.
[81] Zum Problem des Frühkatholizismus vgl. forschungsgeschichtlich SCHMITZ, Frühkatho-

Gegenüber einer solchen Kritik wird es wenig nützen, den theologischen Gehalt der Texte nur assertorisch zu behaupten;[82] dies entspricht wie seitenverkehrt den kritischen Bedenken und wird dem Brief kaum gerecht. Weiterführen kann der Hinweis auf den geschichtlichen Charakter der Theologie des 2 Petr.[83] Ist er ‚Ausdruck' seiner Zeit und befindet sich damit an der Schwelle zur Geschichte der alten Kirche, dann ist nicht so sehr der textliche Reflex der Geschichte zu kritisieren als vielmehr der geschichtliche Prozeß selbst. Dies aber führt, wie die Kommentierung en détail belegt, zu der Einsicht, daß der Brief in vielfältiger Hinsicht der geschichtlichen Lage korrespondiert. Allerdings kann solche Überlegung den Text schwerlich bereits inhaltlich ins Recht setzen.[84] Daß die Gemeinden bei ihrem Weg in die Geschichte die Theologie und deren Inhalte verändern, bedingt für sich genommen noch nicht die Wahrheit des Briefes. Wohl aber gilt: Eine Kritik des 2 Petr (und des Jud!) kann im geschichtlichen Sinne nicht von der faktischen Situation abstrahieren, auf deren Hintergrund die Texte entstanden sind.[85]

Dann aber ergibt sich:

Die relativ einlinige Entsprechung des 2 Petr gegenüber seiner Zeit, die sich zudem in der Auseinandersetzung mit abweichenden Positionen inszeniert, erscheint als problematisch.[86] Die Theologie setzt in ihrer Selbstverständlichkeit die geschichtliche Entwicklung voraus, ihr aber keinen Widerstand mehr entgegen. Es kommt eine weitere Überlegung hinzu: Gerade wenn die hermeneutische Bewegung des 2 Petr und des Jud (auch angesichts aller Differenz zwischen beiden) ernst genommen wird, dann muß sich historische Kritik mit dem beharrlichen Rückgang auf die apostolische Zeit auseinandersetzen. Daran wird deutlich, wie die eschatologische Existenz der Gemeinden in die Zeit eintritt und sich so verändert. Das hat in der Sache zwei Konsequenzen:

Zunächst kommt es zu einer Prävalenz des Vergangenen; die Gegenwart wird bestimmt in ihrer ‚Schuld' gegenüber der Zeit des κύριος und seiner

---

lizismus bei Adolf von Harnack, Rudolph Sohm und Ernst Käsemann; siehe auch WAGNER, An den Ursprüngen des Frühkatholischen Problems.

[82] Vgl. die Zusammenstellung der Gegenargumente bei BAUCKHAM 151ff.; besonders merkwürdig DSCHULNIGG, Theologischer Ort 177: „Sein Anspruch, Vollstrecker des Testament des Petrus zu sein ..., besteht auf dem Hintergrund des Mt–Ev zu Recht."

[83] Er steht bereits im Hintergrund der kritischen Überlegungen bei KÄSEMANN, für den der 2 Petr darin exemplarisch wird.

[84] Dies gilt vermittelt auch gegenüber einer synchronen Lesart des Textes, die Geschichte wesentlich als Kon-Text verstehen muß.

[85] Vgl. PAULSEN, Kanon und Geschichte 198f.

[86] Zu einer solchen Kritik vgl. die Bemerkung aus dem Nachlaß W. BENJAMINS: „Der landläufigen Darstellung der Geschichte liegt die Herstellung einer Kontinuität am Herzen. Sie legt auf diejenigen Elemente des Gewesenen Wert, die schon in seine Nachwirkung eingegangen sind. Ihr entgehen die Stellen, an denen die Überlieferung abbricht u(nd) damit ihre Schroffen u(nd) Zacken, die dem einen Halt bieten, der über sie hinausgelangen will." (Nachlaß Ms 473 = Ges. Schriften, Frankfurt/M. 1974, I,3,1242).

Apostel. Eine solche geschichtliche Konstitution von Theologie und Gemeinde, die für die Folgezeit beträchtliche Konsequenzen hat, versteht die Eschatologie als Funktion der Geschichte und macht sie zu einem theologischen Thema unter anderen. Gerade weil Jud und 2 Petr so energisch an der Eschatologie festhalten, verweisen sie auf solche Veränderung. Das Innewerden des geschichtlichen Ursprungs bedarf zugleich der Sicherstellung: Die Polemik gegen die Häresie, die Ansätze zu einer Hermeneutik des Vergangenen im 2 Petr und die Hervorhebung des Heils als einmal geschehen, alles dies wird zum Indiz für eine Veränderung im Geschichtsprozeß am Übergang vom frühen Christentum zur alten Kirche.[87]

Allerdings kann sich nach der theologischen Konzeption beider Texte nur derjenige angemessen der apostolischen Vergangenheit nähern, der mit ihr gleichzeitig wird. Darin liegt die eigentliche Absicht der Pseudepigraphie, die solche Gleichzeitigkeit unter der Fiktion des Apostolischen anstrebt. Es wird hier nicht mehr die Differenz der Gegenwart gegenüber der geschichtlichen Vorgabe des Glaubens gewahrt, sondern in der pseudepigraphischen Fiktion aufgelöst. Dies aber setzt Gemeinde (und auch darin sind die Texte wirkungsgeschichtlich bedeutsam) in eine Position der Sekundarität; sie bleibt gebunden nicht allein an den einmal gegebenen Glaubensinhalt, sondern nicht minder an die Apostel, die diesen Glauben ihnen (und sei es fiktiv!) vermittelt haben. Allein wenn die Kritik der Texte diese Mitte ihrer Theologie aufnimmt, wird sie sachgemäß sein: Das Erinnern des Vergangenen als Antwort auf die Geschichte, die fortdauert, bedeutet die Herausforderung, die von beiden Briefen bis in die Gegenwart ausgeht.[88]

2.2 Auslegung

1,1–2: Das Präskript

1 Symeon Petrus, Knecht und Apostel Jesu Christi denen, die den uns an Ehre gleichen Glauben erlangt haben in der Gerechtigkeit unseres Gottes und Heilands Jesus Christus.
2 Gnade und Friede möge euch reichlich zuteil werden in der Erkenntnis Gottes und Jesu, unseres Herrn.

Lit.: PICIRELLI, R. E., The meaning of ‚Epignosis‘, EvQ 47, 1975, 85–93

Das Präskript des 2 Petr entspricht den aus der frühchristlichen Briefliteratur bekannten Formulierungen; die besondere Nähe zu Jud 1 ist gewollt, zu 1 Petr und Jak traditionsgeschichtlich, nicht literarisch bedingt.[1]

---

[87] Vgl. PAULSEN, Zur Wissenschaft vom Urchristentum und der alten Kirche.
[88] PAULSEN, Kanon und Geschichte 198f.
[1] Gegen BOOBYER, Indebtedness.

Vf. nennt sich in **V. 1** Symeon Petrus: Da diese Zusammenstellung mit der altertümlichen Namensform Symeon[2] sonst nur Apg 15,14 auftaucht, ist sie beabsichtigt und soll die Legitimität des Vf.s hervorheben[3], wozu die antiquierende Ausdrucksweise gut paßt. Der Anspruch, der damit erhoben wird, zeigt sich auch an den anschließenden Aussagen δοῦλος καὶ ἀπόστολος: δοῦλος entspricht Jud 1, während ἀπόστολος den Rang des Vf.s unterstreicht und zugleich den Inhalt des Folgenden betont. Das, was sich anschließt, ist apostolisch und dadurch von besonderer Verbindlichkeit. Bei aller Traditionalität des Präskripts wird deshalb bereits in V. 1 ein Teil der Intention des Briefes erkennbar: die Hervorhebung der Autorität des Vergangenen in ihrem Anspruch auf die Gegenwart der Gemeinde. Damit kommt notwendig die Frage ins Spiel, wie die Verbindung zwischen den Zeiten zu denken sei. Sie wird vom Vf. mit einer gewundenen Formulierung[4] im Anschluß bedacht.

Grundlage der christlichen Existenz ist die πίστις; der Begriff meint nicht den Akt des Glaubens[5], sondern zielt wie auch sonst (vgl. Jud 3.20) auf die fides quae creditur.[6] In solcher Fundierung der Gegenwart im Glauben des Anfangs hängt die gemeindliche Existenz an der apostolischen Vergangenheit. Deshalb begreift der Vf. unter dem ἡμῖν sicher nicht die judenchristlichen Gemeinden des Anfangs (wie der Brief den Konflikt zwischen Juden- und Heidenchristentum insgesamt nicht im Blick hat), sondern die Gesamtheit der Apostel, zu denen er gehört.[7] Den EmpfängerInnen ist der an Ehre (τιμή) gleiche Glaube zuteil geworden; aufschlußreich erscheint, daß der Kreis der LeserInnen nicht näher bestimmt wird. Der Brief ist so für die bestimmt, die es betrifft, und das apostolische Erbe kann ungeachtet der situativen Einbettung, die sich anschließen wird, gar nicht weit genug in seinem Anspruch gefaßt werden.

Solcher Glaube[8] wird durch die δικαιοσύνη ermöglicht: erkennbar und zu der sonstigen Verwendung im Brief stimmend nicht im paulinischen Sinn formuliert, sondern stärker im Sinne der Gerechtigkeit als gerechter Tat[9] bzw. der Philanthropie Gottes.[10] Umstritten ist, ob der Vf. sich in der anschließenden Formulierung allein auf Jesus Christus bezieht (θεὸς καὶ σωτήρ) oder eine binitarische Aussage beabsichtigt. Für beides gibt es Argumente[11], entscheidend ist der Zusammenhang mit dem Briefcorpus.

---

[2] WOHLENBERG 165.
[3] MUSSNER, Petrus und Paulus 59.
[4] Vgl. WINDISCH 84.
[5] So KÜHL 379.
[6] Zum Glaubensverständnis des 2 Petr vgl. den Exkurs bei KNOCH 245ff.
[7] Vgl. von SODEN 214.
[8] Vgl. insgesamt D. LÜHRMANN, Glaube.
[9] BIGG 250; KELLY 297; REUMANN, Righteousness 170ff.
[10] STUHLMACHER, Gerechtigkeit Gottes 202; FRANKEMÖLLE 89.
[11] Vgl. BAUCKHAM 169f.

Weil dort immer wieder vom κύριος ἡμῶν καὶ σωτήρ christologisch gesprochen wird[12], führt dies auch hier auf eine christologische Bedeutung[13], die den Zusammenhang zwischen apostolischer Zeit, gemeindlicher Gegenwart und der Gerechtigkeit pointiert.[14]

V. 2 enthält die Salutatio. Sie ist traditionell formuliert[15] und erfährt im Hinweis auf die ἐπίγνωσις eine Zuspitzung. Es handelt sich um einen Begriff, der im Brief betont aufgenommen wird (vgl. 1,3.8; 2,20; 3,18) und zu den theologisch wichtigen Aussagen des Vf.s zählt. Ursprünglich in der jüdisch-hellenistischen Apologetik beheimatet – und dort an der Konversion zum wahren Glauben orientiert –, hat ἐπίγνωσις auch in der frühchristlichen Theologie seinen Ort in der Hinwendung zur Gemeinde.[16] Solcher traditionsgeschichtlicher Hintergrund ist auch in V. 2 wahrscheinlicher als die Beziehung auf einen innergemeindlichen Konflikt. Was die Existenz der Gemeinde ausmacht und worin sie wachsen soll, ist nichts anderes als die Einsicht in Theo- und Christologie.[17]

Das Präskript enthält neben κύριος, mit dem der Vf. schließt, zwei weitere christologische Hoheitstitel: θεὸς ἡμῶν – σωτήρ. Beide werden in der frühchristlichen Literatur zunächst nur sparsam verwandt, aber jene Texte, die dem 2 Petr zeitlich benachbart sind, zeigen, wie selbstverständlich sie in der Zeit aufgenommen werden können.[18]

1,3–11: Das Proömium

3 Seine göttliche Macht hat uns alles, was zum Leben und zur Frömmigkeit führt, gegeben durch die Erkenntnis dessen, der uns berufen hat in seiner Herrlichkeit und Stärke,
4 durch welche Dinge uns die kostbaren und gewaltigen Verheißungen gegeben wurden, damit ihr durch diese Teilhaber der göttlichen Natur werdet, fliehend vor der Vergänglichkeit, die durch Begierde in der Welt ist.
5 Und im Blick auf eben dies sollt ihr alle Mühe aufwenden und in eurem Glauben die Tugend aufbieten, in der Tugend aber die Erkenntnis,
6 in der Erkenntnis aber die Selbstbeherrschung, in der Selbstbeherrschung die Standhaftigkeit, in der Standhaftigkeit die Frömmigkeit,
7 in der Frömmigkeit die geschwisterliche Liebe, in der geschwisterlichen Liebe die Liebe.

---

[12] In diesem Sinn ist deshalb der Text auch sekundär verändert worden (vgl. die Lesart κυρίου für θεοῦ im ℵ); zur Diskussion vgl. FUCHS-REYMOND 43.
[13] Gegen FRANKEMÖLLE 89.
[14] KELLY 298.
[15] Ein Zusammenhang mit den Benefactor-Aussagen im Hellenismus (so DANKER, Decree 64ff.) scheidet aus.
[16] Vgl. den Exkurs bei FUCHS-REYMOND 127ff.
[17] FRANKEMÖLLE 90.
[18] Vgl. die entsprechenden Passagen in den ignatianischen Briefen; dazu BAUER-PAULSEN, Die Briefe des Ignatius 23f.

8 Dies aber, das bei euch vorhanden ist und euch reich macht, macht euch nicht tatlos und auch nicht fruchtlos im Blick auf die Erkenntnis unseres Herrn Jesus Christus.
9 Wem diese Dinge fehlen, der ist blind und kurzsichtig, er vergißt die Reinigung von seinen früheren Sünden.
10 Deswegen, Brüder, müht euch, eure Berufung und Erwählung zu festigen. Wenn ihr dies tut, stoßt ihr niemals mehr an.
11 Denn so wird euch der Einzug in das ewige Reich unseres Herrn und Heilands Jesus Christus reichlich zuteil werden.

Lit.: Vögtle, A., Die Tugend- und Lasterkataloge im Neuen Testament exegetisch, religions- und formgeschichtlich untersucht, NTA XVI, 4/5, 1936; Wibbing, S., Die Tugend- und Lasterkataloge im Neuen Testament und ihre Traditionsgeschichte unter besonderer Berücksichtigung der Qumran-Texte, BZNW 25, 1959; Kamlah, E., Die Form der katalogischen Paränese im Neuen Testament, WUNT 7, 1964; Fischel, H. A., The Use of Sorites (Climax, Gradatio) in the Tannaitic Period, HUCA 44, 1973, 119-151; Danker, F. W., 2 Peter 1: A Solemn Decree, CBQ 40, 1978, 64-82; Normann, F., Teilhabe – ein Schlüsselwort der Vätertheologie, MBTh 42, 1978; Wolters, A. „Partners of the Deity". A Covenantal Reading of 2 Peter 1:4, CTJ 25, 1990, 28-44.

Die sich an das Präskript anschließende Argumentation bestimmt die Grundlage für die Theologie des Briefes; die Struktur der umfänglichen Passage ist nicht einfach.[19] Dies zeigt sich bereits am Problem des Übergangs in den Vv. 3.4: die Verse lassen sich grammatikalisch besser zum Präskript hinzunehmen und enthalten dann eine Begründung für den Segenswunsch in V. 2 mit Hilfe des ὡς und der Partizipialkonstruktion.[20] Dagegen läßt sich auch nicht einwenden, daß ein solcher Übergang ungewöhnlich sei: Die entsprechenden Briefeingänge im Corpus Ignatianum (vgl. Phld 1,1) belegen grundsätzlich solche Möglichkeit.[21] Zudem sind Vv. 3.4 nur mühsam als Vordersatz zu den Vv. 5-11 zu interpretieren; der Ausweg, einen Anakoluth anzunehmen, ist nicht glücklich. Dennoch haben die Verse im Briefganzen eine vermittelnde Stellung; auf der einen Seite beziehen sie sich auf Vv. 1.2 (vgl. den Stichwortanschluß mit ἐπίγνωσις), auf der anderen jedoch formulieren sie präziser als im Präskript geschehen die Voraussetzung, von der aus der Vf. im Folgenden argumentieren kann. Die herausgehobene Verwendung von δωρεῖσθαι sucht solche Fundierung begrifflich festzuhalten. Auch bleibt der Übergang zum γένησθε zu beachten, der sich unmittelbar den BriefempfängerInnen zuwendet.

Zwar darf nicht übersehen werden, daß die Einengung des ἡμῖν in V. 3.4a auf die Apostel in V. 1 Schwierigkeiten bereitet. War dort die erste Generation angesprochen, deren prinzipielle Vorordnung die Verbindung

---

[19] Wohlenberg 171f.
[20] So von Soden 215; Schrage 124.
[21] Vgl. bereits Spitta 26ff., der daneben noch auf die platonischen Briefe hinweist.

mit den BriefempfängerInnen nicht ausgeschlossen hatte, so gilt dies aber auch für den Übergang in den Vv. 3.4; dadurch wird deutlich, daß und wie sehr aus der Gabe, die geschichtlich zuvor den Aposteln zuteil wurde, zugleich die Heilsmöglichkeit für die Gemeinde des 2 Petr entsteht, wobei auch das Fordernde in der Paränese des Briefes begründet wird.

Ein letztes Argument kann die schwierige, doppelköpfige Stellung der Verse verdeutlichen: bei einer Zuordnung zum sich anschließenden Text tritt die traditionsgeschichtliche Beziehung auf die frühchristliche Paränese noch klarer hervor. Auf die Begründung des Heils (Vv. 3.4) folgt die ethische Forderung (Vv. 5–9) und der eschatologische Ausblick (Vv. 10.11), wobei der Übergang in V. 10 liegt. Es ist nicht erforderlich, dies präzise auf ein prägendes homiletisches Muster zurückzuführen.[22] Der Vf. bezieht sich grundsätzlich auf die frühchristliche Paränese, ihre theologische Begründung und eschatologische Perspektive.

V. 3 setzt so mit der Gabe des Heils ein: sie gibt das, was notwendig ist (τὰ πρός)[23] für das Leben und die εὐσέβεια. Beide Begriffe artikulieren je unterschiedlich wichtige Themen des Briefes: Mit ζωή wird erstmals die Zukünftigkeit des wahren Lebens angesprochen, die den ganzen 2 Petr durchzieht. Mit εὐσέβεια – in der hellenistischen Frömmigkeit weit verbreitet und von dort in das Denken des hellenistischen Judentums eingedrungen[24] – benennt der Brief jene Form der Frömmigkeit, die sich den ἀσεβεῖς gerade verschließt. Geber dessen ist die θεία δύναμις: Das Adjektiv, das in V. 4 aufgenommen wird, findet sich in der frühchristlichen Literatur nur selten (vgl. Apg 17,29), ist aber im zweiten Jahrhundert gebräuchlich.[25] Im Hellenismus gut bezeugt[26], bezeichnet es in Verbindung mit δύναμις jene Kraft, die den Menschen Heil gewährt.[27] Dies entfaltet der Vf. sofort christologisch: der Begriff der ἐπίγνωσις[28] bezieht sich auf den, der uns berufen hat. Zwar könnte die Partizipialwendung auch theologisch gedeutet werden, die auffallenden Parallelen im 2 Clem (1,8; 2,4.7; 3,1; 9,5)[29] legen eine christologische Interpretation näher. Schwierig ist dann die Näherbestimmung durch den Doppelausdruck δόξα καὶ ἀρετή (solche Doppelformulierungen finden sich im 2 Petr häufiger; vgl. nur das vorausgegangene ζωὴ καὶ εὐσέβεια). Stellt die Interpretation eine gewisse Redundanz in Rechnung, so

---

[22] So DONFRIED, Setting 43ff. mit weitreichenden Überlegungen im Blick auf eine mögliche Interpolation des zweiten Kapitels (a.a.O. 46).
[23] KNOPF 262f.
[24] KNOPF 263.
[25] KNOPF 262; BAUCKHAM 177.
[26] Vgl. WOHLENBERG 176, A. 27; besonders charakteristisch CIG II Nr. 2715 a,b – dazu A. DEISSMANN, Bibelstudien 277ff.
[27] GRUNDMANN, Begriff der Kraft 88.
[28] FUCHS-REYMOND 127ff.
[29] BAUCKHAM 178.

soll das Außerordentliche am κύριος, seine Wundermacht hervorgehoben werden, wobei durchaus gängige Aussagen reproduziert werden.[30]

V. 4 nimmt den Begriff der Gabe auf und entfaltet dies im Blick auf die Verheißungen, deren Größe durch die beiden Adjektive τίμια καὶ μέγιστα noch zusätzlich herausgestellt werden soll. Sie beziehen sich als ἐπαγγέλματα auf die Zukunft, die die Gemeinde erwartet; daß der Vf. sie in diesem Vers an den Anfang gerückt hat, läßt sich kontextuell gut begreifen. 3,13 greift deshalb bezeichnend genug im eschatologischen Zusammenhang auf 1,4 zurück: die christologische Verheißung orientiert sich an der eschatologischen Erwartung, von der Vf. ausgeht. Solche Folge, die eng an die Verheißungsstruktur geknüpft ist, verdeutlicht der ἵνα-Satz. Es ist dem 2 Petr eine doppelte Überlegung wichtig: einmal geht es um die Teilhabe an der göttlichen φύσις und damit eng verbunden zum anderen um die Trennung von der Vergänglichkeit des κόσμος.

Die Teilhabe an der göttlichen φύσις wird weniger als Prozeß denn als zukünftiges Heilsgut [31] zu verstehen sein. Das eigentlich Provozierende ist der Gedanke der Partizipation der Glaubenden an der göttlichen Natur;[32] schon die Wirkungsgeschichte, die dem Text in der altkirchlichen Theologie zukam[33] und die bis in die Gegenwart hineinreicht[34], läßt diese Herausforderung noch sichtbar werden. Darin schlägt der Brief ein Grundthema griechischer Frömmigkeit an[35], die von der prinzipiellen Möglichkeit des Menschen ausgeht, an Gott teilzuhaben. Was hier anklingt[36], besaß auch für das hellenistische Judentum erhebliche Faszination, wie entsprechende Überlegungen Philos dokumentieren (vgl. Decal 104; All I,38; siehe daneben noch Josephus Ant 8,4,2; Ap I,26). Wenn 2 Petr an solche Theologie anknüpft, so läßt sich die Singularität des Textes im frühen Christentum an der neutrischen Färbung der Aussage erkennen: die Vergottung des Menschen gründet in der Teilhabe an der göttlichen Natur.[37] Die herausgehobene Stellung des Textes auf Grund seiner Zuordnung zum jetzigen Kanon sollte allerdings nicht verdecken, daß der Gedanke im zweiten Jahrhundert zunehmend wichtig wird: Nicht nur die Parallelen in der apologetischen Literatur sind zu beachten, auch die theologisch gewiß

---

[30] Vgl. WINDISCH 85; GRUNDMANN, Begriff der Kraft 64, A.12.
[31] Von SODEN 216.
[32] Vgl. NORMANN, Teilhabe 74.
[33] Vgl. die außerordentliche Rolle, die 2 Petr 1,4 in der Theologie des Symeon gespielt hat; dazu DÖRRIES, Theologie des Makarios 229, A. 139.
[34] Siehe den Hinweis auf den Pietismus bei DÖRRIES, a.a.O.; zum Ganzen NORMANN, Teilhabe.
[35] Vgl. KNOPF 264f.
[36] Zu vgl. ist auch die Frömmigkeit des Corpus Hermeticum; siehe CH XIII,1; vgl. auch I,28.
[37] Vgl. KNOPF 265.

anders gegründeten Aussagen der ignatianischen Briefe zielen auf die Einung der Glaubenden mit Gott.[38]

Solche Teilhabe bedingt und setzt die scharfe Trennung vom κόσμος voraus, wobei durch das ἀποφυγόντες die Endgültigkeit zusätzlich betont wird. Diese Vergänglichkeit der Welt unterstreicht der Zusatz ἐν ἐπιθυμίᾳ: den κόσμος qualifizieren beide Aussagen in seiner ganzen Hinfälligkeit. Wieder ist die Nähe der Begriffe zur hellenistischen Frömmigkeit unübersehbar: bereits der platonische Theaetet verwendet ähnliche Terminologie (Theaet 176 a.b) und verbindet solche φυγή mit jener ὁμοίωσις, die sich Gott soweit als möglich angleicht.[39] Es ist bezeichnend, daß die philonische Platonrezeption[40] hier anknüpfen kann (vgl. Fug 62ff.; Migr 9; Som II,253): „Die Flucht aus der Vergänglichkeit, der durch Gottes Kraft geschenkte Anteil an der göttlichen Natur, das Leben in Gott, Erkenntnis Gottes und unvergängliches Wesen machen den Inbegriff hellenistischer Frömmigkeit aus..."[41] Der 2 Petr dürfte sich in erster Linie auf das hellenistische Judentum bezogen und dort traditionsgeschichtlich angeknüpft haben.

Innerhalb des jetzigen Kanons ist die Aussage theologisch provozierend, worauf vor allem KÄSEMANN in seiner kritischen Auseinandersetzung mit dem Brief verwiesen hat[42]: „Nicht daß Gott und sein Christus wirklich Herr werden und zu ihrem Recht kommen, steht im Mittelpunkt, sondern die Erfüllung menschlicher Hoffnung, die hier mit den Kategorien hellenistischer Metaphysik interpretiert wird, insofern der Dualismus zwischen irdisch-materiellem, vergänglichem und göttlich-geistigem, unvergänglichen Sein vorausgesetzt wird."[43] Gegen solche Kritik verfängt der harmonisierende Hinweis nicht, daß der Vf. auf solche Weise hellenistische Theologie ‚christianisiert' habe.[44] Wichtiger ist, daß der Brief sich mit dieser Aussage innerhalb der Theologie seiner Zeit nicht isoliert; auch darf nicht vergessen werden, wie sehr der Vf. darin seine Theologie dialogisch angelegt hat.[45]

Dies nötigt zu einer im genauen Sinn geschichtlichen Kritik des Textes, die nicht von seinem historischen Beziehungsgeflecht absehen darf. Sie zeigt auf der einen Seite, daß der Vf. die eigene Tradition sicherstellen und bewahren will (vgl. die christologische Präzisierung in V. 3), sie aber

---

[38] Vgl. PAULSEN, Studien 70ff.
[39] KELLY 303.
[40] Vgl. dazu umfassend jetzt A. MÉASSON, Zeus.
[41] WINDISCH 85.
[42] KÄSEMANN, Apologie
[43] Vgl. auch SCHRAGE 126.
[44] SCHELKLE 189: „Gebraucht 2 Petr 1,3f. auch Wörter und Begriffe griechischer Frömmigkeit, so sind sie doch christlich interpretiert und gefüllt." Auch die Zusammenstellung der Gegenargumente bei BAUCKHAM (183f.) überzeugt nicht.
[45] FORNBERG, Society 88: „This is an indication that 2 Peter derives from a Gentile Christianity society, and that the letter reflects the church's direct encounter with the strongly syncretistic and pluralistic environment of the decline of antiquity."

andererseits in einer neuen Sprache explizieren möchte.[46] Der Preis, der dafür gezahlt wird, ist hoch, weil sich so auch die Sache selbst von Grund auf verändert (darin hat die Kritik bei KÄSEMANN das Richtige benannt). Allerdings: erst auf der Grundlage dieser Formulierungen gelingt dem Brief der Übergang zur Paränese der folgenden Verse.

Das unpräzise αὐτὸ τοῦτο[47] des **V. 5** sucht diesen Übergang verständlich zu machen: entscheidend ist die Mahnung selbst, die der Vf. neben dem gebräuchlichen σπουδὴν παραφέρειν (vgl. Jud 3)[48] durch das ἐπιχορηγεῖν einleitet (auch diese Formulierung geht auf hellenistische Anschauung zurück: die Kosten für etwas aufbringen, etwas leisten).[49] Der Zusammenhang mit dem Kontext ist wichtig: Während Vv. 3.4 stark die Gabe des Heils herausarbeiteten (δωρεῖσθαι!), wird jetzt die Antwort der Glaubenden eingefordert; der Beschluß in V. 11 hebt jedoch mit demselben Begriff hervor, daß es nicht allein um die menschliche Tat geht, sondern alles von der Ermöglichung durch Gott abhängt.

Der Vf. setzt mit einer Ogdoas von Tugenden ein, die kettenartig verschlungen sind: Die Form verspricht dabei mehr[50], als der Inhalt hält (die paulinische Parallele in Röm 5,1ff. macht den Unterschied in der Sache offenkundig). Denn eine wirkliche Klimax läßt sich kaum erkennen[51], wie auch der Sinn der Reihung logisch schwierig bleibt.[52] Es geht dem Brief in solcher redundanten Aufzählung um jene Tugenden, die ihm für die Paränese der Gemeinde wichtig erschienen. Bedeutsam ist die Rahmung durch πίστις (V.5) und ἀγάπη (V. 7). IgnEph 14,1[53] zeigt, daß der Vf. sich in dieser Hinsicht auf paränetische Überlieferungen des frühen Christentums beziehen kann; für ihn scheint in dieser Doppelaussage der Grund gemeindlicher Paränese zu liegen. Der Tugendkatalog selbst ist in seiner Struktur ebenfalls traditionell[54] und hat Entsprechungen in der Literatur des Hellenismus[55] aber auch des hellenistischen Judentums.[56] Er sucht summierend die Praxis der Gemeinde einzufordern. Die einzelnen Topoi in der Reihung des 2 Petr belegen eine eigentümliche Verbindung hellenistischer und christianisierter Tugenden, deren Sinn auf Grund der sprachlichen Form nicht zu sehr gepreßt werden darf.

An πίστις schließt sich zunächst ἀρετή an, ein Schlüsselbegriff der helle-

---

[46] FRANKEMÖLLE 91.
[47] Von SODEN 216.
[48] Vgl. BAUER-ALAND, s.v. σπουδή.
[49] BIGG 257;KELLY 306.
[50] Vgl. FISCHEL, Sorites 119ff.; BAUCKHAM 174ff.
[51] Vgl. KNOPF 267.
[52] WINDISCH 86: „Logisch durchdacht ist die Aufzählung nicht..."
[53] PAULSEN, Studien 91ff.
[54] Vgl. VÖGTLE, Tugend- und Lasterkataloge 45ff.; WIBBING, Tugend- und Lasterkataloge 78ff.
[55] Siehe FORNBERG, Society 97ff.
[56] Vgl. NIEBUHR, Paränese.

nistischen Popularethik; allerdings muß der Zusammenhang mit V. 3 beachtet werden, sofern die christologische Pointe jetzt anthropologisch gekehrt wird. Nicht eindeutig ist die Bedeutung des folgenden γνῶσις; bleibt die Überlegung, es handle sich um indirekte Polemik gegen die Gegner Spekulation, so ist die Identifikation mit ἐπίγνωσις am einsichtigsten. Diese zentrale Aussage des gesamten Briefes dürfte auch hier mitgesetzt sein.

Solche γνῶσις denkt der Vf. in Zusammenhang mit der ἐγκράτεια: V. 6. Auch hier handelt es sich um eine Aussage, die in der hellenistischen Ethik populär war[57], während das folgende ὑπομονή stärker auf einen traditionsgeschichtlichen Zusammenhang im frühen Christentum verweist. Ὑπομονή benennt jene Standhaftigkeit angesichts des Endes, die nicht von der πίστις getrennt werden darf.[58] Der folgende Hinweis auf die εὐσέβεια führt noch einmal in das Zentrum der Frömmigkeit des Briefes: εὐσέβεια bezeichnet für den Vf. jenes ethische Verhalten, das Gott gegenüber allein angemessen ist.

Wenn V. 7 dem die geschwisterliche Liebe (φιλαδελφία) und die Liebe (ἀγάπη) allgemein zuordnet, so ist auch für diesen Vers die Einbettung in die frühchristliche Überlieferung unübersehbar (vgl. 1 Thess 3,12; Gal 6,10).[59]

V. 8 faßt der Brief die anthropologischen Konsequenzen solchen Verhaltens, das in der Ausübung der Tugenden liegt, zusammen. Ihre Gegenwart und ihr Reichtum (πλεονάζειν wird positiv verwandt: der Kontext der salutatio in V. 2 bleibt zu beachten) ermöglicht jenen Stand vor dem κύριος (ἡμῶν!!), der nicht ohne Tat und nicht ohne Frucht bleiben kann. Der Zusammenhang der Argumentation ist, worauf in der bisherigen Auslegung des Textes hingewiesen worden ist[60], nicht konsistent, sofern die Voraussetzung des christlichen Handelns zugleich zum Ergebnis bzw. Ziel werden kann. Deshalb darf nicht verkannt werden, daß anders als in V. 3 ἐπίγνωσις als eigentliche Perspektive für das Verhalten der Glaubenden angesehen wird. Bei der Bedeutung, die ἐπίγνωσις im Briefganzen zukommt, ist dies folgerichtig. Der Unterschied in der Nuancierung zwischen V. 3 und V. 8 sollte jedoch nicht zu sehr betont werden. Für den Vf. hängt beides zusammen; die Ermöglichung des ethischen Handelns orientiert sich zugleich an Christus als seinem Ziel.

V. 9 beschreibt ein Gegenbild: wem dies nicht zur Verfügung steht und wer sich nicht an solchen Tugenden orientiert, wird als blind wahrgenommen. Kaum hat der Vf. hier schon die Gegner im Blick, auch wenn sich moralisch ein solcher Vorwurf gut verwenden ließ; es handelt sich um eine topische Antithese, die ethischen Mangel anthropologisch zuspitzen möchte.

---

[57] Vgl. die Texte bei BAUCKHAM 186; zu 1 Clem 62,2; 64 siehe KNOCH, Eschatologie 250f.
[58] Vgl. BAUCKHAM 186.
[59] BAUCKHAM 187f.
[60] KNOPF 269f.

Μυωπάζων[61] bezeichnet die Kurzsichtigkeit[62] und paßt darin, wenn die Zuordnung eng gesehen wird, nicht zu dem Hinweis auf das Blindsein.[63] Doch darf dies wegen der Traditionalität der Aussage nicht zu sehr präzisiert werden: Der Vf. will verdeutlichen, was ein Fehlen dieser Tugenden bedeutet.[64] Weit schärfer ist der Nachsatz: denn ungeachtet der im Hellenismus verbreiteten Formulierung λήθην λαβών[65] verweist 2 Petr auf Tauftheologie. Taufe heißt für den Vf. in erster Linie Aufhebung, καθαρισμός der vergangenen Sünden. Mit solcher Überlegung befindet sich der Brief im Kontext der Tauftheologie des zweiten Jahrhunderts und der einsetzenden Bußüberlegungen.[66] Ethischer Mangel bedeutet Zerstörung und Vergessen jener Befreiung, die in der Taufe geschehen ist. Unbillig wäre es, dem Vf. die paulinische Tauftheologie vorzurechnen: sie ist für ihn nicht Maßstab, sondern viel stärker bleibt der Zusammenhang mit anderen Texten traditionsgeschichtlich von Belang.[67]

Noch einmal kehrt der Brief in **V. 10** zur Paränese zurück: sie wird in neuer Begrifflichkeit eingeschärft. Es geht für die Glaubenden um die Sicherung der geschehenen Berufung und Erwählung. Die Entfernung von den vergleichbaren paulinischen Überlegungen im Röm 8,30 ist auffallend, sie zeigt, daß der Vf. die geschehene Gabe des Heils in einen ethischen Prozeß umwandelt. Dies führt zu dem erstaunlichen Faktum, daß die κλῆσις und die ἐκλογή ein für allemal geschehen ist. Die Orientierung an solcher Mahnung zeitigt das Nicht-Anstoßen der Handelnden;[68] die sachliche Parallele in Jud 24 macht sichtbar, daß die Aussage nicht aus der eschatologischen Perspektive herausgelöst werden darf.

V. 11 warnt auf der anderen Seite davor, die Überlegungen des Vf.s allein im Sinne einer Vorbedingung des Heils durch die ethische Tat zu interpretieren.[69] 2 Petr fordert noch einmal jenes ein, was in Vv. 3.4 bereits angeklungen war: es handelt sich in dem reichlich Zuteilwerden des Heils immer um göttliche Gabe und Zuwendung. Die Tradition, die in diesem Zusammenhang den Zutritt zur Gottesherrschaft an bestimmte Verhaltensnormen bindet[70], wird dem Vf. kaum noch bewußt gewesen sein. Er verbindet Grundaussagen traditioneller Frömmigkeit zu einem für seine

---

[61] Das seltene Wort findet sich nur hier in der frühchristlichen Literatur (vgl. BAUER-ALAND, s.v.); zu der möglichen Parallele bei Aristoteles sect. 31 vgl. KÜHL 392; WOHLENBERG 184, A.52.
[62] Wohl kaum ist hier an ein bewußtes Verschließen der Augen zu denken, um nicht zu sehen; in diesem Sinne etwa SPITTA 74f.
[63] Von SODEN 217.
[64] KELLY 308.
[65] Vgl. BAUER-ALAND, s.v. λήθη.
[66] Siehe zur Sache I. GOLDHAHN-MÜLLER, Grenze der Gemeinde.
[67] KELLY 309.
[68] FRANKEMÖLLE 98.
[69] WINDISCH, Sprüche vom Eingehen 163ff.
[70] Vgl. den Überblick bei A. LINDEMANN, Herrschaft Gottes 212ff.

Gemeinden neuen Bild. Der Zutritt zur Gottesherrschaft hängt für ihn unauflöslich an der Bindung zum Herrn und Heiland Jesus Christus. Theologische Überlegungen, wie sie bei Paulus in diesem Zusammenhang eine Rolle spielen (vgl. vor allem 1 Kor 15,14 ff.), sind dem Text fremd: die Endgültigkeit der βασιλεία läßt sich für den Vf. nicht trennen von den christologischen Überlegungen. Auch dies verbindet seine Aussagen mit dem theologischen Denken seiner Zeit.

1,12–15: Das Thema des Briefes: Das Testament des Petrus

12 Deshalb will ich euch immer an diese Dinge erinnern, obwohl ihr sie kennt und in der vorhandenen Wahrheit gefestigt seid.
13 Ich halte es für gerechtfertigt, solange ich in diesem Zelt bin, euch in der Erinnerung wachzuhalten,
14 in der Gewißheit, daß das Ablegen meines Zeltes rasch geschieht, so wie es auch unser Herr Jesus Christus mir offenbart hat.
15 Ich will mich auch bemühen, daß ihr jederzeit nach meinem Auszug euch dieser Dinge erinnert.

Lit.: VÖGTLE, A., Die Schriftwerdung der apostolischen Paradosis nach 2. Petr 1,12-15, Neues Testament und Geschichte. FS O. CULLMANN, Zürich-Tübingen 1972, 297–306; ZMIJEWSKI, J. Apostolische Paradosis und Pseudepigraphie im Neuen Testament. „Durch Erinnerung wachhalten" (2 Petr 1,13; 3,1), BZ 23, 1979, 161–171; NEYREY, J. H., The Apologetic Use of the Transfiguration in 2 Peter 1:16–21, CBQ 42, 1980, 505–519; BAASLAND, E., 2. Peters brev og urkristelig profeti. Eksegese av 2. Pet. 1,12–21, TTK 53, 1982, 19–35; CAULLEY, T. S., The Idea of „Inspiration" in 2 Peter 1:16–21, Diss.theol. Tübingen 1982.

Mit der Argumentation in 1,12–21 beginnt das eigentliche Thema des Briefes.[71] In der ersten Passage, die sehr stark durch Topik der Testamentenliteratur bestimmt ist[72] und die Vv. 12–15 umfaßt, steht das Motiv der ‚Erinnerung' im Zentrum. Der Vf. zielt so auf die Gegenwart der apostolischen Zeit in der Gemeinde. Die zweite Argumentation 1,16–21 betont die Wahrheit dieser apostolischen Vergangenheit und der Schrift, wobei es zugleich implizit zu einer ersten polemischen Abgrenzung kommt (vgl. vor allem V. 16!).

V. 12 setzt mit der pointierten Begrifflichkeit des ὑπομιμνῄσκειν ein;[73] das Wortfeld wird in V. 13 und V. 15 noch einmal für die EmpfängerInnen hervorgehoben. Solches Eingedenken bezieht sich περὶ τούτων. Zwar liegt es von der brieflichen Konstruktion her nahe, dies auf das Vorhergehende

---

[71] Vgl. WATSON, Invention 99ff., dessen Trennung zwischen 1,12–15 und 1,16–3 allerdings zu weit greift.
[72] Vgl. dazu 89f.
[73] Vgl. dazu 101ff.

zu beziehen. Das ist zutreffend, aber solche Anstrengung der Erinnerung reicht weiter, sie betrifft den Inhalt des ganzen Briefes, wie auch aus dem abschließenden Hinweis auf ἀλήθεια hervorgeht.[74] Schwierig erscheint zunächst das Futur μελλήσω, das deshalb in einem Teil der handschriftlichen Überlieferung geändert wurde. Es erklärt sich aber durch die Fiktion des Briefes. Das, was sich anschließt, betrifft nicht nur die angenommene Zukunft der AdressatInnen, sondern geht auch über den Tod desjenigen hinaus, der ein solches Testament seiner Gemeinde hinterläßt: „...daß sein Brief die ihm zugedachte Funktion, die Gläubigen an die ihnen bekannten Glaubenswahrheiten zu erinnern, auch nach seinem Tode in einem fort erfüllen kann."[75] Darin entspricht die Aussage strukturell Jud 5[76], und dies betrifft auch den Hinweis, daß die Gemeinde eigentlich eine solche Aufforderung zur Erinnerung nicht nötig habe, da sie doch bereits gefestigt sei. Sicher hängt dies mit brieflicher Konvention zusammen[77], doch intendiert der Vf. mehr: auf solche Weise wird die fortdauernde Kraft der anfänglichen Wahrheit herausgestellt. Kenntnis und Festigung ordnen sich dem sinngemäß zu.

Während auf der einen Seite so das Motiv der γνῶσις aus Vv. 5.6 aufgenommen wird, handelt es sich bei dem στηρίζειν um eine zentrale Aussage des Briefes. Sie könnte – wie Parallelen in der frühchristlichen Theologie verdeutlichen[78] – auf einen Zusammenhang mit der Taufe hinweisen, obwohl der Sinn innerhalb des 2 Petr ausgeweitet wird. Die Gemeinde ist gefestigt in der vorhandenen Wahrheit des Glaubens.

Dies allerdings schließt die Notwendigkeit zur Versicherung des apostolischen Erbes nicht aus: **V. 13!** Der fiktive Vf. sieht es deshalb als δίκαιον an[79], die EmpfängerInnen in der Gegenwärtigkeit des Vergangenen wie der apostolischen Zeit zu bestärken. Das Andringende solcher Mahnung wird durch den eingeschobenen Hinweis auf die Begrenztheit der Existenz des Apostels zusätzlich deutlich. Was ‚Petrus' sagt, sind letzte Worte, die ihre Würde durch die Gewißheit des nahen Todes erhalten. Σκήνωμα wird metaphorisch für σῶμα verwandt und hebt den Hinweis auf die Endlichkeit der körperlichen Existenz hervor. Der Vf. bezieht sich mit solcher Metapher auf traditionelles Material (vgl. vor allem 2 Kor 5,1ff.; Diogn 6,8; das Motiv findet sich bereits in der jüdischen Überlieferung: SapSal 9,15; ParJer 6,3[80]). Doch ist der Gedanke auch dem Hellenismus vertraut.[81]

---

[74] Kelly 311.
[75] Vögtle, Schriftwerdung 299.
[76] Vgl. von Soden 218.
[77] Van Unnik, Greek characteristics 218.
[78] Vgl. Dinkler, Taufterminologie 104, A. 21.
[79] Dazu Kelly 313, der auf Josephus, Ant 4,177–193 verweist.
[80] Kaum gehört TestHiob 43,7 in diesen Zusammenhang; vgl. Schaller, Testament Hiobs 363.
[81] Eine Grabinschrift aus byzantinischer Zeit mit der Gleichsetzung σκήνωμα = Körper bei Horsley, Documents IV, 172; vgl. auch den Hinweis bei Kelly 313 auf das CH.

V. 14 unterstreicht solche Endlichkeit noch durch die Erinnerung an die Nähe des Todes. Der Vf. verweist zusätzlich zur eigenen Einsicht in die Vorläufigkeit des Lebens auf eine Offenbarung durch den κύριος. Ob sich die Herkunft solcher Tradition belegen läßt, ist umstritten[82]: immerhin liegt es nahe, an Joh 21,18f. zu denken[83], ohne daß literarische Abhängigkeit angenommen werden muß.[84] Wenn aber auch der johanneische Text bereits auf Überlieferungsmaterial sich bezieht[85], dann wird die Formulierung des 2 Petr in solchen weiten Kontext einzuordnen sein.[86] Nicht nur findet sich das Motiv innerhalb der Schrift, wenn davon die Rede ist, daß Gott den nahen Tod offenbart (vgl. Dtn 31,2.14.16; TestLev 1,2; TestIss 1; PsPhilo, ant 19,6; syrApkBar 43,2; 46,1f.). Auch in der christlichen Literatur des zweiten Jahrhunderts ist von solcher Offenbarung die Rede[87], wie vor allem die Märtyrerakten bezeugen. „Es handelt sich also um einen hagiographischen Topos, den unser Autor höchstwahrscheinlich nicht als erster auf Petrus übertrug..."[88] Der Sinn des Hinweises liegt für den 2 Petr weniger im biographischen Kontext, sondern in der Beziehung auf die Gemeinde; sie erfährt darin, wie verpflichtend jene Worte sind, die der Vf. ihr mitteilt (das δηλοῦν durch den κύριος muß solche Verpflichtung zusätzlich einschärfen!).

V. 15 kehrt kompositionell, wie die Formulierung σπουδάσω zeigt, zu V. 12 zurück und nimmt in dem τούτων μνήμην die Aussagen dieses Verses auf. Worum es dem Vf. in dem Brief zu tun ist, wird abschließend mit großer Klarheit formuliert: der Tod des Apostels[89] beraubt die Gemeinde nicht des Apostolischen oder gar der Wahrheit der Vergangenheit. Vielmehr (und dies ist die eigentliche Pointe des Briefes!) wird es erst so möglich, daß sie jederzeit dessen eingedenk sein kann. Zunächst tritt nicht hervor, worauf sich solche Beharrlichkeit des Erinnerns nach der Auffassung des Vf.s bezieht.[90] Sicher ist durch die briefliche Einbettung beabsichtigt, daß sich das ἑκάστοτε auf den Brief und seine Inhalte selbst bezieht;[91] die Präsenz des Apostolischen verbindet sich mit der Konzeption des Briefes und seiner Fiktionalität. „Der hier als Petrus redende Autor will durch seine

---

[82] Vgl. die Diskussion der unterschiedlichen Möglichkeiten bei BAUCKHAM 200f.; BONAVENTURA, Predizione 565ff.
[83] KELLY 313.
[84] Vgl. die Überlegungen bei WOHLENBERG 190 (besondere Offenbarung); WINDISCH 88 (verloren gegangenes Werk).
[85] Vgl. zuletzt J. BECKER, Evangelium nach Johannes 771f.
[86] VÖGTLE, Schriftwerdung 302f.
[87] Dies läßt sich nicht auf den Umkreis des petrinischen Materials eingrenzen; dazu vgl. BONAVENTURA, Predizione 565ff.
[88] VÖGTLE, Schriftwerdung 303.
[89] Zu ἔξοδος als Euphemismus für den Tod vgl. KELLY 314.
[90] Die Vermutung, es wäre an einen anderen Text gedacht (vgl. die Diskussion bei WOHLENBERG 191ff.), hilft nicht weiter.
[91] Von SODEN 218.

schriftliche Belehrung zugleich ein Dokument schaffen, zu dem die Christen der nachapostolischen Zeit ‚immer' greifen können, um sich auf jene zu besinnen..."[92] Vielleicht läßt sich sogar noch mehr sagen: wenn das Erbe der Wahrheit, das für die Gemeinde nach Auffassung des Vf.s unbedingte Grundlage der Existenz sein muß, an die letzten Worte des Apostels gebunden ist, dann erhält auf solche Weise auch die Schriftlichkeit des Textes eine herausragende Stellung. Es mag übertrieben sein: „Der Kanon des apostolischen Glaubens wird schriftlich dokumentiert!"[93], weil der Vers dazu nur erste, vorsichtige Ansätze enthält. Dennoch: Die Bindung an die Schriftlichkeit, die durch V. 15 beabsichtigt erscheint, bleibt ein wichtiger Vorgang. Er ist deshalb allerdings gebrochen, weil der Vf. fiktional an der Mündlichkeit seines Testaments festhält und deshalb die Schriftlichkeit auch nicht gesondert thematisiert wird. Die Einsicht in die Fiktionalität des Textes, in die daraus resultierende Forderung und den inhaltlichen Anspruch des Autors bestätigt freilich noch nicht die theologische Wahrheit desselben.[94] Vielmehr hat geschichtliche Kritik genau an diesem Punkte anzusetzen, sofern sie solche Fiktionalität kritisch überprüft und bedenkt.[95]

1,16–21: Das Thema: Die Kraft des Erinnerns

16 Denn wir sind nicht ausgeklügelten Mythen gefolgt, als wir euch die Kraft und Parusie unseres Herrn Jesus Christus kundgetan haben, sondern wir waren eingeweihte Zeugen seiner Größe.
17 Denn er empfing von Gott dem Vater Ehre und Herrlichkeit, als von der hocherhabenen Herrlichkeit die Stimme an ihn erging: „Dieser ist mein geliebter Sohn, an dem ich Wohlgefallen habe."
18 Und diese Stimme haben wir gehört, die vom Himmel her erging, als wir mit ihm zusammen auf dem heiligen Berg waren.
19 Und wir haben das prophetische Wort umso zuverlässiger; ihr tut gut daran, euch zu ihm zu halten wie an ein Licht, das an einem dunklen Ort scheint, bis der Tag aufstrahlt und der Morgenstern in euren Herzen aufgeht.
20 Dies erkennt vor allem, daß keine Prophetie der Schrift eine eigene Auslegung zuläßt.
21 Denn niemals ist eine Prophetie durch den Willen eines Menschen ergangen, sondern vom heiligen Geist getrieben redeten die Menschen von Gott.

Lit.: BOEHMER, J., Tag und Morgenstern? Zu II Petr 1,19, ZNW 22, 1923, 228–233; CURRAN, J. T., The Teaching of II Peter 1:20, TS 4, 1943, 347–368; MOLLAND, E., La Thèse „La prophétie n'est jamais venue de la volonté de l'homme" (2 Pierre 1,21)

---

[92] VÖGTLE, Schriftwerdung 304.
[93] VÖGTLE, Schriftwerdung 304.
[94] In dieser Richtung ZMIJEWSKI, Paradosis 169: „Wer aber die apostolische Paradosis durch ‚Erinnerung' weitergibt, steht damit und insoweit in der Nachfolge der Apostel, d.h. in der apostolischen Sukzession."
[95] Vgl. dazu vor allem VÖGTLE, Schriftwerdung.

et les Pseudo-Clémentines, StTh 9, 1955, 67-85; Smit Sibinga, J., Une Citation du Cantique dans La Secunda Petri, RB 73, 1966, 107-118; Bretscher, P. G., Exodus 4,22-23 and the Voice from Heaven, JBL 87, 1968, 301-311; Lønning, I., Tradisjon og Skrift. Eksegese av 2 Petr. 1,19-21, NTT 72, 1971, 129-154; Schmithals, W., Der Markusschluß, die Verklärungsgeschichte und die Aussendung der Zwölf, ZThK 69, 1972, 379-411; Stein, R. H., Is the Transfiguration (Mark 9:2- 8) a misplaced Resurrection-Account?, JBL 95, 1976, 79-96; Neyrey, J. H., The Apologetic Use of the Transfiguration in 2 Peter 1:16-21, CBQ 42, 1980, 505-519; Caulley, T. S., The Idea of „Inspiration" in 2 Peter 1:16-21, Diss. theol., Tübingen 1982; Vögtle, A., „Keine Prophetie der Schrift ist Sache eigenwilliger Auslegung" (2 Petr 1, 20b), in: Dynamik im Wort, Stuttgart 1983, 257-285.

Die Stärke und Kraft, die für den Vf. in der Erinnerung liegt, begründet sich nach seinem Verständnis auch und vor allem von der apostolischen Zeit her. Dies wird in einem doppelten Schritt erläutert: Zunächst beziehen sich die Vv. 16-18 auf die Begründung der Botschaft in der Augenzeugenschaft; demgegenüber beruft sich der Vf. in den Vv. 19-21 auf die Zuverlässigkeit des προφητικὸς λόγος bzw. der προφητεία.
V. 16 setzt mit einem begründenden γάρ ein, das belegt, wie der zweite Argumentationsschritt für den Vf. mit den Vv. 12-15 zusammengehört. Die Stärke dessen, was in der Gemeinde durch die Erinnerung gegenwärtig sein soll, liegt auch in dem beschlossen, was jetzt erläutert wird. Der Vf. grenzt diese Botschaft noch ab[96]; es handelt sich nicht um μῦθοι, die in besonderer Weise durch die σοφία bestimmt worden sind, vielmehr ist der Apostel Augenzeuge des Geschehens; deshalb kehrt der Brief zum apostolischen ‚wir' zurück. Solcher rhetorischer Gegensatz zwischen den μῦθοι und der Augenzeugenschaft findet sich mit inhaltlichen Anklängen auch sonst in der Literatur.[97] Zusätzlich ist zu beachten, daß der Hinweis auf die μῦθοι und die negative Abgrenzung ihnen gegenüber in den Pastoralbriefen eine Rolle spielt (vgl. 1 Tim 1,4; 4,7; 2 Tim 4,4; Tit 1,14). Der Angriff auf die μῦθοι ist so für den Vf. bereits traditionell vorgegeben.[98] Dies spricht dagegen, seine Aussage auf die unmittelbare Polemik gegen die Gegner seiner Position zu beschränken.[99]
Wenn der Autor demgegenüber seine eigene Rolle als ἐπόπτης hervorhebt[100], so dient es der Legitimation; das Feierliche des Begriffs, das über die reine Augenzeugenschaft hinausreicht[101], verstärkt auch die Autorität

---

[96] Zu γνωρίζειν vgl. Knopf 278f.
[97] Vgl. Windisch 89; Kelly 316 (der vor allem auf die Parallelen bei Josephus und Philo verweist).
[98] Vgl. Grundmann 80f.
[99] In diesem Sinne Grundmann 80f.: „Es ist nicht auszuschließen, daß diese Botschaft von ihren Gegnern als ‚ausgeklügelte Mythen' bezeichnet worden ist, so daß sich der Verfasser zugleich gegen einen Vorwurf verteidigen muß, der gegen ihn erhoben worden ist."
[100] Zu ἐπόπτης vgl. Horsley, Documents II,87.
[101] Vgl. Windisch 89.

dessen, was der Vf. im Folgenden sagen will. Darin liegt die eigentliche Pointe von V. 16: er liefert die Begründung für die Botschaft des Briefes, die durch den Doppelausdruck δύναμις und παρουσία gekennzeichnet wird. Die Beweiskraft liegt in dem Verbindenden zwischen dem, was die Apostel gesehen haben, und dem, was der Brief jetzt vermittelt: die Brücke, die beides zusammenhält, ist die Größe des κύριος, von der die Apostel Zeugnis ablegen. Solche Vermittlung begründet auch, daß der Vf. den für ihn später wichtigen Begriff der παρουσία aufnimmt.[102] Während in den anderen Passagen des 2 Petr bei παρουσία an die Wiederkunft des κύριος gedacht ist, erscheint dies hier[103] nicht als gesichert. Zwar liegt die Pointe in V. 16 auf der Absicherung jener Verkündigung, die der Gemeinde die Gewißheit des zukünftigen κύριος vermittelt (in diesem Sinne argumentiert der Vf. dann innerhalb des dritten Kapitels), aber die Begründung könnte hier darin bestehen, daß bereits für die irdische Existenz des Kyrios der Begriff der παρουσία eine Rolle spielt. Auch wenn dies theologisch erst von Justin zu Ende gedacht und in dem Theologumenon von den beiden παρουσίαι auf den Begriff gebracht ist, so findet sich eine analoge Überlegung bereits im Kerygma Petri und bei Ignatius.[104] Deshalb wird auch im Blick auf V. 16 vielleicht mit einer vermittelnden Lösung zu rechnen sein:[105] Der Vf. verbindet beides, die irdische, durch μεγαλειότης gekennzeichnete Existenz Jesu und seine Wiederkunft am Ende der Zeiten.

Die Begründung für die μεγαλειότης des κύριος gibt **V. 17** in einem Anakoluth[106], der seine Spitze im Hinweis auf die τιμή und δόξα hat, die dem Sohn vom Vater zuteil wurde. Dabei wird von Gott nur indirekt gesprochen, indem der Brief auf die μεγαλοπρεπής[107] δόξα verweist (vgl. Jud 25; siehe auch TestLev 3; AscJes 11,32; zu μεγαλωσύνη vgl. Hebr 1,3; 8,1).

Das eigentliche Problem des Verses besteht in dem undeutlichen Zusammenhang zwischen der brieflichen Aussage und dem Traditionsmaterial, auf das sich der Autor bezieht. Es liegt nahe, in erster Linie an die synoptische Version der Verklärung zu denken (Mk 9,2–10 par). Allerdings zeigen sich bei einem Vergleich[108] nicht unerhebliche Unterschiede:

– So fehlt im Brief das ἀκούετε αὐτοῦ, das allen synoptischen Texten gemeinsam ist und für sie eine wichtige Rolle spielt. Zwar mag das Fehlen von der inhaltlichen Aussage des 2 Petr her begreiflich sein: Es geht für den Vf. weniger um die Aufforderung an die EmpfängerInnen, Jesus unmittelbar zu hören, als vielmehr um Aufmerksamkeit für die eigene

---

[102] Vgl. E. PAX, Epiphaneia 217ff.; zur Traditionsgeschichte siehe auch KELLY 317.
[103] Entgegen der Meinung der meisten Kommentatoren; vgl. zuletzt BAUCKHAM 215.
[104] Vgl. PAULSEN, Kerygma Petri 23; zu IgnPhld 9,2 siehe PAULSEN, Studien 66f.
[105] Vgl. FUCHS-REYMOND 68.
[106] KNOPF 279.
[107] Zu μεγαλοπρεπής vgl. die Inschrift SEG 841 bei HORSLEY, Documents II,108f.
[108] Zum Vgl. siehe vor allem BLINZLER, Verklärung 71ff.; BAUCKHAM 205ff.

Aussage (darin freilich auch um die vermittelte Wahrnehmung der Jesusüberlieferung).
- Schwieriger zu erklären ist, warum der Relativsatz nicht durch ein ἐν ᾧ, sondern durch εἰς ὅν eingeleitet wird.
- Auch die Hinzufügung des ἐγώ innerhalb des Relativsatzes durch den 2 Petr bleibt bemerkenswert.
- Die Stimme wird im Brief gekennzeichnet durch den Hinweis, sie sei ἐξ οὐρανοῦ erfolgt, während in der synoptischen Überlieferung ἐκ τῆς νεφέλης genannt wird.

Werden diese Unterschiede summiert (schließlich bleibt auch noch der ausdrückliche Hinweis auf ἅγιον ὄρος bemerkenswert), so nötigen sie zu dem Schluß, daß der Verfasser in diesem Vers nicht unmittelbar den Text eines der synoptischen Evangelien übernommen hat, sondern sich allgemein auf Traditionsmaterial bezieht.[109] Dies läßt sich um so leichter verstehen, weil die Überlieferung der Verklärung auch sonst in der apokryphen und pseudopetrinischen Literatur eine Funktion besitzt.[110] Denn um einen Zusammenhang mit der Verklärungsüberlieferung handelt es sich.

Wenn hypothetisch für 2 Petr 1,17 auf eine Ostertradition verwiesen worden ist[111], so entbehrt dies innerhalb des brieflichen Kontextes jeder Grundlage.[112] Die Indizien weisen eindeutig in Richtung Verklärung;[113] dazu stimmt auch die Rezeptionsgeschichte in der alten Kirche[114] und das Motiv des ἅγιον ὄρος.[115] Natürlich ist damit die Frage noch nicht beantwortet, ob nicht die Verklärungsüberlieferung anfänglich einen österlichen Ursprung hatte[116], doch ist dies schon in der markinischen Version (und noch weniger bei den Seitenreferenten) kaum wahrscheinlich.[117] V. 17 kann in jedem Fall die These nicht stützen.

Allerdings stellt sich dann noch dringender die Frage, warum und mit welchem Ziel der Vf. sich auf solche Tradition bezogen hat.[118] Hier ist bedeutsam, daß auf der einen Seite dies christologische Relevanz hat.[119] Die Christologie des wiederkehrenden Herrn wird in Beziehung gesetzt

---

[109] Eine gewisse Berührung mit Mt 17,5 sollte freilich nicht ausgeschlossen werden; siehe BAUCKHAM 109 (unter Annahme einer Rezeption mündlicher Überlieferung).
[110] Vgl. dazu vor allem TUROWSKI, Auslegung 1ff.
[111] Vgl. zuletzt BALTENSWEILER, Verklärung 26ff.; zur Auseinandersetzung BAUCKHAM 210ff.
[112] FRANKEMÖLLE 97.
[113] Vgl. vor allem von HARNACK, Verklärungsgeschichte 78f.; KELLY 320.
[114] Zur Rezeption der Verklärung in der alten Kirche vgl. BAUER, Leben Jesu 149ff.; CARTLIDGE, Transfigurations 53ff.; TUROWSKI, Auslegung.
[115] Siehe jetzt auch NHC VIII,2 p.134,9-14.
[116] So nach dem Vorgang von J. WELLHAUSEN, Evangelium Marci 71 immer wieder angenommen; vgl. R. BULTMANN, Synoptische Tradition 278f. und die noch weitergehenden Überlegungen bei SCHMITHALS, Markusschluß 395f.
[117] Zur Auseinandersetzung vgl. nur STEIN, Transfiguration 88f.
[118] Kaum liegt ein Hinweis auf Ex 4,22 vor (so BRETSCHER, Voice from Heaven 301ff.); vgl. BAUCKHAM 208.
[119] Vgl. den Exkurs bei GRUNDMANN 83f.

zum vorösterlichen Jesus. Noch wichtiger – und dies zeigt die Rahmung wie auch das Fehlen des ἀκούετε αὐτοῦ – ist andererseits die Legitimation, die auf solche Weise der Botschaft des Vf.s von der παρουσία des κύριος zuteil wird. Er hat diese Stimme gehört, er ist deshalb auch mit den anderen Aposteln zusammen ἐπόπτης geworden.[120] Gerade wenn die Einbindung solcher Überlegung in den Zusammenhang des Testaments bedacht wird, dann verstärkt dies noch einmal die Stellung des ‚Petrus'. Die Gemeinde begegnet hier jenem Zeugen, der bei dieser Szene der Verklärung anwesend war (und dies schließt zu einem gewissen Grade auch Exklusivität ein).

Deshalb knüpft **V.18** in seiner Deutung der φωνή hier an: die Apostel haben diese Stimme gehört, sie vermitteln dies in der Kontinuität der Geschichte ihren Gemeinden. Darin wird für den Vf. die Verbindung zwischen den Zeiten noch einmal deutlich: die Gegenwart des Apostels auf dem Berg, das Hören der Stimme begründet die Wahrheit seiner Botschaft für die Gemeinden.

Mit den Vv. 19–21 verdeutlicht der Vf. in einem zweiten Schritt, warum die Botschaft von der δύναμις und der παρουσία des Herrn zuverlässig ist und sich nicht auf die μῦθοι bezieht. Im Zentrum seiner Überlegungen steht der προφητικὸς λόγος bzw. die προφητεία. Allerdings werden beide Begriffe aufeinander bezogen.

Der Übergang in **V. 19**[121] zeigt dies. Denn die Zuverlässigkeit des προφητικὸς λόγος läßt sich nicht sondern von jenem ‚wir', das Zeuge der Verklärung geworden ist. Deshalb kann sogar von einer noch größeren Verläßlichkeit (vgl. Röm 4,16; Hebr 2,2; 9,17) gesprochen werden.[122] Sie bedeutet in der Sache, daß dieser προφητικὸς λόγος nach Meinung des Vf.s nicht von der christologisch begründeten Zeugenschaft getrennt werden darf. Was in der Offenbarung auf dem ἅγιον ὄρος geschehen ist (und deshalb kann die Offenbarungsterminologie des V. 18 auch in V. 21 wiederholt werden), bestätigt und verstärkt darin den προφητικὸς λόγος; beides muß nach der Theologie des Vf.s aufeinander bezogen werden. Daraus ergibt sich, daß προφητικὸς λόγος[123] nicht auf die Verklärung und deren λόγος eingegrenzt werden sollte.[124] Es meint auch nicht einen bestimmten Text der Schrift oder allein den Prophetenkanon, sondern die Gesamtheit der γραφή: „Mit der apostolischen und nachapostolischen Verkündigung kann er (scil. der Vf.) das Alte Testament sehr wohl als in allen Teilen prophetisch auf das Endgeschehen vorausweisende Schrift verstanden haben wollen ..."[125]

---

[120] Dazu siehe LOHMEYER, Verklärung Jesu 215.
[121] Zu V. 19 siehe besonders CAULLEY, „Inspiration" 125ff.
[122] Deshalb ist βεβαιότερος besser als Komparativ und nicht – was grammatikalisch möglich wäre – als Superlativ zu verstehen (so BAUCKHAM 223).
[123] Zur Parallele in 2 Clem 11 vgl. DONFRIED, Setting 151f
[124] Anders FORNBERG, Society 82ff.
[125] VÖGTLE, 2 Petr 1,20b 261.

Aus solcher Zuverlässigkeit, die nicht von der brieflichen Fiktion des Apostolischen getrennt werden darf, ergibt sich Aufforderung und Mahnung für die EmpfängerInnen. Sie erfolgt in metaphorischer Sprache, die an den Termini des Lichtes orientiert ist.[126] Die Schwierigkeit der Interpretation resultiert aus der Koppelung metaphorischer und eigentlicher Rede.[127] Zunächst geht es darum, daß der προφητικὸς λόγος in traditioneller Weise mit dem Licht verglichen wird, und dies hat immer auch paränetische Implikationen. Allerdings fügt der Brief dem unter Hinweis auf den αὐχμηρὸς τόπος ein kosmologisches Moment hinzu: wird doch auf solche Weise die Welt selbst als Dunkelheit und Finsternis gedeutet.[128] Wenn deshalb die Bindung an das Wort der Schrift um so notwendiger erscheint, so hat der Vf. dies in gewisser Hinsicht zeitlich eingeschränkt (denn das ἕως enthält deutlich eine zeitliche Nuance).

Wieder wird ein Grundthema des Briefes angeschlagen: es geht auch hier um die Verkündigung der Parusie, die als Tag beschrieben wird.[129] Selbst wenn die christologische Bindung solcher Aussage nicht deutlich hervortritt (wobei allerdings dem Fehlen des Artikels keine besondere Relevanz zukommt), so ist sie doch für den Vf. in der Sache mitgesetzt. Der zukünftige ‚Tag‘ ist nichts anderes als die eschatologische Zukunft der Gemeinde, die gerade so nicht von der παρουσία des Herrn[130] gelöst werden darf. Auch der zweite Hinweis auf φωσφόρος verstärkt solche Einbettung in einen eschatologischen Kontext: dabei darf die Aussage nicht zu sehr in ihrer Logik verengt werden, weil doch der Morgenstern eigentlich nicht dem Beginn des Tages folge.[131] Relevanter ist der Zusammenhang mit der jüdischen Deutung von Num 24,17,[132] die diesen Text messianisch interpretiert hat. Vergleichbare Überlegungen finden sich dann auch in der frühchristlichen Theologie, worauf IgnEph 19 hinweisen könnte.[133] Dies erscheint plausibler – daß der Vf. sich auf solche Überlieferung bezieht – als eine hypothetische Anspielung auf Cant. 2,17 (4,6).[134] Daß hinter 2 Petr 1,19 Gottesdiensterfahrungen liegen,[135] läßt sich nicht beweisen. Das eigentliche Problem des Verses liegt eher an dem Ende der Aussage; überra-

---

[126] Vgl. dazu BOEHMER, Tag und Morgenstern.
[127] Zur Deutung vgl. vor allem CAULLEY, „Inspiration" 125ff.
[128] KELLY 321.
[129] Zu den traditionsgeschichtlichen Implikationen vgl. RADL, Tag des Herrn.
[130] Von SODEN 219.
[131] Vgl. die Überlegungen bei BOEHMER, Tag und Morgenstern.
[132] Siehe dazu CAULLEY, „Inspiration" 136ff.; an Texten vgl. CD VII 19,20; 1 QM XI,6; 4 Q Test 9-13; TestJud 24,1; TestLev 18 – möglicherweise christlich beeinflußt.
[133] Vgl. dazu PAULSEN, Studien 176ff.; BAUER-PAULSEN, Briefe des Ignatius 44.
[134] So SMIT SIBINGA, Une Citation 108ff.
[135] STAATS, Sonntagnachtgottesdienste 256: „Aber unter der Voraussetzung frühkirchlicher Nachtgottesdienste darf wohl auch einmal die Frage aufgeworfen werden, ob jene eschatologischen Bildmotive in 2 Petr 1,16-19 mit solchen Gottesdiensten in einem mittelbaren, ja vielleicht sogar unmittelbaren Sinnzusammenhang stehen."

schend genug wird der apokalyptische bzw. eschatologische Zusammenhang durch das ἐν ταῖς καρδίαις ὑμῶν anthropologisch zugespitzt. Bedeutet dies: „Vielmehr ist hier, was ursprünglich apokalyptisch und kosmisch gemeint war, psychologisch umgebogen?"[136] Nun ist nicht unerheblich, daß eine solche Veränderung der Aussage des eschatologisch verstandenen ‚Tages' zur Paränese auch in Röm 13,12 erkennbar ist. Dennoch wird damit das Problem von V. 19 noch nicht gelöst. Zwar dürfte eine Interpretation auszuschließen sein, die den Text auf den Übergang zum Glauben hin interpretiert, aber die anthropologische Konkretion eines ursprünglich weiter gefaßten Zusammenhanges bleibt bestehen. Was der Brief auf solche Weise anschaulich macht, ist, daß die Predigt von dem Kommen des Herrn immer auch anthropologische Konsequenzen für die angesprochene Gemeinde haben muß.

In einer abschließenden, verschlungenen Überlegung[137] gibt der Vf. eine letzte Begründung für die Stichhaltigkeit des προφητικὸς λόγος: V. 20f. Zunächst wendet sich **V. 20** mit dem τοῦτο πρῶτον γινώσκοντες[138] an die EmpfängerInnen; was sich anschließt, erweckt durch die thetische Formulierung den Eindruck des Unstrittigen, ja Zweifelsfreien, als zitiere der Vf. einen bekannten Grundsatz.[139] Die Aussage dient innerhalb des Kontextes (vgl. auch den anschließenden V. 21) der Legitimation der προφητεία! Dabei darf der erläuternde Zusatz γραφῆς nicht übersehen werden: nicht nur wird so die Schriftlichkeit der Prophetie dem Testament des Apostels zur Seite gestellt, die Prophetie bleibt auf solche Weise auch auf die Schriftlichkeit begrenzt. Die Möglichkeit einer προφητεία in der Gemeinde, die dem frühen Christentum ja nicht unvertraut war, ist für den Vf. nicht mehr bedeutsam (dies muß nicht notwendig im Sinne einer aktuellen Polemik gegen mögliche Gegner verstanden werden).

Diese Prophetie der Schrift bedarf keiner ἰδία ἐπίλυσις: in dieser Formulierung liegt ein Problem für die Interpretation beschlossen. Es haben sich im wesentlichen zwei Deutungsmöglichkeiten herausgebildet, die Anhalt am Text haben:[140]

– Der Vf. will das Wesen der Schriftprophetie beschreiben, die für ihn nicht aus eigener Interpretation entstanden ist. Nicht allein die Prophetie, auch ihre Deutung verdankten sich Gott: „No prophecy in the OT Scriptures originated from human initiative or imagination. The Holy Spirit of God inspired not only the prophets' dreams and visions, but also their interpretation of them, so that when they spoke the prophecies

---

[136] KÄSEMANN, Apologie 152
[137] Vgl. dazu besonders VÖGTLE, 2 Petr 1,20b 257ff.
[138] Vgl. KNOPF 283.
[139] Zur Interpretation vgl. MOLLAND, Thèse; VÖGTLE, 2 Petr 1,20b.
[140] Für die ältere Forschung vgl. KÜHL 408ff.; WOHLENBERG 206ff.

recorded in Scripture they were spokesmen of God himself."[141] V. 21 würde dann dies durch die Theorie der Inspiration zusätzlich begründen.
– Der Brief möchte durch den Hinweis auf die ἰδία ἐπίλυσις die Deutung der Schriftprophetie der Beliebigkeit entnehmen[142], auch ihre Auslegung ist nicht in die Entscheidung des Einzelnen gestellt,[143] ohne daß dies notwendig als Gegensatz eine ‚kirchliche' Auslegung bedingt: „... kann ‚Petrus' zu Recht ein Doppeltes sagen: daß wir das ‚prophetische Wort' jetzt als etwas ganz zuverlässiges haben ... und daß eben diese Behauptung keine eigenmächtige Schriftauslegung ist ..."[144]

Die Entscheidung zwischen beiden Interpretationsmöglichkeiten ist schwierig, zumal sich beide in ihrer sachlichen Pointe vergleichen lassen. Es erscheint aber als einsichtiger, daß sich der Vf. auf eine Überlegung konzentriert, die nicht nur auf der Ebene der vergangenen Prophetie verbleibt. Vielmehr dürfte die Äußerung rezeptionsästhetisch wie pragmatisch an den BriefempfängerInnen und ihrer Situation orientiert sein. Für sie kommt es darauf an, daß die Schrift nicht einer eigenmächtigen Auslegung unterworfen ist. Dies ergibt sich zudem aus der kontextuellen Argumentation. Indem der Vf. auf die φωνή verweist, die Gott seinem Sohn zuteil werden ließ und deren Zeuge er selbst als Apostel war, hebt er die Zuverlässigkeit seines Testaments hervor.

Dies hat Konsequenzen für die Deutung der Schrift: Ihre Prophetie wird so in der Fiktion des Textes an die apostolische Wahrheit und ihre christologische Begründung gewiesen. Die ἐπίλυσις, die eben darin keine ἰδία ist,[145] liegt in der Wahrheit des Apostolischen vor, sie ist der Beliebigkeit entnommen. Für solches Verständis ist wichtig, daß ἐπίλυσις eine traditionsgeschichtliche Voraussetzung in der Hermeneutik der jüdischen Theologie besitzt[146] und so auch für das frühe Christentum bedeutsam geworden ist.[147] Nichts anderes gilt für ἰδία[148]; auch hier ist die Gegenüberstellung von Eigenmächtigkeit und Bindung an Gott bereits topisch geworden. Wenn so die Gewißheit der Botschaft von der δύναμις und der παρουσία des Herrn auf die Begegnung mit dem Verklärten und die davon abhängige Deutung der Schrift sich gründet, dann zeigt sich daran die theologische Herausforderung, die von der Theologie des Briefes ausgeht. „Denn auch die Exegese, welche nun an die Stelle der Prophetie rückt, ist ... der Bedrohung

---

[141] BAUCKHAM 235.
[142] KELLY 324.
[143] Von SODEN 220.
[144] VÖGTLE, 2 Petr 1,20b 273.
[145] Vgl. von SODEN 220, der auf V. 17 als Kontrast verweist.
[146] Vgl. GNILKA, Verstockung Israels 62f.
[147] Vgl. vor allem Hermas: sim V 5; V 7; VIII 11; IX 13.16.
[148] Vgl. KNOPF 283f.

durch Irrlehre ausgesetzt. Man muß sie deshalb ebenfalls regulieren und tut es, indem man sie an das kirchliche Lehramt bindet."[149]

V. 21 verweist zusätzlich auf die Inspiriertheit solcher Prophetie.[150] Der Zusammenhang mit dem voraufgegangenen Vers ist nicht unmittelbar einsichtig; die Polemik des Briefes richtet sich aber gegen das θέλημα ἀνθρώπου und nimmt darin die Abgrenzung gegenüber der ἰδία ἐπίλυσις wieder auf. Damit wird durch den Vf. die These rekapituliert, daß die Wahrheit der Schrift auch aus ihrem göttlichen Ursprung hervorgeht. Die theologische Begründung greift traditionelle Motive auf, die in der antiken Religiosität menschliche Äußerungen unmittelbar auf Gott selbst zurückführen und als inspiriert betrachten.[151] Es ist nicht mehr mit Sicherheit festzustellen, worauf sich der 2 Petr traditionsgeschichtlich bezieht.[152] Denn die Belege für ein solches Theologumenon finden sich sowohl innerhalb des Hellenismus, wo vor allem der platonischen Philosophie und ihrer Wirkungsgeschichte eine besondere Bedeutung zukommt, als auch im jüdischen Denken;[153] sie sind aber auch im frühen Christentum verbreitet.[154] Solche Universalität des Gedankens[155] läßt die These des Vf.s klar hervortreten: Die ἐπίλυσις muß dem göttlichen Charakter der Schriftprophetie angemessen sein.

Gerade die Zuspitzung der Argumentation auf die abschließende These ließ die Erwägung zwingend erscheinen, der Vf. setze mit solchen Überlegungen Gegner in seinen Gemeinden voraus.[156] Das Profil dieser Gegner wird allerdings nicht deutlich; deshalb bleibt es problematisch, eine solche Hypothese zum Ausgangspunkt und zur Grundlage für die Argumentation des 2 Petr zu machen: „Der oder ein Grund, warum sich die Leser nachdrücklich zum Bewußtsein bringen sollen, daß keine alttestamentliche Prophetie wegen ihrer göttlichen Herkunft Sache eigenwilliger Deutung ist .., wird ... nicht genannt."[157]

Wird jedoch die theologische Pointe in den Argumenten des Vf.s und ihre spezifische Zuordnung beachtet, dann ist die Aussage kaum nur polemisch zu verstehen; sie dient vielmehr der Absicherung der Theologie, und dies ergibt sich auch aus der thetischen Struktur des Textes. Die Form des Testaments, das Eingedenken der apostolischen Anfänge, die Berufung auf die Christologie der Verklärung und die sich daraus ergebende Deutung

---

[149] KÄSEMANN, Apologie 153.
[150] Wirkungsgeschichtlich hat 1,21 vor allem für die Hermeneutik der Reformationszeit erhebliche Bedeutung; vgl. RITSCHL, Dogmengeschichte I, 60f.74f.
[151] Vgl. PAULSEN, Überlieferung und Auslegung 124f.
[152] Anders GRUNDMANN 87: „Der im 2. Petrusbrief vorliegende Begriff der Inspiration ist jedoch kaum vom Rabbinat, sondern von der hellenistisch-jüdischen Inspirationslehre bestimmt ..."
[153] Dies betrifft vor allem die philonische Theologie; vgl. nur Her 259.
[154] Zum Montanismus vgl. PAULSEN, Montanismus 19ff.
[155] KELLY 325; vgl. jetzt auch NHC I, 5 p.113,6f.
[156] So vor allem MOLLAND, Thèse 67ff.; FUCHS-REYMOND 75.
[157] VÖGTLE, 2 Petr 1,20b 267.

der Schrift bilden eine Konstellation, die für bestimmte Gruppen in der Geschichte des frühen Christentums kennzeichnend ist. Sie ist nicht in erster Linie als Antwort auf gegnerische Positionen zu interpretieren, sondern provoziert selbst in dieser Eigenständigkeit abweichende Theologie. Darin ist das Denken des Briefes konfliktträchtig: ein Gegenentwurf, der den Geist nicht nur auf die Schrift bezieht, der nicht nur des apostolischen Anfangs sich versichert und die Auslegung auch als Erfahrung des gegenwärtigen Geistes betrachtet, ist nicht ohne geschichtliche Plausibilität in der Entwicklung des zweiten Jahrhunderts. Für das Verständnis der Verse bedeutet dies, daß dem Vf. die polemische Kraft der eigenen Theologie vertraut ist (wie dies auch aus dem Übergang zum zweiten Kapitel hervorgeht), ohne daß er sie als eine Antwort auf die Gegner formulieren muß. Die Deutung der sich daraus ergebenden Konfliktsituation mit ihrer eigentümlichen Verschränkung von ‚Häresie' und ‚Orthodoxie' kann allerdings auf V. 21 allein nicht begrenzt bleiben, so sehr sie die vom Vf. bündig formulierte Theologie mitbedenken muß.[158] Selbst wenn der Begriff des ‚Frühkatholizismus' auf Grund seiner polemischen und ideologischen Implikationen wenig tauglich erscheint,[159] die Sache selbst ist problematisch genug[160]: sie bedarf der historischen Kritik.

2: Die Auseinandersetzung mit den Gegnern

Im zweiten Kapitel beginnt der Vf. die ausdrückliche und direkte Auseinandersetzung mit den Gegnern; er befindet sich hier in unmittelbarer Abhängigkeit zur Polemik des Jud[161], die er durchgängig aufnimmt und für seine Intentionen neu formuliert.[162] Steht er so in der Wirkungsgeschichte des Jud und hat dies zugleich Konsequenzen für die Aktualität der Konfliktsituation und ihrer Bearbeitung durch 2 Petr, so ist das zweite Kapitel stilistisch und sprachlich dennoch durch den Vf. eigenständig formuliert.[163] Das hängt vor allem mit der Zuordnung zur vorgestellten Situation des Abschieds und des Testaments zusammen.

Die Gliederung der Polemik ist nicht sofort einsichtig und in der Forschung umstritten. Doch ist dies auch als ein positives Indiz zu begreifen: Die Argumentation des 2 Petr ist so konzis und in einem engen Zusammenhang formuliert, daß von daher eine differenzierte Gliederung schwierig

---

[158] SCHRAGE 133: „Geist, Prophetie, Schrift und Auslegung gehören zusammen und der Schlüssel zu allem ist die apostolische Lehrtradition."
[159] KÄSEMANN, Apologie 154: „Die Schrift ist ganz und gar inspiriert. Geist kann nur vom Geist verstanden und ausgelegt werden. Der Interpret muß also den Geist haben, um die Schrift zu begreifen... Im Frühkatholizismus ist der Geist an das Amt gebunden..."
[160] MARXSEN, „Frühkatholizismus" 7ff.
[161] Für die Einzelheiten siehe vor allem FORNBERG, Society; vgl. auch o. 97ff.
[162] WINDISCH 91f.
[163] Vgl. WATSON, Invention 106.

erscheint. Es lassen sich aber drei Argumentationseinheiten unterscheiden (in dieser Hinsicht besteht in den bisherigen Interpretationen des Kapitels auch weitgehende Übereinstimmung), deren Abgrenzung Probleme bereitet:

So setzt der 2 Petr in den Vv. 1–3 mit dem Hinweis auf Irrlehrer in der Gemeinde ein, die in enger Verbindung zur Argumentation von 1,16ff. als Antitypoi gegenüber den Falschpropheten der Schrift angegriffen werden. Strittig ist V. 3b, weil der Vf. mit der Hervorhebung des göttlichen κρίμα und dem Hinweis auf die Vernichtung der Gegner bereits zum Folgenden überleitet und deshalb diese Vershälfte nicht selten als Überschrift der zweiten Passage vorgeordnet wird.[164] Doch hat der Vers auf diese Weise Scharnierfunktion; er beendet die Deskription der Vv. 1–3 und bestimmt zugleich die folgenden Überlegungen.

Diese zweite Argumentation des Vf.s, sehr stark auf Jud bezogen, verweist auf die exempla der Schrift; sie sollen jene Gewißheit des göttlichen Gerichts über die Häretiker belegen, von der V. 3b spricht. Solche Gerichtsthematik reicht entweder bis V. 10a, weil mit V. 10b eine polemische Beschreibung der Gegner beginnt,[165] oder sie schließt die Passage bis V. 13a noch ein. Erst mit V. 13b beginnt dann erneut die Deskription der Häresie.[166] Erkennbar ist, daß der Vf. beide Abschnitte gezielt verschränkt hat. Dennoch erscheint ein Neubeginn mit V. 10b als wahrscheinlicher, weil der Autor sich jetzt der Beschreibung der Gegner zuwendet. Es ergibt sich deshalb für die Gliederung des zweiten Kapitels als Aufbau:

Vv. 1–3
4–10a
10b–22.

Neben der steten Rezeption der Aussagen des Jud fällt auf, daß der Vf. zunächst mit einem futurischen Hinweis beginnt. Dies wird nicht durchgehalten, sondern geht in das Tempus der Gegenwärtigkeit über. Der Grund liegt in der Fiktion des Briefes, der so die Gefährdung der EmpfängerInnen zunächst als zukünftig beschreibt, dies dann aber nicht beibehält, sondern unmittelbar in die Situation der Gemeinde überleitet.

2,1–3: Das Kommen der Gegner

1 Es gab auch falsche Propheten im Volk, wie auch bei euch Falschlehrer sein werden, die verderbliche Häresien einschleppen werden und den, der sie losgekauft hat, den Herrn, leugnen; sie ziehen sich selbst ein rasches Verderben zu.

---

[164] So etwa BAUCKHAM 245ff.; WATSON, Invention 106ff.
[165] In diesem Sinne BAUCKHAM 245; WATSON, Invention 114ff.
[166] Vgl. FUCHS–REYMOND 76.

2 Und viele werden ihren Ausschweifungen folgen; um ihretwillen wird der Weg der Wahrheit gelästert werden.

3 Und mit Habgier werden sie euch durch erdichtete Worte einkaufen; das Gericht über sie ist seit jeher nicht untätig und ihr Verderben schläft nicht.

Lit.: REPO, E., Der Begriff „Rhēma" im Biblisch-Griechischen. Eine traditionsgeschichtliche und semasiologische Untersuchung, AASF B, 75,2 / B, 881, 1951/1954; UNNIK, W. C. van, Die Rücksicht auf die Reaktion der Nicht-Christen als Motiv in der altchristlichen Paränese, in: Judentum-Urchristentum-Kirche, FS J. JEREMIAS, BZNW 26, 1960, 221-234; CHANG, A. D., Second Peter 2:1 and the Extent of the Atonement, Bibliothcca Sacra 142, 1985, 52-64.

Die Passage ist durch Stichwortanschluß (προφητεία) mit der voraufgegangenen Argumentation im Briefe verbunden. Möglicherweise ist sogar von einer chiastischen Verschränkung auszugehen:[167]

> Botschaft der Apostel (1,16-18)
> προφητικὸς λόγος (1,19-21)
> Falsche Propheten (2,1a)
> Falsche Lehrer (2,1b-3)

Bei einer solchen Hypothese (vgl. auch die Aufnahme von V. 16 in V. 2) zeigt sich, daß der Vf. gezielt seine Botschaft und die Zuverlässigkeit der apostolischen Überlieferung gegenüber der ἀσέβεια der Gegner abhebt.

In jedem Fall geht V. 1 zunächst von dem Hinweis aus, daß es bereits im Volk Israel (λαός wohl bewußt gewählt, um das ἔθνος zu vermeiden)[168] falsche Propheten gab.[169] Wird darin noch einmal der Gegensatz zur Geistbegabtheit hervorgehoben, mit der 1,21 schloß, so schafft das ὡς καί den Übergang in die konkrete Situation der EmpfängerInnen. Das Futur ergibt sich folgerichtig aus der Fiktion des Briefes als eines Testaments des ‚Petrus' und hebt die Schlüssigkeit der folgenden Polemik hervor: Was in der Gemeinde geschieht, ist bereits durch die apostolische Wahrheit benannt und vorhergesagt worden. Der Vf. zieht allerdings die Parallele nicht in der Weise aus, daß er von ψευδοπροφῆται in der Gemeinde spricht.[170] Für ihn handelt es sich um ψευδοδιδάσκαλοι. Hinter solcher Begrifflichkeit könnte Absicht liegen, weil der Prophetentitel bewußt vermieden werden soll bzw. weil der Vf. offensichtlich nicht mehr mit Prophetie und Propheten in seiner Gemeinde rechnet.[171] ψευδοδιδάσκαλοι ist außerordentlich selten, es fehlt in der frühchristlichen Literatur[172] und findet sich in auffallender, tradi-

---

[167] Vgl. WATSON, Invention 106f.
[168] KNOPF 287.
[169] Zur Sache vgl. GRUNDMANN 88; KELLY 327.
[170] Wie dies ja in der frühchristlichen Literatur sonst durchaus der Fall sein kann; vgl. Mk 13,5f.22f.; Mt 24,11.24 u.ö.
[171] FRANKEMÖLLE 101: „2 Petr will keine christlichen Propheten mehr kennen ..."
[172] Die nächste Parallele ist der Hinweis auf die ψευδοδιδασκαλία bei PolPhil 7.

tionsgeschichtlicher Parallelität erst bei Justin, Dial 82,1.[173] Zwar ist die Passage bei Justin kaum von 2,1 abhängig[174], doch zeigt sie einen Hintergrund, der auch sonst in frühchristlicher Theologie belegt ist: es geht um die eschatologische Notwendigkeit von Spaltung und Gefährdung sogar in der eigenen Gemeinde.[175] Seit 1 Kor 11,18f. (und vermittelt auch Mt 10,34f.) handelt es sich um ein Thema, das nicht selten mit einer apokryphen Jesusüberlieferung verbunden wurde, die solche Gefährdung ansagte.[176] Wenn der Vf. solche Herausforderung der Gemeinde in den ψευδοδιδάσκαλοι[177] sieht, so meint dies neben dem falschen Anspruch der Betreffenden[178] die falsche Lehre selbst; zwischen beiden Färbungen des Begriffs ist nicht mehr scharf zu unterscheiden.

Diese Gegner haben – und die Nähe zu Jud 4 ist in diesem Vers wieder evident – αἱρέσεις ἀπωλείας in die Gemeinde eingeschleppt (vgl. für die Sache παρείσακτοι in Gal 2,4). Die Unterschiedenheit zum παρεισέδυσαν von Jud 4 soll jenseits der Personalität stärker noch das Fremde in der Lehre der Gegner zum Ausdruck bringen. Dazu paßt das αἱρέσεις ἀπωλείας; es dürfte sich um einen gen.qualit. handeln. Die neutrale Bedeutung von αἵρεσις ist schon verblaßt, hier jedenfalls nicht mehr anzunehmen.[179] Vielmehr wird auf solche Weise die Spaltung und Gefährdung in der eigenen Gruppe durch den Brief besonders herausgestellt. Das unterstreicht die zweite Zeile, die ebenfalls Jud 4 rezipiert und die dortige Aussage christologisch deutet.

Die Leugnung des δεσπότης wird in ihrer Anstößigkeit durch den Hinweis auf die christologische Befreiung noch zusätzlich kritisiert; mit dem ἀγοράζειν nimmt der Vf. ein Theologumenon der frühchristlichen Theologie auf (vgl. 1 Kor 6,20; 7,23; siehe auch Apk 5,9).[180] Nicht klar läßt sich erkennen, was nach Auffassung des 2 Petr solche Devianz christologisch ausmacht. Zwar liegt es nahe, auf die Leugnung der Parusie und ihrer Bedeutung für die Christologie hinzuweisen, doch ist dies allein auf Grund von 2,1 nicht anzunehmen. Eins ist für den Vf. sicher: solches Verhalten führt zum Verderben der Gegner, mehr noch, sie ziehen sich diesen Untergang sogar selbst zu (Vorgriff auf das ἀπώλεια von V. 3).

V. 2 polemisiert gegen die Reaktion auf das Auftreten der Gegner in der

---

[173] Dazu vgl. BAUCKHAM 237.
[174] Anders BAUCKHAM 237.
[175] Vgl. dazu PAULSEN, Schisma und Häresie.
[176] Daneben sind noch die entsprechenden Passagen in der ApkPetr zu beachten; vgl. GRUNDMANN 89ff.
[177] Zur Begriffsbildung vgl. AUDET, Didaché 205, Anm. 2; BARRETT, Pseudapostoloi.
[178] Von SODEN 220.
[179] Zur Geschichte des Begriffs αἵρεσις in der frühchristlichen Literatur und Theologie vgl. PAULSEN, Schisma und Häresie.
[180] KELLY 327; CHANG, Second Peter 2:1 52ff.

Gemeinde: Sie werden viele Anhänger finden[181], wobei sich die Orientierung an den Gegnern auf ihre moralische Verworfenheit bezieht; ἀσέλγεια ist aus Jud übernommen, hat hier allerdings stärker eine sexuelle Bedeutung, wie sich aus dem Fortgang des Kapitels ergibt. Die Herausforderung, die in der Gefährdung für die Gemeinde liegt, wird durch den anschließenden Relativsatz noch unterstrichen. Mit der Tat der Gegner geraten auch die Glaubenden bei Außenstehenden in ein schiefes Licht, sie werden ‚gelästert'. Der dahinter zu erkennende Topos, der mit einer Auslegung von Jes 52,5 zusammenhängt[182], wird in der frühchristlichen Literatur benutzt, um in Abgrenzung und Apologetik auf die Verantwortung der Gemeinde gegenüber jenen hinzuweisen, die ihr fremd sind.[183] Zumeist wird dies allerdings mit dem Begriff ὄνομα verbunden, wobei ὄνομα mit dem Christentum und der christlichen Gemeinde identisch wird[184], während V. 2 an diesem Punkte vom ‚Weg' der Wahrheit[185] spricht. Die Traditionsgeschichte für ὁδός verweist in die jüdische Theologie[186], während der Begriff im frühen Christentum nicht anders als der Hinweis auf das ὄνομα zur Bezeichnung der gemeindlichen Wirklichkeit dient. Sie wird sowohl hinsichtlich ihres Wahrheitsanspruchs[187] als auch der angemessenen Praxis entfaltet. Beides gerät durch die Gegner und ihr verfehltes Handeln ins Zwielicht.

Wenn V. 3 die Modalitäten nennt, auf Grund derer ihnen der Einfluß auf andere ChristInnen gelingt, so steht dies zunächst im Gegenüber zu 1,16. Die Fragwürdigkeit der λόγοι, mit denen sie arbeiten, unterstreicht das πλαστοῖς; es handelt sich um erdichtete Lehren. Erscheint dies bereits als topologischer Vorwurf, so gilt dies nicht weniger von dem Hinweis auf die πλεονεξία (vgl. auch V. 14).[188] Die moralische Verwerflichkeit des abweichenden Verhaltens schlägt sich immer auch in der Denunziation der Bereicherung nieder[189], wobei dies durch ἐμπορεύσονται[190] zusätzlich hervorgehoben werden soll; anders als in Jak 4,13 wird es hier transitiv gebraucht, die Gegner überlisten durch finanzielle Tricks die Gemeinde. Die realen Verhältnisse und die Position der Gegner lassen sich aus alldem nicht mehr erkennen: „... wenn man von den allgemein gehaltenen Anklagen absieht, bleibt nicht viel übrig, was nicht den einen wie den anderen Kontrahenten diskreditiert..."[191] Doch wird die Wahrheit der Aussage bei

---

[181] Vgl. FRANKEMÖLLE 102.
[182] Van UNNIK, Reaktion 221ff.; weiteres bei PAULSEN, Studien 87.
[183] Vgl. PAULSEN, Studien 87.
[184] PAULSEN, Studien 93ff.
[185] KELLY 328; KNOCH 261; vgl. 1 Clem 35,5 – dazu E. MASSAUX, Matthieu 44.
[186] Vgl. REPO, Weg 94ff.; GRUNDMANN 89ff.
[187] Vgl. KELLY 321; dabei ist der Begriff der ‚Wahrheit' umfassend zu verstehen, er integriert auch den Hinweis auf die richtige ‚Lehre'.
[188] Vgl. PREISKER, Ethos 103, A.1.
[189] KELLY 329.
[190] WOHLENBERG 215f.
[191] KÄSEMANN, Apologie 155.

den EmpfängerInnen des Briefes angekommen sein. Jedenfalls ist für den Vf. sicher, daß solchem Verhalten das göttliche Gericht gilt. Wird dies in einem Doppelausdruck formuliert – sowohl κρίμα als auch ἀπώλεια weisen in diese Richtung –, so präludiert die Aussage dem anschließenden Argumentationsgang; deshalb hat das ἔκπαλαι auch die Funktion, das Exemplarische in den folgenden Schriftbelegen herauszustellen. Die Verurteilung ist den Gegnern immer schon sicher. Zwar kann der traditionsgeschichtliche Zusammenhang mit frühjüdischer Theologie nicht übersehen werden[192] aber zugleich muß die aktuelle Zuspitzung innerhalb des Briefes beachtet werden.[193] Denn die Unverbrüchlichkeit der göttlichen Gerechtigkeit, wie sie in dem Aspekt des Gerichts deutlich wird, wird in Kapitel 3 durch die Gegner gerade problematisiert. Wenn deshalb V. 3b zunächst eher als eine allgemeine, grundsätzliche Aussage erscheint, so kann darin eine gezielte Spitze liegen: Gegenüber dem Verhalten, das die Gemeinde gefährdet und spaltet, bewährt sich das Gericht Gottes, das gewiß eintreten wird und nicht ausbleibt.

2,4–10a: Das Gericht über die Gegner

4 Denn wenn Gott die Engel, die gesündigt hatten, nicht verschonte, sondern sie in die finsteren Höhlen der Unterwelt bannte und sie aufbewahrt dem Gericht übergab,
5 und wenn er die alte Welt nicht verschonte, sondern nur Noah den achten als Herold der Gerechtigkeit bewahrte und die Flut über die Welt der Gottlosen brachte.
6 Und wenn er die Städte Sodom und Gomorrha einäscherte und zum Untergang verurteilte, indem er sie so zum Beispiel für die setzte, die in Zukunft gottlos sind;
7 und wenn er den gerechten Lot errettete, der von dem Lebenswandel der in Ausschweifung befindlichen Gottlosen gequält wurde –
8 denn durch Sehen und Hören fühlte der Gerechte, der unter ihnen wohnte Tag für Tag durch gesetzlose Taten seine gerechte Seele gefoltert –
9 der Herr weiß die Frommen aus der Versuchung zu retten, die Ungerechten aber für den Tag des Gerichts unter Züchtigung aufzubewahren,
10a vor allem aber jene, die in der Begierde nach der Befleckung hinter dem Fleisch hergehen und die Macht des Herrn verachten.

Lit.: RAPPAPORT, S., Der gerechte Lot. Bemerkung zu II Ptr 2,7.8, ZNW 29, 1930, 299–304; PEARSON, B. A., A Reminiscence of Classical Myth at II Peter 2.4, GRBS 10, 1969, 71–80; BERGER, K., Hartherzigkeit und Gottes Gesetz. Die Vorgeschichte des antijüdischen Vorwurfs in Mc 10,5, ZNW 61, 1970, 1–47; LÜHRMANN, D.,

---

[192] Zu einer möglichen, wenn auch kaum wahrscheinlichen Berührung mit der AssMos vgl. E.-M. LAPERROUSAZ, Testament de Moise 64ff.
[193] Vgl. NEYREY, Form and Background (Diss.) 27ff.

Noah und Lot (Lk 17,26-29) – ein Nachtrag, ZNW 63, 1972, 130-132; Schlosser, J., Les jours de Noé et de Lot. A propos de Luc xvii,26-30, RB 80, 1973, 13-36; Kruse, H., Das Reich Satans, Bib. 58, 1977, 29-61; Rubinkiewicz, R., Die Eschatologie von Henoch 9-11 und das Neue Testament, Klosterneuburg 1984.

Das, was für den Vf. in 2,3b Unverbrüchlichkeit und Sicherheit des göttlichen Gerichts ausmachte, wird jetzt durch Beispiele aus der Geschichte Israels eingelöst. Der Vf. ist in besonderer Weise Jud verpflichtet, die Parallelität zwischen beiden Texten nicht zu übersehen:

Jud 6	2 Petr 2,4
7	2,6
8	2,10a

Neben der Übernahme der Materialien aus Jud ist aber zu beachten, daß der Vf. noch zusätzliche Überlieferungen herangezogen hat, um seine eigenen Intentionen zu verdeutlichen. Die Abweichungen von Jud und die eigenen Ergänzungen lassen dies klar hervortreten:

Zunächst ist wichtig, daß gegenüber Jud der Stoff erheblich verknappt wird; 2 Petr verzichtet auf eine ausführliche Begründung für das Verhalten der Engel, wie auch die Gottlosigkeit von Sodom und Gomorrha nicht weiter erläutert wird. In eine vergleichbare Richtung deutet die Umstellung der Reihenfolge. Denn durch die Sequenz ‚Fall der Engel – Sintflut – Sodom und Gomorrha' wird die chronologische Ordnung anders als im Jud gewahrt; hierzu paßt, daß der Vf. den Hinweis auf die Wüstengeneration nicht aufgenommen hat.

Der Text läuft anders als bei der Gedankenführung von Jud auf die These von V. 9 zu. Zwar hebt die Nachstellung hervor, daß Gott die ἀσεβεῖς dem Gericht zuführt, aber zugleich weist 2 Petr darauf hin, daß jene befreit werden, die εὐσεβεῖς sind.[194] Daraus ergibt sich für die Schriftverwendung eine doppelte Konsequenz: Zum einen erhalten die Beispiele sehr viel stärker als im Jud exemplarische Bedeutung, sie machen die göttliche Gerechtigkeit in Gericht und Befreiung anschaulich. Das bedeutet auf der anderen Seite: Es gibt in der Geschichte des Gottesvolkes nicht nur Beispiele der göttlichen Strafe, sondern zugleich zeigt sich die Treue Gottes gegenüber einem Verhalten, das sich ihm angemessen erweist. Dies betrifft zwar noch nicht den Fall der Engel, wird aber im Hinweis auf Noah und Lot wichtig.

Gerade Abweichung und Übereinstimmung mit Jud dokumentieren die Traditionalität des Materials, auf das sich 2 Petr bezieht. Dies gilt für die Einzelheiten, aber es betrifft auch die Struktur, die in der Aneinanderreihung solcher Beispiele aus der Geschichte Israels vorliegt.[195] Vor allem die Zuordnung von Sintflut und Strafgericht über Sodom und Gomorrha ist

---

[194] Frankemölle 103.
[195] Vgl. dazu Berger, Hartherzigkeit.

der jüdischen Theologie vertraut (vgl. Sir 16,7f.; Jub 20,5; Sap 10,4.6; 3 Makk 2,4f.; TestNaph 3,4f.; Philo, VitMos II 263; Josephus Bell V, 566; GenR 27.49; Sanh 10,3)[196] und auch im frühen Christentum bekannt (vgl. Lk 17,26ff.; 1 Clem 9,4; 11,1). Dies und die stärkere Heranziehung von zusätzlichen Überlieferungen im Blick auf Noah und Lot markiert das Besondere in der Argumentation des Vf.s. Allerdings liegt die Pointe für ihn vor allem in der Zuordnung von V. 3 und V. 10a: Den ἀσεβεῖς gilt das Gericht Gottes.

V. 4 gibt anders als Jud 6 keine weitere Erläuterung für das Verhalten der Engel an. Für den Vf. liegt auf dem οὐκ ἐφείσατο der Ton, weil so die Aussage von V. 3a eingelöst ist. Die Pointe der sich anschließenden Überlegung tritt klar hervor: Die Strafe, die den Engeln zuteil wird,[197] hat auch einen Zukunftsaspekt; sie werden bis zum endgültigen Gericht aufbewahrt.[198] Allerdings sind die Einzelheiten der zweiten Satzhälfte nicht klar. Schon das Schwanken zwischen den Lesarten σειραῖς bzw. σιροῖς fällt auf. Während der Vf. mit σειραῖς ‚Ketten, Fesseln' Jud 6 interpretiert und das dortige δεσμοῖς aufnimmt,[199] verweist das seltene Wort σιροῖς auf den Ort, an dem sich die bestraften Engel befinden.[200] Auf Grund der Schwierigkeiten spricht mehr für die lokale Bedeutung.[201] Nicht notwendig bedeutet dies, daß der Vf. sich damit direkt auf äthHen 10,12 bezieht.[202] Wohl aber zeigen die entsprechenden Passagen im äthHen, daß die Überlieferung in der jüdischen Theologie vorlag.

äthHen 10,11-13 (Übersetzung von S. UHLIG)
11 Und zu Michael sprach der Herr: „Geh, laß Semyāzā und die anderen bei ihm, die sich mit Frauen verbunden haben, wissen, daß sie mit ihnen zugrunde gehen in all ihrer Unreinheit. 12 Und wenn sich alle ihre Söhne gegenseitig erschlagen, und wenn sie sehen die Vernichtung ihrer Geliebten, (so) binde sie für 70 Generationen unter die Hügel der Erde, bis zum Tage ihres Gerichtes und ihres Endes, bis das Gericht für alle Ewigkeit vollzogen wird. 13 Und in jenen Tagen wird man sie wegführen in den Abgrund des Feuers und in die Qual und ins Gefängnis, und sie werden für ewig eingeschlossen sein.

Wird äthHen beachtet (vgl. daneben noch 18,11; 21,1; 88,1.3)[203], dann ist das Motiv, auf das sich V. 4 bezieht, klar: Es geht um das (vorläufige)

---

[196] Vgl. LÜHRMANN, Noah und Lot; SCHLOSSER, Jours; weiteres Material bei LEWIS, Flood.
[197] Für den Zusammenhang mit Gen 6,1-4 vgl. die Kommentierung zu Jud 6.
[198] Zur Vorstellung von der Bindung des Starken vgl. KRUSE, Reich Satans 43ff.
[199] Für diese Lesart votieren WOHLENBERG 219, A.44; BAUCKHAM 244.249; so auch die Edition von (NESTLE-)ALAND, 26.A.
[200] Vgl. von SODEN 221; FUCHS-REYMOND 84.
[201] Siehe auch WINDISCH 93.
[202] Daß eine solche Bezugnahme nicht wahrscheinlich sei, weil der Vf. sonst die Ausssagen des Jud gekürzt habe (BAUCKHAM 249), trifft kaum zu; auch sonst verwendet 2 Petr zusätzliches Material.
[203] Siehe auch RUBINKIEWICZ, Eschatologie 125ff.

Gericht über die Engel. Der Text bedient sich, um dies zu verstärken, mit der seltenen Formulierung ταρταρώσας (,in den Tartarus werfen') zugleich einer Vorstellung aus der griechischen Mythologie.[204] Die Titanen werden im Tartarus aufbewahrt.[205] Doch dürfte kaum ein direkter Zusammenhang mit der hellenistischen Überlieferung vorliegen,[206] weil bereits im hellenistischen Judentum die Verwendung des Begriffs sich nachweisen läßt (vgl. Hiob 40,20 LXX; Prov 30,16; äthHen 20,2; Sib 4,186; Philo, VitMos II 433; Praem 152)[207] und auch die Deutung der gefallenen Engel auf die Titanen der griechischen Mythologie eine Rolle spielte (anders Philo, Gig 58; doch vgl. Josephus, Ant 1,73; Sib 2,231, wobei für diesen Text christliche Herkunft diskutabel ist). Der Vf. nimmt dies auf, um bei aller Vorläufigkeit angesichts der κρίσις am Ende der Zeiten die Gültigkeit des göttlichen Urteils schon jetzt zu verstärken.

V. 5 fügt mit dem Hinweis auf die Sintflut das zweite Beispiel für das göttliche κρίμα hinzu, das zugleich im Zusammenhang mit den eschatologischen Überlegungen des dritten Kapitels gesehen werden muß.[208] Das erklärt auch die Betonung des ἀρχαῖος κόσμος: Der Vf. unterscheidet zwischen der durch die Flut vernichteten Welt, dem gegenwärtigen und dem zukünftigen κόσμος.[209] Doch geht es in diesem zweiten Beispiel erstmals nicht allein um das göttliche Gericht, sondern auch um die göttliche Bewahrung: Für sie steht die Gestalt des Noah.[210] Er wird als ὄγδοος bezeichnet, was sich rechnerisch aus Gen 8,18 ergibt und deshalb nicht von Adam aus gerechnet werden darf. Eine weitergehende Bedeutung des ὄγδοος ist wenig wahrscheinlich, obwohl traditionsgeschichtlich der achte Tag als Tag der neuen Schöpfung bezeichnet werden kann (Barn 15,9) und in der christlichen Theologie des zweiten Jahrhunderts die Hervorhebung des ὄγδοος der Deutung auf den Sonntag dienen soll (vgl. Justin, Dial 24,1; 41,4; 138,1).[211] Mit dem Hinweis auf die Rolle des Noah als eines κῆρυξ δικαιοσύνης, was im Sinne des gerechten Handelns zu verstehen ist, rezipiert V. 5 eine jüdische Überlieferung, die Noahs Rolle in solcher Weise gedeutet

---

[204] Vgl. WINDISCH 93; PEARSON, Reminiscence 71ff.
[205] Siehe auch BAUER-ALAND, s.v. ταρταρόω.
[206] Anders PEARSON, Reminiscence 71ff. Zu ταρταρώσας vgl. auch WOHLENBERG 218, A.43.
[207] KELLY 331.
[208] Zur Beziehung der Flut auf das zukünftige Gericht über die Welt in der Theologie der alten Kirche vgl. LUNDBERG, Typologie baptismale 109, A.1.
[209] Zur Gegenüberstellung von Noah und der Endzeit vgl. auch äthHen 106,19-107,1 (vgl. 91,5-11); dazu RAU, Kosmologie 348 (vgl. S. CVIII): Noah- bzw. Sintflutüberlieferungen als eschatologische Tradition. Siehe auch KELLY 332.
[210] Zur Noah-Überlieferung in der jüdischen Theologie vgl. SPITTA 146ff.; LÜHRMANN, Redaktion der Logienquelle 75ff.; SCHLOSSER, Jours 13ff.; LÜHRMANN, Noah und Lot 130ff. Zu bedenken ist traditionsgeschichtlich auch die uneingeschränkt positive Rolle Noahs im Islam.
[211] Vgl. in diesem Sinn vor allem FUCHS-REYMOND 131ff.

hat (vgl. Sib 1,148-198; siehe auch 1,129; Jos, Ant 1,174).[212] Zwar wird Noah nicht uneingeschränkt positiv verstanden,[213] doch erklärt die jüdische Tradition, warum in der christlichen Überlieferung apologetisch von Noah als dem Repräsentanten der göttlichen Botschaft gesprochen werden kann (vgl. 1 Clem 7,6; 12,4f.; Theophil, Autol III,19).[214]

V. 6 enthält das dritte Beispiel: In der Differenz zu Jud 7 und unter Verzicht auf alle nähere Begründung für die Verwerflichkeit von Sodom und Gomorrha[215] soll die Verurteilung durch Gott als warnendes Beispiel für die Zukunft dienen und sich hier vor allem gegen die ἀσεβεῖς wenden. Die Beziehung der Aussage ist textkritisch nicht mehr eindeutig: Entweder ist die Verbform ἀσεβεῖν zu lesen, und der Text im Blick auf diejenigen zu interpretieren, die in Zukunft gottlos handeln werden.[216] Oder es ist der Dativ ἀσεβέσιν vorzuziehen[217]; dann wäre von dem Beispiel für die Gottlosen die Rede mit Hinweis auf das, was ihnen widerfährt, wobei die Beziehung des Dativs nicht ganz eindeutig scheint. Die erste Variante hat mehr Plausibilität, weil sie noch stärker am moralischen Handeln sich orientiert. Die Strafe des göttlichen Gerichts wird von dem Vf. mit dem Begriff des ‚Einäscherns'[218] verbunden, der auch in der jüdischen Deutung des Geschehens bereits eine Funktion hatte (vgl. Philo, Migr 139; Ebr 223; Jos, Bell 4,483).[219]

In **V. 7** hat der 2 Petr dem ein positives Beispiel für das bewahrende Handeln Gottes kontrastiert: Gott befreit Lot von dem amoralischen Verhalten der Gesetzlosen. Lot wird mit dem Begriff δίκαιος charakterisiert; das ist um so erstaunlicher, weil die jüdische Exegese von Gen 19,30-38 Lot durchweg nicht positiv interpretierte.[220] Wenn er nicht als Frevler verstanden wird,[221] so liegt der Grund auf der einen Seite in der relativen Besserstellung gegenüber seinen frevlerischen Landsleuten (ein Motiv, das auch im Blick auf Noah eine Rolle spielt) und zum anderen in der Bitte Abrahams für ihn (vgl. innerhalb des hellenistischen Judentums: Philo, VitMos II, 58; Sap 10,6; 19,17). In diesem Sinne nimmt dann die frühe Kirche auf ihn Bezug (vgl. 1 Clem 11,1). Ob dies traditionsgeschichtlich mit einer möglichen Beziehung Lot – zukünftiger Messias zu tun hat[222], muß offen bleiben.

---

[212] Vgl. auch die bei BILLERBECK III, 769 genannten rabbinischen Texte.
[213] So BerR XXX,10 (zur Interpretation vgl. RAU, Reden in Vollmacht 307ff.).
[214] Zur Interpretation vgl. BEYSCHLAG, Clemens Romanus 277f.; die Rolle Noahs und der Flut wird auch in der Gnosis eher positiv eingeschätzt (vgl. bes. NHC VI,4); siehe BETHGE, Ambivalenz 94ff.
[215] Vgl. dazu die Kommentierung von Jud 7.
[216] FUCHS-REYMOND 85.
[217] So (NESTLE-)ALAND, 26.A.
[218] Zum pompeianischen Graffito vgl. DINKLER, Älteste Christliche Denkmäler 136ff.
[219] KELLY 333.
[220] Vgl. S. RAPPAPORT, Lot 299ff.; BILLERBECK III, 769ff.
[221] Vgl. die Zusammenstellung der rabbinischen Texte bei RAPPAPORT, Lot 299ff.
[222] So RAPPAPORT, Lot 303f. unter Hinweis auf syr. Schatzhöhle p. 41 BEZOLD.

Auf jeden Fall verstärkt **V. 8** noch diese positive Beschreibung des Lot, indem sein Schicksal auf dem Hintergrund des Verhaltens seiner ZeitgenossInnen geschildert wird. Βλέμματι καὶ ἀκοῇ bezieht sich dabei nicht auf δίκαιος,[223] sondern soll die Unerträglichkeit seiner Situation besonders schildern und betonen. Zugleich hat der Vers den Charakter einer Digression.[224] Vv. 7.8 leben dabei von der Antithese zwischen der Gerechtigkeit bzw. dem δίκαιος-Sein und der Gesetzlosigkeit der anderen Menschen.

V. 9 zieht der Vf. die Summe aus den von ihm gewählten drei Beispielen. Auf der einen Seite wird das Befreiungshandeln Gottes klar, er bewahrt die εὐσεβεῖς; innerhalb des Briefes dürfte es nicht zufällig sein, daß der 2 Petr nicht von den δίκαιοι, sondern von den εὐσεβεῖς redet. Das stimmt zu der grundsätzlichen Wertschätzung der εὐσέβεια. Solches ῥύεσθαι befreit vom πειρασμός; weniger ist an die endzeitliche Gefährdung der Glaubenden gedacht (wie sonst in der urchristlichen Theologie), als vielmehr an die moralische Bedrohung, die in der Situation des Lot durch den Vf. so nachdrücklich geschildert wurde.

Die Befreiung der Frommen bedeutet aber auf der anderen Seite das Gericht über die Frevler. Die Formulierung ist nicht eindeutig und erlaubt eine differierende Deutung: Entweder will der Vf. die gegenwärtige Bestrafung mit dem κολαζομένους von der zukünftigen am Tage des Gerichtes unterscheiden[225], oder die Formulierung meint (grammatikalisch schwierig) die Bestrafung an diesem letzten Tage.[226] Zwar mag der Hinweis zutreffen: „It seems odd that the author should emphasize preliminary rather than final punishment"[227], aber dies muß nicht alternativ gesehen werden. Denn die Beispiele selbst zeigen, daß das κρίμα Gottes sich bestimmt durchsetzt und darin seit alters nicht folgenlos für das Verhalten der Gottlosen ist. Solche vorläufige Endgültigkeit der κόλασις und des κρίμα darf nicht die Einsicht verdecken, daß die letzte Entscheidung zukünftig, am Tage des Gerichtes, erfolgen wird (vgl. die Verurteilung der Häretiker im dritten Kapitel). Insofern sollte der Gegensatz zwischen beiden Interpretationen auch nicht überbetont werden. Es geht für den Autor um ein τηρεῖν für das Gericht und schließt gerade deshalb nicht die gegenwärtige Beliebigkeit des göttlichen Handelns in sich.

Eine solche Auffassung berührt sich mit Überlegungen in *äthHen 22,10-11* (Übersetzung von S. UHLIG):
10 Und in gleicher Weise wurde (ein Raum) geschaffen für die Frevler, wenn sie sterben und in der Erde begraben werden und das Gericht nicht während ihres

---

[223] Zu Recht KNOPF 293; vgl. jedoch die Vulgata-Version des Textes.
[224] Von SODEN 221.
[225] Vgl. SCHRAGE 136.
[226] BAUCKHAM 254.
[227] BAUCKHAM 254.

Lebens stattfand; 11 dort werden ihre Seelen abgesondert für diese große Qual bis zu dem großen Tag des Gerichts, der Strafe und der Pein für die Lästerer in Ewigkeit und der Vergeltung für ihre Seelen; dort wird er sie binden bis in Ewigkeit.

Zwar rechnet der Vf. im Unterschied zur Passage im äthHen mit einem unmittelbaren Gericht durch Gott, doch ist die Motivik ansonsten so parallel, daß die Gegenwärtigkeit des κολάζειν mit dem Festhalten am zukünftigen Gericht sich traditionsgeschichtlich verbinden ließ.

V. 10a verstärkt das Urteil über die ἀδίκους. Die Vershälfte klappt nach; dies läßt den Schluß zu, daß der Vf. in solcher Spezifizierung seine Verurteilung der ἀσεβεῖς besonders hervorheben will. Die Kritik orientiert sich an zwei Aspekten: Zunächst wird die moralische Verkommenheit polemisch angegriffen, wobei der Anklang an die entsprechenden Passagen in Jud 7.8 nicht zu übersehen ist. Der zweite Vorwurf wird ebenfalls in der wirkungsgeschichtlichen Perspektive von Jud 8 zu sehen sein: κυριότης und deren Lästerung bzw. Verachtung weist auf Gott bzw. Christus hin. Die Überlegung, es könne sich um die Verachtung menschlicher Autoritäten und damit um eine Attacke der Gegner gegen staatliche Instanzen handeln, so daß dem κυριότης ein maiestas entspricht[228], bleibt ungesichert. Die sich damit verbindende Hypothese, es handle sich um Leugnung der Engelmächte[229], scheitert bereits an der singularischen Wendung. Ist κυριότης auf Gott oder auf Christus zu beziehen? Von 2,1 her scheint die christologische Deutung näher zu liegen. Daß dies nicht ganz zu den Beispielen stimmt, die der Schrift entnommen sind, muß kein Gegenargument sein. Vielleicht ist dem Vf. die Spannung nicht bewußt geworden, oder (und dies ist einsichtiger) er wollte auf solche Weise die Geschehnisse der Vergangenheit für die gegenwärtige Auseinandersetzung mit den Gegnern transparent machen. Dafür spricht, daß V. 10a unmittelbar in die Wirklichkeit der Gemeinde übergeht.

2,10b–22: Die Gefährdung der Gemeinde durch die Gegner

10b Die Verwegenen und Tollkühnen, die nicht davor zurückschrecken, Herrlichkeits(engel) zu lästern,
11 wo doch Engel, größer an Stärke und Macht, kein lästerndes Urteil gegen sie beim Herrn vorbringen.
12 Diese aber sind wie die unvernünftigen Tiere, die als Naturwesen geboren sind für Gefangenschaft und Verderben; sie lästern Dinge, in denen sie kenntnislos sind, und werden in dem Verderben jener auch verderben,

---

[228] REICKE, Diakonie 359: „Man findet also Grund zur Annahme, die Irrlehrer haben in der Tat das sogenannte crimen minutae maiestatis begangen, das von Rom so energisch verfolgt wurde ..."
[229] BOUSSET–GRESSMANN, Religion des Judentums 330f.

13 bestraft mit dem Lohn der Ungerechtigkeit. Für ein Vergnügen halten sie die Schwelgerei am Tage, als Schmutz- und Schandflecken schwelgen sie in ihren Betrügereien, wenn sie mit euch zusammen schmausen.
14 Sie haben Augen voller Begierde nach der Ehebrecherin und sind ruhelos in der Sünde; sie ködern ungefestigte Seelen, sie haben ein Herz, das in Habgier geübt ist, sind Kinder des Fluches.
15 Sie verlassen den geraden Weg und gehen in die Irre, sie folgten dem Weg Balaams, des Sohnes Bosors, der den Lohn der Ungerechtigkeit liebte,
16 aber die Überführung seiner Gesetzlosigkeit empfing: ein stummes Lasttier, das in menschlicher Sprache redete, verhinderte die Unvernunft des Propheten.
17 Diese sind wasserlose Quellen, Nebelwolken vom Sturmwind gejagt, denen das Dunkel der Finsternis aufbewahrt ist.
18 Sie sprechen hochfahrende Worte der Nichtigkeit und ködern durch die Begierden des Fleisches mit Ausschweifungen diejenigen, die kaum denen entflohen sind, die im Irrtum wandeln.
19 Sie versprechen ihnen Freiheit, obwohl sie selbst Sklaven des Verderbens sind. Denn wem man unterliegt, dem ist man versklavt.
20 Wenn sie nämlich, den Befleckungen der Welt durch die Erkenntnis des Herrn und Heilands Jesus Christus entflohen, erneut in diese verstrickt sind und ihnen unterliegen, dann ist das Spätere für sie schlimmer als das Frühere.
21 Denn es wäre besser für sie, sie hätten den Weg der Gerechtigkeit nicht kennengelernt, als daß sie, nachdem sie ihn kennengelernt haben, sich von dem ihnen überlieferten heiligen Gebot abwenden.
22 Ihnen ist widerfahren, was das wahre Sprichwort sagt: ‚Ein Hund kehrt zu seinem eigenen Auswurf zurück' und ‚Ein Schwein badet sich, um sich im Kot zu wälzen.'

Lit.: WENDLAND, P., Ein Wort des Heraklit im Neuen Testament, SBA 1898, 788-796; SICKENBERGER, J., Engels- oder Teufelslästerer im Judasbriefe (8-10) und im 2. Petrusbriefe (2,10-12)?, in: FS zur Jahrhundertfeier der Universität Breslau, MSGVK 13/14, 1911, 621-639; HEMMERDINGER-ILIADOU, D., II Pierre, II,18 d'après l'Éphrem grec, RB 64, 1957, 399-401; AUBINEAU, M., Le thème du „bourbier" dans la littérature grecque profane et chrétienne, RSR 47, 1959, 185-214; SKEHAN, P. W., A Note on 2 Peter 2,13, Bib. 41, 1960, 69-71.

Der Vf. ist in dieser umfänglichen Passage, die formkritisch als digressio bezeichnet werden kann[230], durchgängig von den entsprechenden Aussagen im Jud bestimmt, wie eine Gegenüberstellung belegt:

Jud	2 Petr
8	2,10b
9	2,11
10	2,12
12	2,13
11	2,15
12/13	2,17
16	2,1

---

[230] Vgl. WATSON, Invention 114ff.

Die Übereinstimmung kann wie bei den anderen Abschnitten des zweiten Kapitels in der Art und Weise der Rezeption auch das Interesse des 2 Petr dokumentieren.[231] Der Vf. hat die Vorlage des Jud reduziert bzw. im Fall des Bileam auf ein exemplum zugespitzt. Durch solche Kürzungen treten z.T. Unklarheiten in der gegenwärtigen Textgestalt auf, die das Verständnis von 2 Petr 2,10bff. erschweren. Aber es lassen sich neben den Kürzungen auch Verschiebungen erkennen, durch die der 2 Petr seine Vorlage korrigiert hat:

- So wird die Rolle der Engel durch den Vf. anders beschrieben, als dies im Jud der Fall war (vgl. die Kommentierung von V. 10b.11).
- Der Vf. redet im Unterschied zu Jud nicht mehr von den ἀγάπαις, sondern formuliert durch die Abänderung in ἀπάταις eine scharfe Polemik gegen die Häretiker.

Besonders fällt auf, daß der 2 Petr in einer Argumentation, die sich nicht mit der Vorlage in Jud verbinden läßt (zu ihr kehrt der Brief erst in Kap. 3 zurück), die Frage nach den Konsequenzen für die eigene Gemeinde expliziert, die durch das Auftreten der Gegner entstehen (vgl. Vv. 18-22). Zwar handelt es sich in dieser Argumentation auch um Polemik gegen die Häretiker, aber es werden zugleich die Folgen für die eigene Gemeinschaft deutlich. Der Vf. verwendet hier Überlieferungsmaterial, das von ihm eigenständig in den Traditionsprozeß eingebracht worden ist, wobei Sentenzen und Sprichworte besonders wichtig werden. Der gesamte Abschnitt ist gekennzeichnet durch eine Fülle von Metaphern und durch eine Redundanz, die das Verständnis der Aussagen erschwert. Dennoch setzt rezeptionsästhetisch solches Vorgehen bei den EmpfängerInnen ein hohes Maß an Akzeptanz und Beteiligung voraus, während die Fülle der Assoziationen für die heutige Interpretation nicht immer nachvollziehbar ist.[232]

Die Schwierigkeiten der Auslegung beginnen in **V. 10b**: Zwar paßt der abrupte und harte Beginn des Verses (es dürfte sich um zwei beigeordnete Substantive handeln) gut zum Stil der Polemik[233], die vor allem die Kühnheit und den Übermut der Häretiker kennzeichnen will. Aber problematisch ist der Nachsatz von V. 10b; zwar meint δόξαι Engelmächte (-herrschaften), die von den Gegnern des Vf.s gelästert werden. Dies deckt sich mit der Aussage von Jud 8, wo allerdings die Engelmächte eindeutig positiv aufgefaßt sind.[234] Der 2 Petr ist hier, wie vor allem V. 11 (mit der Unterscheidung zwischen δόξαι und ἄγγελοι) belegt, anderer Auffassung; für ihn handelt es

---

[231] FRANKEMÖLLE 105.
[232] Allerdings ändert dies nichts an einer gewissen Schwerfälligkeit in der Textstruktur; doch gehen die Urteile in der Forschung hier auseinander (vgl. auf der einen Seite die kritischen Bemerkungen bei WATSON, Invention, andererseits die zustimmende Kommentierung bei FUCHS-REYMOND).
[233] Vgl. WATSON, Invention 114ff.
[234] Vgl. o. 65f.

sich bei den δόξαι um negativ qualifizierte Größen, und insofern hat die Bemerkung in V. 4 ein zusätzliches Gewicht.[235] Allerdings bereitet dann die Formulierung βλασφημοῦντες Schwierigkeiten, zumal das βλασφημεῖν in der Polemik ein Schlüsselwort ist. In welcher Hinsicht kann von einem ‚Lästern' die Rede sein, wenn es sich doch um Mächte handelt, die böse sind? Eine Antwort läßt sich nicht zweifelsfrei geben.[236] Der Vf. meint wohl: Die Kühnheit und der Übermut der Gegner reicht so weit, daß sie sich sogar zu einer ‚Lästerung' der Engel versteigen. Dahinter steht zugleich die Überlegung, daß in einem solchen Verhalten die Existenz solcher Mächte (mag sie auch negativ besetzt sein) von den Gegnern bezweifelt wird; darin liegt die entscheidende Verbindung zur Polemik, und hierfür ist die Unterscheidung zwischen negativen und positiven ἄγγελοι nicht relevant.

Die Tollkühnheit solcher Abweichung versucht V. 11 zu begründen und weiter zu vertiefen. Den Häretikern und ihrem Verhalten werden ἄγγελοι gegenübergestellt, die ein solches βλασφημεῖν gerade vermieden haben; bezeichnend erscheint, daß der Vf. auf die Rezeption der Michael-Überlieferung verzichtet hat, die für das Verständnis von Jud 9 grundlegend war.[237] Worauf bezieht sich dann aber das komparativische μείζονες? Es könnte im Gegenüber zu den Häretikern die Stärke der ἄγγελοι hervorheben, wobei der Doppelausdruck ἰσχύϊ καὶ δυνάμει in jedem Fall kennzeichnend für die Sprache des Briefes ist. Auf solche Weise würde die Überhebung der Gegner und ihres Verhaltens zusätzlich betont. Aber dies wirkt im Grunde tautologisch, geht es doch dem Vf. nicht eigentlich um die Bestimmung der Relation zwischen den ἄγγελοι und denen, die die Mächte lästern. Damit ist eine zweite Deutung einsichtiger, die auf die Beziehung zwischen den δόξαι und den ἄγγελοι im μείζονες hinweist. V. 11 redet auf diese Weise von den guten Engeln, und der Vf. verallgemeinert so die Rolle Michaels. Sogar diese Engel besitzen trotz ihrer Macht und Stärke nicht die Kühnheit, das Urteil über die δόξαι zu sprechen, während die Gegner dies tun.

Problematisch ist die Beziehung solcher Aussage auf Gott, wenn die schwierigere Lesart des p72 beibehalten wird: παρὰ κυρίῳ ergibt auf den ersten Blick ein bedeutend besseres Verständnis[238]. Es wäre dann auf die Gerichtsszene am göttlichen Hof verwiesen, bei der die ἄγγελοι die κρίσις Gott anheimstellen und jede βλασφημία unterlassen. Wird jedoch p72 als ursprünglicher Text angesehen[239], dann bringen die Engel keine κρίσις von Gott her über sie.[240] Das Urteil bleibt Gott selbst vorbehalten. Eine solche

---

[235] Kelly 337.
[236] Vgl. Kelly 337f.
[237] Von Soden 222.
[238] Vgl. von Soden 223.
[239] Bauckham 258; bereits Spitta (166ff.) hatte ohne Kenntnis von p72 für diese Lesart votiert.
[240] Etwas anders Bauckham 258, der übersetzt: „Whereas angels, although they are greater

Auslegung kann auch auf die Vorlage bei Jud verweisen, wo das Verhalten Michaels darin bestand, daß er Gott das Urteil überließ.[241] Eine letzte Schwierigkeit bleibt: Warum ist dann von einem *βλάσφημον* κρίσιν die Rede? Es kann sich in der Sache um keine Lästerung handeln, weil ja die δόξαι negativ gekennzeichnet sind. Zu beachten ist für das Verständnis zunächst der Zusammenhang mit dem βλασφημοῦντες aus V. 10b; der Vf. kann auf solche Weise das Verhalten der Häretiker mit dem anders gearteten der ἄγγελοι verbinden. Zudem eröffnet eine solche Deutung die Pointe, daß ein Gericht, das nicht von Gott kommt, sondern eigenmächtig erfolgt, βλασφημία ist.[242] Daß ein solches Urteil über die δόξαι berechtigt sein könnte, ist für den Vf. zweitrangig; von V. 10b und der Bewertung der Gegner her betont er noch einmal, daß sich niemand in seinem Urteil an die Stelle Gottes setzen darf.

Möglicherweise läßt sich diese Interpretation noch durch den Hinweis auf die traditionsgeschichtliche Parallele in *äthHen 9ff.* absichern.[243] Für den Vf. des äthHen bringen die Engel Michael, Uriel und Rafael sowie Gabriel die Klagen der Bewohner der Erde vor den Heiligen des Himmels (9,1ff.); diese Klage bezieht sich auf das Verhalten der Engelmächte (9,6ff.), wobei die Verfehlung auf Gen 6,1ff. rekurriert. Gott beauftragt zwar die Engel mit dem Vollzug des Gerichts (10,1ff.), aber es wird klar, daß die Engel dies nicht eigenmächtig tun, sondern als Beauftragte des Heiligen des Himmels handeln. Selbst wenn die unmittelbare Übereinstimmung zwischen beiden Texteinheiten nicht eindeutig ist[244], so ist der überlieferungsgeschichtliche Hintergrund vergleichbar.

V. 12 setzt unter Aufnahme des οὗτοι aus Jud 10, das jetzt allerdings nicht mehr strukturierend gebraucht wird, mit einer Beschreibung der Gegner ein. Der Satz wird durch die verkürzte Rezeption des Jud nicht mehr eindeutig. Dies betrifft vor allem den Einschub ἐν οἷς ἀγνοοῦσιν βλασφημοῦντες.[245] Zunächst geht es dem Vf. um den Vergleich mit den ἄλογα ζῷα.[246] Dies wird verschärft durch den Hinweis auf die φύσις der Tiere, die in ἅλωσις und φθορά, Gefangennahme und Vernichtung besteht. Es fällt erstmals das Stichwort der φθορά, das in den anschließenden Versen aufgenommen und bereits im Nachsatz rezipiert wird. Die Pointe liegt in der Drohung, daß auch die Häretiker zugrundegehen und vernichtet werden. Die Beziehung von τῇ φθορᾷ αὐτῶν ist nicht klar; doch will der Vf. wohl den Vergleich noch einmal zuspitzen. Wie die Tiere vernichtet werden,

---

in strength and power, do not use insults when pronouncing judgement on them from the Lord." gemeint ist aber, daß ihnen überhaupt kein Urteil zusteht.
[241] Vgl. Kühl 426: „... Verallgemeinerung des concreten Beispiels in Jud 9 ..."
[242] Der Ausdruck βλάσφημος κρίσις bleibt schwierig (von Soden 223); die Sache – Auseinandersetzung mit den βλασφημοῦντες – bestimmt die Formulierung.
[243] So bereits Spitta 170ff.
[244] Vgl. die Skepsis bei Kühl 423ff.; von Soden 223.
[245] Der sich ja schwerlich auf die Tiere beziehen dürfte; vgl. zu Recht Knopf 297.
[246] Vgl. Windisch 95.

so wird dies auch die Gegner treffen. Es bleibt also bei dem eschatologischen Gericht, wobei das tertium comparationis in der Entsprechung zur Vernichtung der Tiere liegt. Der zweite Gedanke, der durch den Vf. eingeschoben wird, bezieht sich ebenfalls auf Jud; dies läßt es wahrscheinlich sein, daß die Lästerung den Dingen gilt, in denen die Gegner kenntnislos sind.[247]

V. 13 faßt in der ersten Vershälfte diesen Gedanken zusammen und verbindet ihn zugleich mit Grundüberlegungen des Vf.s (vgl. Vv. 3; 4–10a). Die Übeltäter erfahren und erhalten den Lohn für ihr Verhalten, darin wird eine eschatologische talio aufgerichtet, die beides zusammenfaßt: die gegenwärtige ἀδικία der Gegner und die Antwort des göttlichen Gerichts. Ἀδικούμενοι ist als Lesart vorzuziehen. Das μισθὸν ἀδικίας verweist auf V. 15[248], wobei das ἀδικούμενοι, wenn es auf Gott als den Urteilenden bezogen wird, nicht ganz stimmig ist[249]; wieder ist die Sache der Polemik stärker.

Der Vordersatz erlaubt es dem Vf., in einer breiten Schilderung zur unmittelbaren Denunziation seiner Gegner überzugehen, wobei das Verständnis der Aussagen nicht immer klar wird. Bereits in den ersten Anklagen von V. 13b wird dies sichtbar: Der anfängliche Vorwurf orientiert sich an einem Leben, das Verschwendung (τρυφή) für Lustgewinn hält, und dies wird noch durch den Hinweis unterstrichen, daß eine solche Verschwendung am Tage stattfindet. Die Verwerflichkeit des Verhaltens soll so zusätzlich hervorgehoben werden. Darin sind die Betreffenden Schand- und Schmutzflecken; das einfachere σπίλοι tritt an die Stelle des umstrittenen σπιλάδες aus Jud 12. Wenn der Vf. sich so auf die Aussagen des Jud bezieht, dann wird deutlich: Er vermeidet den Ausdruck ἀγάπαις und ersetzt ihn durch ἀπάταις. Wird dies nicht als grimmiger Scherz angesehen[250] – was die Gegner für ἀγάπαι halten, sind in Wirklichkeit ἀπάται –, so bedeutet solche Veränderung, daß der Verfasser bewußt nicht mehr von ἀγάπαι sprechen will und den Begriff deshalb vermeidet. Das beibehaltene συνευωχούμενοι könnte den Grund angeben: Der Anschein soll vermieden werden, als bestünde noch irgendeine Gemeinschaft zwischen den BriefempfängerInnen und ihren Gegnern.

V. 14 fügt dem zwei neue Kritikpunkte hinzu, die wieder in den Bereich der verfehlten Moral zielen. Zunächst geht es darum, daß die Häretiker eine μοιχαλίς im Blick haben; die Sperrigkeit der Formulierung hat zu einer Reihe von Änderungen geführt, die aber sämtlich eine Erleichterung des schwierigen Textes bedeuten und deshalb sekundär sind. Die Aussage will beides beschreiben und den Gegnern vorwerfen: das Verlangen nach der μοιχαλίς und den Blick, der die Frau erst zur Hure macht. Auch der

---
[247] Kaum einsichtig ist die Überlegung, das ἐν οἷς auf die Lästerung von V. 10b zu beziehen und so als Maskulinum zu deuten.
[248] Von Soden 223.
[249] Von Soden 223.
[250] Watson, Invention 117.

anschließende Hinweis auf die Unersättlichkeit des Blickes, der auf die Sünde aus ist, könnte eine sexuelle Konnotation haben.[251] Sicher ist nur, daß dieses Verhalten anderen zur Verführung Anlaß gibt. Was für den Jud noch nicht so sehr im Zentrum stand, wird für den Vf. so zu einem notwendigen Thema; geht es doch um die Auswirkungen des häretischen Verhaltens auf die nicht gefestigten Mitglieder der Gemeinde. Dies wird noch dadurch pointierter, daß der Gegensatz in der καρδία γεγυμνασμένη der Häretiker aufscheint: sie sind darin geübt, andere zu verführen. Wieder verwendet der Vf. zusätzlich den Hinweis auf die Habgier als eigentliche Triebfeder eines solchen Verhaltens. Was den Vers abschließt – und der biblischen Sprache entnommen ist (vgl. Eph 2,3; 2 Thess 2,3) –, bringt solche Vorwürfe nach der Meinung des 2 Petr auf den Begriff: Die Gegner sind Kinder des Fluches.

V. 15 beschränkt sich der Vf. gegenüber den drei Hinweisen des Jud allein auf die Gestalt des Bileam[252] aus Bosor.[253] Der Hinweis wird eingebunden in die Antithese vom geraden Weg (vgl. Tob 4,19; Ps 106,7; Prov 2,13; 20,11; Hos 14,10; Apg 13,10; 2 Clem 7,3[254]) und dem Weg Bileams. Die negative Kennzeichnung Bileams entspricht nicht dem Verständnis der Schrift; sie wird begreiflich erst im Kontext der jüdischen Deutung und ihrer Interpretation im frühen Christentum, die ebenfalls die negativen Züge in besonderer Weise hervorhebt.[255] An diese negative Nuance schließt sich V. 15 an, wobei in besonderer Weise die Habgier Bileams hervorgehoben werden soll[256]; dabei bezeichnet ἀδικίας das Verhalten Bileams selbst.

V. 16 bezieht sich auf eine Überlieferung, die interpretierend über den Text der Schrift hinausgreift. Die Widerlegung der Gesetzlosigkeit Bileams und seines Wahnsinnes (die Paronomasie der beiden Begriffe könnte vom Vf. beabsichtigt sein) geschieht durch das stumme Tier, das zugleich mit menschlicher Stimme redet.[257]

V. 17 reiht in dem οὗτοι κτλ. eine Fülle von Metaphern aneinander, die auf dem Hintergrund des Jud zu verstehen sind. Das schwer verständliche νεφέλαι ἄνυδροι wird vom Vf. umformuliert; das traditionelle Bild von den ‚wasserlosen Quellen' als Metapher für menschliches Verhalten schien ihm einleuchtender zu sein – gleiches gilt für die Nebelwolken, die von einer Sturmböe vertrieben werden, so daß es nicht zu Regenfällen kommen kann.

---

[251] Vgl. das bei Horsley, Documents II,45,12f. publizierte ‚love-charm': ἔρωτι μανικῷ καὶ ἀκατα[πα]ύστῳ ἀφθίρτῳ, ἤδη ταχύ; siehe dazu die Bemerkungen ebd. auf S. 46.

[252] Vgl. o. 70.

[253] Die Lesart ist als die schwierigere beizubehalten; allerdings läßt sich über die Entstehung und Bedeutung des Βοσόρ nur spekulieren; vielleicht liegt ein Zusammenhang mit בשר vor (so zuletzt Bauckham 267f.).

[254] Zu 2 Clem 7,3 vgl. Massaux, Matthieu 154.

[255] Vgl. dazu o. 70.

[256] Vgl. Billerbeck III,771.

[257] Zu diesem Topos in der hellenistischen Welt vgl. Betz, Lukian 31, A. 1.

Daß die korrigierende Übernahme von Jud 12 allerdings auch Probleme in sich schließt, zeigt die abschließende Formulierung. Sie paßt in der Sache besser zu den ‚Wandersternen' des Jud und wird vom Vf. nur mühsam auf die Gegner hin umgedeutet.[258]

V. 18 polemisiert gegen die Überheblichkeit, mit der die Häretiker die Gemeinde verunsichern; solche Verunsicherung wird durch zusätzliche Begriffe gekennzeichnet. Dies betrifft einmal die ματαιότης, die Nichtigkeit, die ihren Worten innewohnt; auch dies ist ein traditioneller Vorwurf, der vor allem weisheitlichem Kontext zuzuordnen ist. Dem verbindet sich wieder moralische Denunziation mit Hilfe der Begriffe von ἐπιθυμία σαρκός und ἀσέλγεια, vertraute Etikettierungen, die keinen genauen Hintergrund der Polemik mehr erkennen lassen. Dies wird anders in den Aussagen, die über Jud hinausgehen und eine Besorgnis des Vf.s belegen, die ihn im Blick auf die Gemeinde vor allem umtreibt. Die Gegner stellen eine Gefährdung dar für jene, die gerade, mit knapper Not[259], sich von jenen Menschen befreit haben, die ἐν πλάνῃ behaftet sind. Die aufgenommene Terminologie verweist auf einen apologetischen Kontext. Der Brief beschreibt auf solche Weise die Existenz der Menschen vor der Hinwendung zum Glauben mit dem Begriff der πλάνη: Irrtum und ἄγνοια werden durch den Glauben aufgehoben[260], wobei allerdings überrascht, daß dies durch den Vf. mit dem Begriff der Furcht sich verbindet (vgl. auch die Wiederaufnahme in V. 20).

Noch einmal kehrt **V. 19** zur Beschreibung der Gegner zurück.[261] Ihnen wird jetzt vorgeworfen, daß sie ἐλευθερία versprechen, aber dennoch Sklaven der Vergänglichkeit bleiben. Die Antithese erinnert an paulinische Theologumena (vgl. vor allem Röm 8,12–17); dies betrifft auch die besondere Färbung, die φθορά hier erhält (vgl. Röm 8,20.21). Zwar bezieht sich der Vf. auf die andere Aufnahme von φθορά innerhalb von Kapitel 2, doch reicht die Aussage weiter, sofern jetzt die Hinfälligkeit und endgültige Zerstörung des κόσμος mitgesetzt scheint. Wenn den Gegnern in dieser Weise Abhängigkeit, ja Verfallenheit an die Welt vorgeworfen wird, dann liegt es natürlich nahe, nach dem genauen Profil einer solchen Freiheitspredigt zu fragen. Die Vermutungen in der Forschung gehen in unterschiedliche Richtung:[262]

– Es könnte sich hier um ‚Pauliner' handeln, die in ihrer Predigt ein paulinisches Schlagwort gezielt einsetzen und denen gegenüber der Vf. ihren Lebenswandel negativ vor Augen führt. Für eine solche Hypothese

---

[258] Von Soden 224.
[259] Ὀλίγως nicht „zu wenig" (so von Soden 225), sondern „mit knapper Not" (Windisch 97).
[260] Zur apologetischen Bedeutung von ἄγνοια vgl. Paulsen, Studien 179f. (Lit.).
[261] Vgl. zum Folgenden Neyrey, Form and Background (Diss.) 96ff.
[262] Zusammenstellung der Interpretationsmöglichkeiten bei Bauckham 275f.

kann die möglicherweise kritische Rezeption der paulinischen Briefe in 3,15.16 ins Feld geführt werden.[263]
- Oder es handelt sich um ‚gnostische' Gruppen[264], die prinzipiell die Freiheit von der Welt vertreten und ihr nach der Meinung des 2 Petr desto sicherer anheimfallen.
- Schließlich bleibt die Möglichkeit, daß der Vf. gegenüber Gegnern den Vorwurf erhebt, sie behaupteten eine ‚Freiheit' gegenüber der Parusie[265] und dem Gericht und würden gerade in solcher Freiheitspredigt zu Sklaven der vorfindlichen Weltordnung.
- Am wenigsten einsichtig ist die These, es gehe nach Meinung des Briefes um eine Position, die sich von der staatlichen Macht emanzipieren wolle und der dies zu um so stärkerer Abhängigkeit gereiche.[266]

Vor allem der Zusammenhang mit einem vorgeblichen ‚Paulinismus', aber auch der Hinweis auf den sachlichen Zusammenhang der Parusie erscheinen als denkbar. Dennoch wird sich nicht wirklich eine dieser Hypothesen bewahrheiten lassen. Sie werden auch deshalb fraglich, weil der Vf. die Formulierung bewußt in der Schwebe hält; er benutzt den Gegensatz zwischen Freiheit und Abhängigkeit im wesentlichen topologisch, um die Gegner polemisch anzugreifen. Insofern haben seine Aussagen vor allem die Aufgabe, seine Gemeinde zu stärken und vor den Häretikern zu warnen. Dem dient auch die direkt folgende Sentenz[267], die in ihrer Allgemeinheit sofort einsichtig ist. Sie dürfte ursprünglich der militärischen Sphäre entstammen, weshalb die personale Fassung auch um einiges wahrscheinlicher erscheint als die neutrische Übersetzung.[268] Dadurch wird die Bindung und das Ausgeliefertsein an den gekennzeichnet, dem der Mensch unterlegen ist. Auffällig ist, daß innerhalb des Corpus Paulinum sich ähnliche Formulierungen finden (vgl. vor allem die Argumentation in Röm 6,12ff.).

Die Vv. 20–22 gehören sachlich zusammen: Sie heben (weitgehend getrennt von der Vorlage des Jud) die Konsequenzen hervor, die sich aus der häretischen Praxis für die gemeindliche Situation ergeben. Dies hat zu der Vermutung geführt[269], es handle sich weniger um eine Polemik gegen die Häretiker als vielmehr um die Absicht des Vf.s, die gefährdeten Gemeindeglieder unmittelbar anzusprechen. Schon auf Grund der heftigen Polemik in V. 22 ist dies nicht einsichtig zu machen.[270] Jedoch wird an dem Changierenden der Argumentation noch erkennbar, daß es sich für den Vf.

---

[263] So Fornberg, Early Church 106ff.
[264] Schmithals, Neues Testament und Gnosis 148f.
[265] So Neyrey, Form and Background (Diss.) 96ff.
[266] Vgl. Reicke, Diakonie, Festfreude, Zelos 366f.
[267] Zu ihrer rhetorischen Funktion in der brieflichen Argumentation vgl. Watson, Invention 121.
[268] Anders von Soden 225.
[269] So zuletzt Fuchs–Reymond 101.
[270] Vgl. bereits von Soden 225.

bei den Angegriffenen um ChristInnen handelt, die nach seiner Meinung wieder in die vorhergehende Lebensweise zurückgefallen sind. Damit aber partizipieren die Verse an der Diskussion des zweiten Jahrhunderts, wie mit den Menschen umzugehen sei, die nach Meinung der Großkirche sich von dem überlieferten und einmal angenommenen Glauben getrennt haben.

Es ist kein Zufall, daß sich die nächsten Parallelen zu V. 20 im *PastHerm* finden.[271] Besonders kennzeichnend ist dies *sim IX,17,5-18,2* (Übersetzung von M. DIBELIUS-A.LINDEMANN):
„Als sie aber hineingelangt und zu einem Leibe zusammengewachsen waren, befleckten sich einige von ihnen; sie wurden aus dem Geschlechte der Gerechten ausgetilgt und wurden wieder zu dem, was sie vorher waren, ja noch viel schlechter." Ich fragte: „Herr, wie konnten sie denn schlechter werden, da sie doch Gott erkannt hatten?" Er gab zur Antwort: „Wer Gott nicht kennt und böse handelt, der empfängt die Strafe für seine Bosheit, aber wer Gott kennt, darf nicht mehr böse, sondern muß gut handeln. Wenn nun einer, der gut handeln müßte, das Böse tut, glaubst du nicht, daß er dann eine größere Bosheit begeht als einer, der Gott nicht kennt? Darum sind die, welche Böses tun ohne Gott zu kennen, des Todes schuldig; die aber Gott kennen, seine Wunder geschaut haben und doch sündigen, ziehen sich doppelte Strafe zu und ewigen Tod ..."

Wird die traditionsgeschichtliche Berührung mit Hermas beachtet, so sollte der Nähe von V. 20 zu Mt 12,45par nicht zuviel Gewicht beigemessen werden; sie zeigt nur (literarische Abhängigkeit dürfte nicht vorliegen!), wie sentenzenartig die Bemerkung des Vf.s in V. 20b ist.[272]

V. 20 greift auf die apologetische Begrifflichkeit von V. 18b zurück; es ist allerdings nicht von der πλάνη die Rede, die von den Bekehrten hinter sich gelassen wurde, sondern der 2 Petr macht die moralische Qualität in besonderer Weise deutlich: Die Welt wird durch μιάσματα bestimmt, und in solcher Befleckung zeigt sich die Vergänglichkeit und das Verderben konkret. Dem stellt der Vf. erneut in technischer Weise den Begriff der ἐπίγνωσις entgegen, der darin fast synonym mit der Hinwendung zur Gemeinde wird. In jedem Fall hält der Vf. die Aussage für unumstößlich: Es gibt keine Rückkehr zum Überwundenen, keine erneute Einmischung (ἐμπλακέντες: involviert, einbezogen sein) in das Treiben des κόσμος. Das hieße wieder dem unterliegen, was gerade überwunden war (Aufnahme des ἡττᾶσθαι), und damit wird der Zustand noch schlimmer als zuvor.

In einem tob-Spruch[273] demonstriert **V. 21** die Herausforderung, die in solchem Verhalten der Gegner liegt: Es wäre besser, sie hätten den Weg der Gerechtigkeit und darin den christlichen Glauben gar nicht erst kennengelernt (ἐπίγνωσις!!). Denn eine Abkehr vom Glauben bedeutet nichts

---

[271] Zur Interpretation vgl. GOLDHAHN-MÜLLER, Grenze der Gemeinde; siehe auch MartPol 11,1.
[272] Zur Sache vgl. auch Hebr 6,4ff.; 10,26f.
[273] Vgl. SNYDER, Tobspruch 117ff.

anderes als das eschatologische Gericht, das eine solche Sentenz ansagt. Nicht zufällig assoziiert das ὑποστρέψαι die Begrifflichkeit des ἐπιστρέφειν, die einen festen Platz in der Missionssprache einnimmt.[274] Das, was sich in der Sache für den Brief mit dem Christentum und der christlichen Existenz verbindet, wird in einem gefüllten Ausdruck benannt: Es ist die παραδοθεῖσα ἁγία ἐντολή.[275] Die Hervorhebung durch ἁγία unterstreicht den verpflichtenden Charakter solchen Christentums. Für den Vf. fällt offenkundig Glaube und Praxis zusammen, die παράδοσις ist nichts anderes als der durch die Apostel übermittelte Glaubensinhalt[276], während ἐντολή betonen soll, daß solches Christentum sich immer auch moralisch ausweisen muß. Deshalb erscheint das Verhalten der Gegner, das der Vf. in so beredten Worten angreift, auch als immense Gefährdung für die gemeindliche Realität.

In einem letzten Schritt wird dies – und sprachlich soll so die Argumentation in besonderer Weise abgerundet werden – durch zwei Sprichworte vom Vf. in **V. 22** kritisch formuliert. Beide Sätze haben ihre Spitze in der Absurdität eines Rückfalls in bisherige Vergeblichkeit. Für den Vf. stimmen beide παροιμίαι[277] deshalb in dieser Wahrheit zusammen und werden so (τό) als Einheit verstanden. Das erste Wort geht in der Sache auf Prov 26,11 zurück, wenngleich nicht übersehen werden darf, daß der Hinweis auf κύων mit ähnlichen Aussagen[278] in der jüdischen Überlieferung[279], aber auch im Hellenismus[280] gegenüber abweichenden Meinungen kritisch bzw. polemisch verwandt wird. Von daher erklärt sich, daß in der frühchristlichen Auseinandersetzung mit den Häretikern auf κύων zurückgegriffen werden kann.[281] Die Pointe des Sprichwortes im 2 Petr ist noch zu erkennen; sie beruht auf der Absurdität des Rückfalls in ein verfehltes Leben. Dies gilt nicht anders für das zweite Sprichwort, dessen Traditionsgeschichte weit ausgreift.[282]

Am Anfang steht ein Wort *Heraklits* (DIELS, fragm. 13): ‚Am Dreck sich ergötzen' (βορβόρωι χαίρειν). Die Aussage ist dann in der frühchristlichen und altkirchlichen Literatur belegt (vgl. etwa ClemAl, protr 92; strom 1,2; 2,68,3).[283] Der Satz, dessen

---

[274] Vgl. BAUER–ALAND, s.v. ἐπιστρέφω.
[275] Vgl. von SODEN 225; zu ἐντολή siehe auch KELLY 349f.
[276] Dazu BLUM, Tradition und Sukzession 61.
[277] Vgl. QUACQUARELLI, Similitudini 425ff.
[278] Siehe auch die Parallele in WeishKairGen 16,10; dazu BERGER, Weisheitsschrift 369f.
[279] Vgl. BILLERBECK III,773f.; MICHEL, Art. κύων 1100ff.; siehe auch HORSLEY, Documents IV,157ff.; THEISSEN, Lokal- und Sozialkolorit 202f.
[280] Zur religiösen Bedeutung von κύων im Hellenismus vgl. SCHOLZ, Hund.
[281] Vgl. IgnEph 7,1; dazu PAULSEN, Studien 85f. (Lit.).
[282] Nach dem Vorgang von WENDLAND, Wort des Heraklit; NORDEN, Agnostos Theos 349, A. 1 und die Zusammenstellung der Texte bei AUBINEAU, Bourbier 185ff.; siehe bereits WOHLENBERG 244, A. 32.
[283] Weiteres bei AUBINEAU, Bourbier 185ff.; zu den Parallelen bei Plutarch vgl. ALMQUIST, Plutarch 136.

Verständnis bei Heraklit nicht einfach zu gewinnen ist[284], dürfte nicht mit jener Sicherheit, wie dies von WENDLAND angenommen wurde[285], Vorlage für die Formulierung von 2,22 gewesen sein. Es findet sich zudem auch anderes Material, das sprichwortartig in die gleiche Richtung deutet und die weite Verbreitung des Motivfeldes belegt.[286] Besonders die Worte aus der Achikarlegende fallen auf:

„Mein Sohn, du warst wie jenes Schwein, das mit den Großen ein Bad nahm. Im Bad angekommen wusch es sich; beim Hinausgehen sah es eine Pfütze, und es ging hin und wälzte sich darin."[287]

Wenn der Vf. sich so auf gängige Topik bezieht[288], dann bietet ihm dies die Möglichkeit, noch einmal die moralische Verkommenheit seiner Gegner besonders hervorzuheben.[289] Es stellt sich dann allerdings um so nachdrücklicher die Frage nach der Bedeutung *solcher* Art von Polemik und Abgrenzung gegen die Häretiker. Dies wird sich nicht allein von diesem Text her beantworten lassen[290], doch stellt 2,10b–22 das Problem mit besonderer Schärfe.[291] Zunächst wird der Eindruck bestätigt: „Besonders die Ketzerbekämpfung hat starr schematische Züge gewonnen, weil man sich nicht mehr in selbständiger Auseinandersetzung stellt."[292] Die gegenteilige Behauptung[293] hat jedenfalls vom Text her wenig Anhalt. Dennoch dürfte die Problematik der Polemik in 2,10b–22 verwickelter sein, als solche Antithese suggeriert:

– Zunächst muß von der bewußten Übernahme des Jud ausgegangen werden; sie zeigt in der Aktualisierung des Stoffes das Interesse des Autors. Aber sie macht auch deutlich, daß solche Rezeption, wie auch die Hinzufügung anderer Traditionen, für sich genommen von Bedeutung ist. Denn durch die Traditionalität der Polemik vermittelt sich ein hohes Maß an Stabilisierung bei den BriefempfängerInnen. Für sie ist es nicht primär wichtig, daß das Profil der Gegner sachgemäß beschrieben wird, als vielmehr daß die Bestätigung der eigenen Position in der Abgrenzung gegenüber den Häretikern gelingt. Die Muster moralischer und ethischer Polemik bieten sich hierfür an. Auch die Beschränkung auf wenige Beispiele, die positive Hervorhebung des göttlichen Handelns und die

---

[284] Vgl. die Überlegungen bei WENDLAND, Wort des Heraklit 792: „Denn dass der Verfasser des Petrusbriefes in der That sich auf dies geflügelte Wort bezieht, unterliegt keinem Zweifel."
[285] WENDLAND, Wort des Heraklit 792.
[286] KÜCHLER, Weisheitstraditionen 391.
[287] Vgl. KÜCHLER, Weisheitstraditionen 391; siehe auch GRUNDMANN 101.
[288] WINDISCH 98.
[289] Dies gilt um so mehr, weil die Zusammenstellung von Hund und Schwein bereits in Mt 7,6 vorliegt. Dazu von LIPS, Schweine füttert man, Hunde nicht 165ff.
[290] Vgl. dazu o. 95ff.
[291] KLEIN, Zweiter Petrusbrief 113: „Solche hemmungslose Schimpfkanonade, in der die Wut des Unterlegenen zittert, wirkt wie ein grausiges Vorzeichen künftiger Scheiterhaufen."
[292] KÄSEMANN, Apologie 154.
[293] FUCHS-REYMOND 103: „2 P, nous l'avons montré, a en vue des adversaires bien précis, dont l'action n'a rien de conventionnel!"

Vermeidung der allzu direkten Benutzung apokrypher Überlieferung gegenüber Jud weisen in eine vergleichbare Richtung.
- Vor allem in den Vv. 18-22 zeigt die Aktualisierung, wie sehr es sich für den Vf. um Probleme zwischen der Gemeinde und den Gegnern handelt; diese Gefährdung wird in nachhaltiger Weise hervorgehoben und belegt, daß es um innerchristliche Konflikte gehen muß. Vielleicht deutet sogar die Vermeidung des ἀγάπαις aus Jud auf eine Verschärfung der Situation hin.
- Allerdings: Daß damit die Beschreibung der gegnerischen Position schon ermöglicht wird in ihrem auch inhaltlichen Anspruch, läßt sich kaum sagen;[294] vieles bleibt im Dunkeln. Die Legitimierung der eigenen Existenz als Gemeinde *und* die Allgemeinheit der Anschuldigungen könnten sogar in einer Weise zusammenfallen, daß sie den schriftstellerischen und rezeptionsästhetischen Ort des Vf.s genau bezeichnen!

3,1-13: Die Wahrheit der Parusie

Der Vf. setzt mit 3,1 neu ein; während 2,1ff. sich dem Problem der Häresie zuwandte und dies vor allem in der Aufnahme des Jud geschah, wird jetzt die Auseinandersetzung auf die Frage nach der Parusie und ihrer Leugnung durch die Gegner zugespitzt. Der Aufbau der Argumentation ist klar.[295] Nach einem Übergang in 3,1-2 benennen die Vv. 3.4 den Anlaß der Kontroverse (zur strukturellen Bedeutung des τοῦτο γινώσκοντες vgl. 1,20). Die anschließende Passage enthält in unterschiedlichen Argumenten die Widerlegung der gegnerischen Auffassung. Die Polemik läßt sich zwar im einzelnen noch untergliedern[296], doch gehören die Aussagen eng zusammen und beziehen sich durch den Schwerpunkt in der Kosmologie eng aufeinander. Zwar knüpft V. 14 stichwortartig noch an diese Gedanken an, aber die abschließenden Überlegungen des Briefes gewinnen eigene Valenz, die deshalb auch eine gesonderte Interpretation sinnvoll erscheinen läßt.

3,1-4: Die Vorhersage der Gegner und ihre These

1 Dies ist schon der zweite Brief, den ich euch schreibe, Geliebte; in beiden suche ich durch die Erinnerung eure lautere Gesinnung wachzuhalten,
2 sich der Worte zu erinnern, die von den heiligen Propheten und dem Gebot eurer Apostel des Herrn und Heilands zuvor gesagt wurden.
3 Erkennt dies zuerst: In den letzten Tagen werden Spötter voller Spott auftreten, die nach ihren eigenen Leidenschaften wandeln, und sagen: Wo ist die Verheißung seiner Parusie? Denn seit die Väter entschlafen sind, bleibt alles so seit dem Beginn der Schöpfung.

---

[294] Gegen FUCHS-REYMOND 103.
[295] Vgl. die Gliederungsvorschläge in den Kommentaren; daneben WATSON, Invention 124ff.
[296] So WATSON, Invention 124ff.

Lit.: Boobyer, G. H., The Indebtedness of 2 Peter to 1 Peter, New Testament Essays (Studies in memory of T. W. Manson), Manchester 1959, 34-53; Testa, E., La distruzione nel mondo per il fuoco nella 2 Ep. di Pietro 3,7.10.13, RivBib 10, 1962, 252-281; Allmen, D. van, L'apocalyptique juive et le retard de la parousie en II Pierre 3:1-13, RThPh 16, 1966, 255-274; Talbert, C. H., II Peter and the Delay of the Parousia, VigChr 20, 1966, 137-145; Vögtle, A., Das Neue Testament und die Zukunft des Kosmos, KBANT, 1970; Zmijewski, J., Apostolische Paradosis und Pseudepigraphie im Neuen Testament. „Durch Erinnerung wachhalten" (2Petr 1,13; 3,1), BZ 23, 1979, 161-171; Paulsen, H., Kanon und Geschichte. Bemerkungen zum zweiten Petrusbrief, in: Die Auslegung Gottes durch Jesus, FS H. Braun, (masch), Mainz 1983, 191-204.

Zu beachten ist, daß die Passage 3,1-3 parallel zu Jud formuliert ist:

Jud	2 Petr
17	3,1
17	3,2
18	3,3

Erneut läßt sich aus Übereinstimmung und Unterschiedenheit ein erster Eindruck von der Intention gewinnen, die den 2 Petr bestimmt. Neben der grundsätzlichen Differenz in der Fiktionalität des Briefes, die sich vor allem in 3,1 abzeichnet, sind an zwei Punkten neue Akzente gesetzt:

- Zum einen tritt im Blick auf das, was Erinnerungsarbeit leisten und wohin sie sich wenden soll, neben die Apostel und den κύριος die Bedeutung der Propheten. Sie entspricht dem, was für den Vf. im Blick auf den προφητικὸς λόγος bereits in 1,16ff. wichtig geworden war, und dieser Hinweis gewinnt gerade im Blick auf die Häresie und ihre Grundthese eine zusätzliche Bedeutung.
- Zum anderen aber präzisiert der 2 Petr inhaltlich die Rolle der Spötter, die am Ende der Tage kommen werden: Ihre Häresie liegt für ihn in der Bestreitung der Zuverlässigkeit der Parusie. V. 4 verweist für die Position der Gegner und ihren Zweifel auf die Behauptung von derUnveränderlichkeit der vorfindlichen Weltordnung. Diese Art eines aufgeklärten Skeptizismus hatte in Jud noch keine ausdrückliche Rolle gespielt.[297]

V. 1 hat, in Verbindung mit V. 2, die Funktion des Übergangs[298], der allerdings als relativ hart erscheint. Wichtig bleibt, daß der Vf. sprachlich und kompositorisch sich an 1,12ff. anschließt. Dies läßt erkennen, daß in solcher Funktion V. 1 den legitimiert, der seine letzten Worte den Gemeinden hinterläßt: Es ist der Apostel Petrus, der das Folgende schreibt und so den Inhalt durch seine Autorität begründet. Allerdings bereitet der Hinweis auf den Brief als δευτέρα ἐπιστολή Schwierigkeiten.[299]

---

[297] Vgl. o. 80.
[298] Zur Kennzeichnung als transitio siehe Watson, Invention 124ff.
[299] Überblick über die Lösungen bei Bauckham 285f.; siehe auch Watson, Invention 126.

Wenn von weiterreichenden, literarkritischen Vermutungen abgesehen wird[300], so ergeben sich folgende *Möglichkeiten für diesen Hinweis auf den ersten Brief:*
- Es handelt sich um den 1 Petr[301], wobei deshalb Probleme bestehen bleiben, weil der 2 Petr sich inhaltlich nicht auf den 1 Petr bezieht[302] und die Kennzeichnung, die der Vf. für beide Texte in V. 1 vornimmt, zum Inhalt und zur Theologie des 1 Petr nicht stimmt.
- Deshalb ließe sich vermuten, daß der ‚erste Brief‘ nicht mehr bekannt ist bzw. für den Vf. gerade nicht mit dem 1 Petr gegeben ist. Diese zweite Möglichkeit kann unterschiedlich modifiziert werden:
So läßt sich an ein verlorenes Schriftstück, das den Namen des Petrus als des Vf.s trug, denken. Solche Hypothese ist nicht verifizierbar und deshalb wenig sinnvoll.
Oder dieser erste Brief, auf den der Vf. verweist, liegt im 2 Petr selbst vor.[303] Alle Teilungshypothesen im 2 Petr gehen seit H. GROTIUS[304] von einer solchen Deutung des V. 1 aus und definieren den ‚ersten Brief‘ aus unterschiedlichen Bestandteilen des vorliegenden Textes, wobei vor allem das zweite Kapitel wichtig wird. Schließlich ist denkbar, daß der Vf. an den Jud als ‚ersten Brief‘ erinnert.[305] Diese Vermutung kann zu ihrer Begründung auf die tatsächliche Rezeption des Jud durch den 2 Petr verweisen; es wird aber nicht einsichtig, warum der zweite Brief sich dann des Namens ‚Petrus‘ bedient und zugleich bei seinen EmpfängerInnen die Wahrnehmung solch unterschiedlicher Fiktion voraussetzen kann.

Wenn so alle Erklärungen mit Schwierigkeiten belastet erscheinen, ist die Vermutung, der Vf. weise auf den 1 Petr hin, am ehesten nachvollziehbar.[306] Sie läßt sich allerdings nicht durch die faktische Aufnahme des Textes begründen, was jedoch in der Art und Weise, wie der Vf. mit den paulinischen Briefen umgeht, eine deutliche Parallele hat. Die Undeutlichkeit, mit der der Vf. den Hinweis formuliert, bewahrt auch die Fiktion des Textes. Wenn es sich um das ‚Testament‘ des sterbenden Petrus handelt, dann wird seine Wahrheit dadurch zusätzlich gestärkt, daß dem Vf. der Hinweis auf einen anderen petrinischen Text möglich wird (i.e. 1 Petr). Die Partizipation an der apostolischen Zeit und der Wahrheit des Vergangenen ermöglicht solche Fiktionalität, ohne daß sie notwendig in der Faktizität der Traditionsaufnahme eingelöst werden müßte. Das Ziel des Vf.s ist offenkundig: Es geht um die Erinnerung, das Eingedenken der EmpfängerInnen, das durch die beiden Briefe verstärkt werden soll, wobei im bewußten Gegensatz zum moralischen Defizit der Gegner die Lauterkeit der Gemeinde betont wird.

Solches Eingedenken wird durch **V. 2**[307] auf die Verkündigung der Pro-

---

[300] Vgl. o. 92f.
[301] So die meisten Kommentare; siehe auch BOOBYER, Indebtedness.
[302] Gegen BOOBYER, Indebtedness.
[303] Vgl. die ausführliche Diskussion bei SPITTA 221ff.
[304] Siehe dazu o. 92f.
[305] Vgl. ROBINSON, Redating 195; SMITH, Controversies 74ff.
[306] KELLY 352f.
[307] Zu V. 2 vgl. KLEIN, Zwölf Apostel 100ff.

pheten und der apostolischen Zeit zurückbezogen.[308] Steht der erste Hinweis in unmittelbarer Verbindung mit Kap. 1 und dem dort angesprochenen προφητικὸς λόγος, so wird solche Vorhersage konkret auf die ‚Spötter' der letzten Tage bezogen (an möglichen Texten vgl. Ez 12,22; Am 9,10; Mal 2,17; Zeph 1,12). Rechtfertigt dies den Satz: „Alle wesentlichen Momente der durch die Besinnung auf die prophetischen Vorhersagen zu gewinnenden Erkenntnis von 3,3f. lassen sich somit aus der Prophetie belegen ..."[309], so muß gesehen werden, daß die Theologie des Briefes weitergreift.[310] Sie bezieht solches Eingedenken der prophetischen Botschaft über die anschließenden Verse 3.4 hinaus auf den Gesamtzusammenhang der Schrift, der damit für die Gemeinden beansprucht wird. Darin steht die Schrift für den Vf. nicht allein, sondern wird sofort ergänzt durch das Zeugnis der apostolischen Zeit, die unter der für den Vf. wichtigen Bezeichnung der ἐντολή erscheint (vgl. 2,21). Diese ἐντολή hat für die Gemeinde verpflichtenden Charakter, auf den sie sich durch die Arbeit der Erinnerung mit Notwendigkeit beziehen muß. Das sichert ihr bei aller Einsicht in die Entfernung der apostolischen Zeit[311] unmittelbare Gegenwärtigkeit und Relevanz für die vom Vf. angesprochenen Glaubenden. Das ὑμῶν überrascht in diesem Zusammenhang. Doch weist es nicht auf die spezielle Überlieferung der angesprochenen Gemeinde hin[312], sondern soll die besondere Verpflichtung der Glaubenden insgesamt hervorheben und einschärfen.

Ohne daß dies ausdrücklich formuliert wird und trotz des Neubeginns mit dem τοῦτο γινώσκοντες liegt die Pointe am Übergang zu V. 3 darin, daß das anschließende Argument, die Vorhersage der Spötter, Teil der apostolischen ἐντολή und der Wahrheit der Schrift ist.[313] Die Vorhersage solcher Häresie gehört, wie die Parallele in Jud 18 zeigt[314], zum gesicherten Bestand der jüdischen Theologie. Durch ihre Rückbindung an die apostolische Botschaft wird vom Autor der Gemeinde ein hohes Maß an Stabilität vermittelt. Auf dieser Basis kann jetzt die These der Gegner wiedergegeben[315] und durch solche Rahmung zugleich kritisch kommentiert werden, wenngleich die eigentliche Widerlegung sich erst anschließt.

V. 4 als solche durch den Vf. gesteuerte Reproduktion der gegnerischen Position enthält eine Reihe von Problemen, die in der Forschungsgeschichte intensiv diskutiert worden sind. Dies betrifft die traditions- (a) und reli-

---

[308] Zur Zuordnung der einzelnen Satzglieder vgl. KELLY 354.
[309] VÖGTLE, Zukunft des Kosmos 126.
[310] BAUCKHAM 287.
[311] BLUM, Tradition und Sukzession 39.
[312] In diesem Sinne BAUCKHAM 287.
[313] LUZ, „Frühkatholizismus" 98, A. 21: „... so ist klar, daß hier eschatologische Aussagen zur heiligen Tradition geworden sind, die auf alle Fälle wahr ist und eine empirische Nachprüfung gar nicht braucht."
[314] Vgl. o. 79f.
[315] FRANKEMÖLLE 110: „...könnte ein Zitat der Irrlehrer sein..."

gionsgeschichtlichen (b) Perspektiven, aber auch das synchrone Verständnis des vorliegenden Textes (c).

(a) Die in der These der Gegner anklingende Skepsis hat nicht nur in der Sache der Parusieverzögerung[316], sondern auch in der Formulierung selbst Parallelen in der Geschichte der frühchristlichen Theologie. Dies gilt vor allem hinsichtlich 1 Clem 23,3[317] und 2 Clem 11,2[318].

1 Clem 23,3-4	2 Clem 11,2-4
(3) πόρρω γενέσθω ἀφ' ἡμῶν	(2) λέγει γὰρ καὶ
ἡ γραφὴ αὕτη, ὅπου λέγει:	ὁ προφητικὸς λόγος:
Ταλαίπωροί εἰσιν	Ταλαίπωροί εἰσιν
οἱ δίψυχοι	οἱ δίψυχοι
οἱ διστάζοντες τῇ ψυχῇ,	οἱ διστάζοντες τῇ καρδίᾳ
οἱ λέγοντες: Ταῦτα	οἱ λέγοντες: Ταῦτα πάλαι
ἠκούσαμεν	ἠκούσαμεν
καὶ ἐπὶ τῶν πατέρων ἡμῶν...	καὶ ἐπὶ τῶν πατέρων ἡμῶν...
οὐδὲν	οὐδὲν
ἡμῖν	
τούτων	τούτων
συνβέβηκεν.	ἑωράκαμεν.
(4) ὦ	
ἀνόητοι,	(3) ἀνόητοι,
συμβάλετε ἑαυτοὺς	συμβάλετε ἑαυτοὺς
ξύλῳ:	ξύλῳ:
λάβετε ἄμπελον:	λάβετε ἄμπελον:
πρῶτον μὲν φυλλοροεῖ,	πρῶτον μὲν φυλλοροεῖ,
εἶτα βλαστὸς γίνεται,	εἶτα βλαστὸς γίνεται,
εἶτα φύλλον,	
εἶτα ἄνθος,	
καὶ μετὰ ταῦτα ὄμφαξ,	μετὰ ταῦτα ὄμφαξ,
εἶτα σταφυλὴ	εἶτα σταφυλὴ
παρεστηκυῖα.	παρεστηκυῖα.
ὁρᾶτε, ὅτι ἐν καιρῷ ὀλίγῳ	(4) οὕτως καὶ ὁ λαός μου
εἰς πέπειρον καταντᾷ	ἀκαταστασίας καὶ θλίψεις ἔσχεν:
ὁ καρπὸς τοῦ ξύλου.	ἔπειτα ἀπολήψεται τὰ ἀγαθά.[319]

Jenseits aller traditionsgeschichtlichen und interpretativen Probleme[320] weisen jene Texte eine so enge Berührung auf, daß sie für das Verständnis von 2 Petr 3,4 heranzuziehen sind. Dies hängt durchaus nicht an der These, daß alle drei

---

[316] Vgl. den Exkurs ‚Parusiehoffnung und Parusieverzögerung' bei GRUNDMANN 110ff.
[317] Siehe dazu die ausführliche Diskussion der Texte bei WARNS, Untersuchungen 530ff.; daneben vgl. KNOCH, Eschatologie 110ff.
[318] Vgl. DONFRIED, Setting 52f.
[319] Überblick nach WARNS, Untersuchungen 533.
[320] Vgl. dazu vor allem WARNS, Untersuchungen 530ff.

Äußerungen auf eine identische (jüdische) Vorlage zurückgehen[321], die sich noch rekonstruieren lasse. Dazu muß bedacht werden, daß zwischen den Texten nicht unerhebliche Differenzen bestehen bleiben[322]: So ist die Funktion der πατέρες in V. 4 ja nicht mit den Aussagen in 1 Clem 23,3-4 und 2 Clem 11,2-4 zu vergleichen, zudem fehlt der Hinweis auf die παρουσία[323], und auch die Hervorhebung des κτίσις-Gedankens in V. 4 ist gegenüber den Parallelen ein zusätzlicher Aspekt. Nähe der Texte wie ihre Unterschiedenheit lassen deshalb den Schluß zu, daß alle drei verwandtes, aber nicht identisches Traditionsmaterial aufgenommen haben.[324] In dieser Überlieferung findet eine Auseinandersetzung mit einer Haltung statt, die angesichts des Fortgangs der Zeit sich skeptisch äußert und aus dieser Skepsis einen grundsätzlichen Zweifel am göttlichen Handeln und seiner Zukünftigkeit folgert.[325] Dieser Tradition ordnet sich auch die Formulierung 3,4 zu; sie tut dies allerdings mit charakteristischen Veränderungen, die zugleich den Blick öffnen auf die eigene Position des Vf.s. Solche traditionsgeschichtliche Parallelität, die nicht notwendig im Sinn einer Abhängigkeit der Texte voneinander gedeutet werden darf[326], könnte auf einen aktuellen Konflikt in den christlichen Gemeinden deuten, auf den die Texte in unterschiedlicher Weise, aber mit vergleichbarer Themenstellung reagieren. Dennoch spricht die Differenzierung zwischen den Texten gegen solche Aktualisierung.[327] Ihre Gemeinsamkeit verweist aber auf strukturelle Verwerfungen in der Geschichte der urchristlichen Gemeinden und ihrer Theologie; in diesem Prozeß wird eine Skepsis erkennbar, die angesichts der fortdauernden Zeit Zweifel an der göttlichen Präsenz in der Geschichte äußert.

(b) Solche Einsicht in den traditionsgeschichtlichen Hintergrund von V. 4 innerhalb des frühen Christentums muß zugleich bedenken, daß die hervortretende These und die Art der Auseinandersetzung mit ihr auffallende Entsprechungen in der jüdischen Theologie hat. Dies wird bereits an dem provokativen ποῦ der Gegner erkennbar, das in der Schrift selbst den Zweifel an Gott und seinen Verheißungen artikuliert (vgl. Ps 41,4.11; 78,10; 113,10; Joel 2,17; Micha 7,10; Mal 2,17; siehe auch Jer 17,15; Ezech 12,22). Aber wichtig ist auch, daß in der jüdischen Theologie eine Ausein-

---

[321] In diesem Sinne BAUCKHAM 283f.
[322] Siehe WARNS, Untersuchungen 532 (für die unterschiedliche Bestimmung einer möglichen Quelle); 538: „... daß der ursprüngliche Wortlaut der Quelle weder im 1.Cl. noch im 2.Cl. vorliegt ... daß hier und da aus recht unterschiedlich entwickelten Rezensionen zitiert wird."
[323] Vgl. auch WARNS, Untersuchungen 544.
[324] Für 1 und 2 Clem in ähnlicher Weise WARNS, Untersuchungen 538.
[325] Dies muß nicht notwendig mit dem Problem der Parusieverzögerung zusammenhängen; vgl. für den 2 Clem WARNS, Untersuchungen 541.
[326] Dazu sind die Unterschiede zwischen den Textfassungen zu beträchtlich; für das Verhältnis des 2 Clem zum 1 Clem vgl. WARNS, a.a.O. 530.
[327] Anders WARNS, Untersuchungen 539ff. für den 2 Clem, der hinter 11,2-4 eine antivalentinianische Meinung sieht (a.a.O. 541); jedoch betrifft dies kaum die aufgenommene Überlieferung.

andersetzung mit dem grundsätzlichen Zweifel an der göttlichen Gerechtigkeit und der Stärke des göttlichen Gerichts geführt wird.[328]

Dies tritt besonders deutlich in Erscheinung bei der Auslegung und den Targumen von Gen 4,8[329], wenngleich es sich in analoger Weise auch bei Josephus[330] nachweisen läßt[331]. Aufschlußreich sind vor allem zwei *Targumversionen*[332], die eine Wechselrede zwischen Kain und Abel enthalten.[333]

Tradition B (repräsentiert durch die Tosephta „90")[334]

V. 8a Und es sprach Kain zu Abel, seinem Bruder:
Nicht gibt es ein Gericht,
und nicht gibt es einen Richter,
und nicht gibt es eine andere Weltzeit,
und nicht gibt es guten Lohn für die Gerechten,
und nicht gibt es Einforderung von den Frevlern!
Und es erwiderte Abel dem Kain, seinem Bruder:
Es gibt ein Gericht,
und es gibt einen Richter,
und es gibt eine andere Weltzeit,
und es gibt guten Lohn für die Gerechten,
und es gibt Einforderung von den Frevlern!

V. 8b Und es geschah bei ihrem Sein auf dem Acker,
und es erhob sich Kain gegen Abel, seinen Bruder,
und tötete ihn.

In eine andere Richtung geht die *Tradition A* (repräsentiert durch das Geniza Ms B „52")[335]

V. 8a Und es sprach Kain zu Abel, seinem Bruder:
Komm! und laß uns hinausgehen beide auf das Angesicht des Feldes!

V. 8b Und es geschah, als hinausgingen die beiden auf das Angesicht des Feldes:
Es antwortete Kain und sprach zu Abel:
Ich sehe, daß durch Barmherzigkeit geschaffen wurde die Weltzeit
und durch Barmherzigkeiten wird sie gelenkt.
Weshalb wurde angenommen dein Opfer von dir in Wohlgefallen,
aber von mir nicht angenommen in Wohlgefallen?

---

[328] Vgl. FISCHEL, Rabbinic Literature 35ff.

[329] Dazu VERMES, Targumic Versions 81ff.; GRELOT, Targums 59ff.; MARMORSTEIN, Studien 19f.; KUIPER, Targum Pseudo-Jonathan 533ff. bes. 551; ISENBERG, Polemic 433; CHILTON, Dispute 553ff.; GLESSMER, Entstehung 296ff.

[330] Zur Auseinandersetzung des Josephus mit den Sadduzäern, in der ähnliche Probleme diskutiert werden, vgl. SCHLATTER, Theologie des Judentums 180ff.; WÄCHTER, Bericht des Josephus 97ff.; van UNNIK, An Attack 341ff.

[331] Zu vergleichbaren rabbinischen Texten vgl. BÖHL, Matronenfrage 36ff., bes. 36, A. 21.

[332] Vgl. die intensive traditionsgeschichtliche und literarkritische Diskussion der unterschiedlichen Versionen bei GLESSMER, Entstehung 311ff.; dort auch ein Überblick über weitere Fassungen.

[333] Vgl. GLESSMER, Entstehung 312f.

[334] Übersetzung nach GLESSMER, Entstehung 316f.

[335] Übersetzung nach GLESSMER, Entstehung 316f.

Es antwortete Abel und sprach zu Kain:
Was (ist), wenn dieses, daß durch Barmherzigkeiten geschaffen wurde die Weltzeit
und durch Barmherzigkeiten sie gelenkt wird?
Allein: durch die Früchte der guten Taten wird sie gelenkt!
Da meine Taten rechter waren als die von deiner Hand,
wurde mein Opfer angenommen von mir in Wohlgefallen,
und von dir nicht wurde es angenommen in Wohlgefallen!
Und es waren Rechtende die beiden auf dem Angesicht des Feldes.
Und es erhob sich Kain gegen Abel, seinen Bruder, und er tötete ihn.

Vor allem die Auslegung der Tradition A ist schwierig[336]; in ihr ist die Spannung des hebräischen Textes gegenwärtig, auch darin, daß die Verteilung der beiden Positionen im Disput zwischen Kain und Abel nicht einfach gelingt.[337] Demgegenüber verfährt die Tradition B sehr viel eindeutiger.[338] Kain leugnet die eschatologische Relevanz des menschlichen Handelns, mehr noch: er bestreitet das endzeitliche Gericht und die andere Weltzeit. Wieweit sich diese Überlegungen mit bestimmten Erscheinungen in der jüdischen Theologiegeschichte verbinden lassen[339], mag strittig bleiben.[340] Dennoch zeigt sich: Die Deutungsmuster für die Gestalt des Kain geben einen Hinweis auf grundsätzliche Skepsis und deren kritische Aufarbeitung. Dabei sind die Aussagen, die Kain zugeschrieben werden, nicht weit von 2 Petr 3,4 entfernt (auch bestimmte Strukturen der Widerlegung finden sich in beiden Texten). Dies macht deutlich, in welchem Umfang die These von V. 4, auf die sich der Vf. kritisch bezieht, bereits topisch geworden ist.[341]

Ein Hinweis aus der jüdischen Literatur führt noch weiter: Häretikern wird nicht selten der (polemische) Beiname ‚Epikureer' zugewiesen.[342] Dies läßt sich als Erinnerung an die anhaltende Wirkungsgeschichte des Epikureismus und seiner kritischen Rezeption in der Spätantike interpretieren.[343] Wie sich die Sache bei Epikur selbst verhält, ist strittig und hängt mit der Gesamteinschätzung seiner Theologie zusammen.[344] Die Zurückhaltung in seinem

---

[336] GLESSMER, Entstehung 317f.
[337] GLESSMER, Entstehung 317.
[338] Vgl. zur Interpretation GLESSMER, Entstehung 313f.
[339] In diesem Sinne vor allem ISENBERG, Polemic 433ff.
[340] Skeptisch demgegenüber GLESSMER, Entstehung 314: „Grundsätzlich handelt es sich ja bei dieser Kontroverse, ob eine eschatologische Vollendung des Tun-Ergehen-Zusammenhangs überhaupt zu erwarten steht, nicht nur um einen Streitpunkt, den man in neutestamentlicher Zeit mit den Sadduzäern auszutragen hatte. Sondern diese Problemstellung ist wesentlich älter ..."
[341] FISCHEL, Rabbinic Literature 35.
[342] Vgl. GEIGER, Term Apikoros 499f.
[343] Vgl. CUMONT, Lux perpetua 124ff.; FRIEDLÄNGER, Sittengeschichte III,301ff.
[344] Zu Epikur vgl. RIST, Epicurus bes. 140ff.; schon SCHOEMANN, Schediasma 3ff.; ROHDE, Psyche II,331ff.; siehe auch FESTUGIÈRE, Epicure et ses dieux 71ff.; LEMKE, Theologie Epikurs, bes. 100ff. Zur Anschauung vom Tode bei Epikur vgl. MEISTER, De Axiocho 95ff.; AMERIO, Epicureismo 3ff.

Denken gegenüber einer postmortalen Existenz[345] und sein Beharren auf einer Ethik des Diesseits boten sich aber für eine Polemik geradezu an.[346] Sie wird sich deshalb auch gar nicht auf die jüdische Theologie eingrenzen lassen, sondern betrifft die gesamte Auseinandersetzung mit dem Epikureismus. Sie konzentriert sich zumeist auf die Frage nach der providentia Dei angesichts der Zeit und ihres offenkundigen Unrechts; das muß zur prinzipiellen Erörterung der göttlichen Gerechtigkeit führen.

Daß sich dies im Hellenismus nicht anders verhält, wird vor allem am Denken des Plutarch erkennbar.[347]

In *Plutarchs Traktat „de sera numinis vindicta'* findet sich eine ausdrückliche Auseinandersetzung mit dem Epikureismus[348], die sich in einer Reihe von Topoi mit Formulierungen des 2 Petr berührt.[349]

„... um wieviel mehr ist es billig, daß wir im Blick auf Gott vorsichtig in solchen Dingen werden: Er hat keine Furcht noch reut ihn irgendeine Sache, dennoch setzt er die Strafe (erst) für die Zukunft fest und wartet die Zeit ab. Wir müssen die Sanftmut und Langmut für einen göttlichen Teil von Tugend halten; dadurch zeigt Gott, daß man durch (schnelles) Strafen Wenige bessert, durch langsames aber Vielen nützt und sie zurechtweist ...(6)... Gott aber ist es zueigen ... die Leidenschaften zu durchschauen, ob er irgendwie etwas eingeben könnte, das zur Umkehr führt und eine Zeit festzusetzen für die, bei denen die Bosheit noch nicht stark und unheilbar wurde. (9)... so müssen auch von den Übeltätern die, die dem gegenwärtigen Schlag entkommen zu sein meinen, nicht nach mehr Zeit, sondern in mehr Zeit eine größere, nicht (so sehr) eine verzögerte Strafe büßen; auch wurden sie nicht im Alter bestraft, sondern sie wurden als Bestrafte alt. Ich spreche zu uns von der ‚langen Zeit'. Denn für die Götter ist die ganze Dauer eines menschlichen Lebens nichts. Und das ‚jetzt' und nicht erst ‚vor dreißig Jahren' ist so wie (wenn man sagt): Abends, nicht morgens den Bösen zu foltern oder aufzuhängen ..."

Plutarch stellt so im Konflikt mit dem Epikureismus die Frage nach der Verläßlichkeit von (göttlicher) Gerechtigkeit angesichts der sich dehnenden Zeit und der Gewißheit des Todes. Er versucht, orientiert am Individuum, sie zu beantworten, indem er die Jenseitigkeit und Zuverlässigkeit des göttlichen Handelns thematisiert.[350]

---

[345] Vgl. SCHMID, Art. Epikur, bes. Sp. 740 (siehe auch USENER, Epicurea 228).

[346] Zur Aufnahme bei Lukrez, de rerum natura III,830ff. vgl. WALLACH, Lucretius; T. STORK, Nil igitur mors est ad nos ...

[347] Zur Beziehung Plutarchs gegenüber dem Epikureismus vgl. FLACELIÈRE, Plutarque et l'Epicurisme 177ff.; DIETERICH, Nekyia 145ff.

[348] Vgl. dazu SOURY, Providence 163ff.; CUMONT, Lux perpetua 221; BETZ (Hg.), Plutarch's theological Writings 181ff.; BERGER-COLPE, Religionsgeschichtliches Textbuch 314f.

[349] Dies ist seit WETTSTEIN häufig gesehen worden; vgl. zuletzt NEYREY, Background; BERGER, Streit um Gottes Vorsehung. Übersetzung von ‚de sera numinus vindicta' 5 und 9 nach BERGER-COLPE, Religionsgeschichtliches Textbuch 314f.

[350] Vgl. zur Interpretation BERGER-COLPE, Religionsgeschichtliches Textbuch 315; MÉAUTIS, Des délais.

Dies alles nötigt nicht zu der Annahme, daß V. 4 direkt eine Konfliktsituation spiegelt, in der sich die Gegner ideologisch auf den Epikureismus beziehen[351], wohl aber dokumentieren die Parallelen, daß die Beschreibung der Häretiker durch den Vf. in einen weiten Kontext gehört, der über das frühe Christentum hinausgreift. Dies warnt davor, 3,4 allzu eng auf eine bestimmte Gruppe von Gegnern einzugrenzen. Es ist vielmehr deutlich, daß der Vf. ein grundsätzliches Problem des frühen Christentums und seiner Theologie mit traditionellen Argumenten und Erwägungen beantworten will.

(c) Daraus ergibt sich aber die Notwendigkeit, nach der Position des Autors selbst zu fragen. Sie läßt sich in den Abweichungen von der Überlieferung mit einiger Sicherheit rekonstruieren:[352] Zunächst stellt jener skeptische Zweifel der Gegner sich nach Auffassung des Vf.s als ein Widerspruch gegen die παρουσία heraus. Es ist darin nicht allein ein theologischer Zweifel zu erkennen (wie dies für 1 Clem 23,3-4 und 2 Clem 11,2-4 viel stärker gilt), sondern für den Vf. handelt es sich zugleich um eine christologische Herausforderung. Darin hat der Vers Teil an jenen frühchristlichen Texten, die sich unmittelbar mit dem Ausbleiben der Parusie auseinandersetzen.[353] Wenn deshalb für den 2 Petr das Eingedenken der apostolischen Zeit zum Grundthema seiner Theologie wird, dann läßt sich das nicht trennen von dem Hinweis auf die Parusie des κύριος. Wie sehr beides zusammenhängt, zeigt die Erinnerung an den Tod der ‚Väter'; hier ist nicht an die ‚Väter' der Schrift gedacht[354], sondern an die erste Generation, in die der Vf. sich einbezieht.[355] Auch wenn die Formulierung sperrig bleibt[356], so ist das Gemeinte deutlich. Die Skepsis der Gegner richtet sich auf den fehlenden Zusammenhang zwischen der apostolischen Zeit und der noch ausstehenden Parusie.

Für den Vf. ist dies zugleich auch eine Position, die kosmologische Konsequenzen hat. Wer so denkt, stellt das Schöpferhandeln Gottes und seine Gerechtigkeit in Frage. Das zweite, rhetorisch ungeschickte ἀπ' ἀρχῆς hebt dies hervor. Es bietet zugleich in der Sache den Übergang zur Widerlegung solches Skeptizismus' in den anschließenden Versen, die im wesentlichen kosmologisch verfährt.[357]

An dieser dreifachen Pointe wird begreiflich, wie sehr der Vf. das traditionelle Material in seine eigene Theologie und briefliche Komposition integriert hat. Er spitzt die Auseinandersetzung zu auf die Frage nach der Parusie und beantwortet sie vor allem von der Erinnerung an die apostoli-

---

[351] Zu den Unterschieden vgl. BERGER-COLPE, Religionsgeschichtliches Textbuch 315; anders NEYREY, Background.
[352] Vgl. vor allem VÖGTLE, Zukunft des Kosmos.
[353] Vgl. GRUNDMANN 110ff.
[354] So von SODEN 226.
[355] KELLY 356.
[356] Vgl. dazu die Hinweise bei FUCHS-REYMOND 106f.
[357] Vgl. dazu VÖGTLE, Zukunft des Kosmos.

sche Wahrheit her. Schwerlich handelt es sich nur um judenchristliche Schwierigkeiten[358], wohl aber trifft zu, daß an diesem Punkte die historischen und theologischen Probleme des Briefes sich erkennen lassen.[359]

3,5–13: Die Widerlegung der gegnerischen These

5 Denn es bleibt denen, die dies wollen, verborgen, daß die Himmel einstmals waren und die Erde aus Wasser und durch Wasser Bestand hatte durch Gottes Wort,
6 durch welche die damalige Welt von Wasser überflutet zugrundeging.
7 Die jetzigen Himmel und die Erde sind durch dasselbe Wort für das Feuer aufgespart, bewahrt auf den Tag des Gerichts und des Untergangs der gottlosen Menschen.
8 Dies eine soll euch nicht verborgen bleiben, Geliebte, daß ein Tag bei dem Herrn wie tausend Jahre und tausend Jahre wie ein Tag sind.
9 Der Herr verzögert seine Verheißung nicht, wie einige es für Verzögerung halten, sondern er ist langmütig gegen euch, weil er nicht will, daß einige untergehen, sondern alle zur Umkehr gelangen.
10 Der Tag des Herrn aber wird kommen wie ein Dieb, an dem die Himmel unter Rauschen vergehen werden, die Elemente aber vom Feuer verzehrt sich auflösen, und die Erde und die Taten auf ihr gefunden werden.
11 Wenn sich dies alles so auflöst, dann müßt ihr in heiligem Lebenswandel und Frömmigkeit bestehen;
12 ihr, die ihr die Ankunft des Tages Gottes erwartet und beschleunigt, um dessen willen die Himmel durch Feuer aufgelöst werden und die Elemente im Brand zerschmelzen.
13 Neue Himmel aber und eine neue Erde nach seiner Verheißung erwarten wir, in denen Gerechtigkeit wohnt.

Lit. (neben der zu 3,1–4 bereits genannten): OTTO, J. K. von, Haben Barnabas, Justinus und Irenäus den zweiten Petrusbrief (3,8) benutzt?, ZWTh 20, 1877, 525–529; CHAINE, J., Cosmogonie aquatique et conflagration finale d'après la Secunda Petri, RB 46, 1937, 207–216; STROBEL, A., Untersuchungen zum eschatologischen Verzögerungsproblem, NT.S 2, 1961, 87ff.; LENHARD, H., Ein Beitrag zur Übersetzung von II Petr 3,10d, ZNW 52, 1961, 128–129; DERS., Noch einmal zu 2 Petr 3,10d, ZNW 69, 1978, 136; DANKER, F. W., II Peter 3:10 and Psalm of Solomon 17:10, ZNW 53, 1962, 82–86; HARNISCH, W., Eschatologische Existenz. Ein exegetischer Beitrag zum Sachanliegen von 1. Thessalonicher 4,13–5,11, FRLANT 110, 1973, 104ff.; SNYDER, J. I., The Promise of his Coming. The

---

[358] So DELLING, Zeitverständnis 116, A. 1: „Die 2 Pt geäußerten Schwierigkeiten durch das Ausbleiben der Parusie sind typisch judenchristlich. Auch ihre Widerlegung zeigt nicht das eigentlich neutestamentliche Zeitverständnis."

[359] Vgl. bereits BAUR, Kirchengeschichte der drei ersten Jahrhunderte 236f.: „... und wenn er selbst, statt den Gegenstand dieses Spottes in Abrede zu ziehen, ihn nur dadurch zu widerlegen sucht, dass er den Glauben an die Parusie in die Anerkennung der allgemeinen Wahrheiten, die ihm zu Grunde liegen, hinüberleitet, so ist hieraus deutlich zu sehen, wie es schon damals mit diesem Glauben stand."

Eschatology of 2 Peter, Diss. theol., Basel 1983; SMITMANS, A., Das Gleichnis vom Dieb, in: Wort Gottes in der Zeit, FS K. H. SCHELKLE, Düsseldorf 1973, 43–68; BAUCKHAM, R. J., The Delay of the Parousia, TynB 31, 1980, 3–36; LÖVESTAM, E., Eschatologie und Tradition im 2. Petrusbrief, in: The New Testament Age, FS B. REICKE, Macon 1984, II,287–300; SCHRAGE, W., „Ein Tag ist beim Herrn wie tausend Jahre, und tausend Jahre sind wie ein Tag" 2 Petr 3,8, in: Glaube und Eschatologie, FS W. G. KÜMMEL, Tübingen 1985, 267–276; BERGER, K., Streit um Gottes Vorsehung. Zur Position der Gegner im 2. Petrusbrief, in: Tradition and Re-Interpretation in Jewish and Early Christian Literature, FS J. C. H. LEBRAM, StPB 36, 1986, 121–135; WENHAM, D., Being ‚Found' on the Last Day: New Light on 2 Peter 3.10 and 2 Corinthians 5.3, NTS 33, 1987, 477–479; WOLTERS, A., Worldview and Textual Criticism in 2 Peter 3:10, WThJ 49, 1987, 405–413.

In unterschiedlichen Argumentationsgängen setzt sich der Vf. mit der These der Gegner auseinander. Ein erster Schritt bestreitet vor allem die zweite Hälfte ihrer Behauptung (Vv. 5–7), während es im Anschluß daran stärker um die Frage nach der Zuverlässigkeit der παρουσία geht (Vv. 8–10). In einer letzten Überlegung deutet der Vf. jene Konsequenzen an, die sich daraus für die EmpfängerInnen seines Briefes ergeben; dies bedeutet zugleich eine Überleitung zu den Schlußaussagen des Schreibens (wie der Stichwortanschluß προσδοκῶντες belegt). Bestimmte Motive halten sich in der gesamten Argumentation durch; dies betrifft Inhalt und Struktur in gleichem Maße.[360] Auch darf nicht übersehen werden, daß die Überlegungen, die der Vf. zunächst gegen die These der Gegner formuliert (V. 5!), zugleich Folgerungen für die Gemeinde selbst haben (Vv. 8.11). Daraus wird erkennbar – und dies hat für die Frage nach dem Profil der Gegner erhebliche Auswirkungen – daß ein Teil der Argumentation der Selbstfindung der Gemeinde (und des Autors) dient.

Der erste Beweisgang in den **Vv. 5–7** orientiert sich am zweiten Teil der gegnerischen These. Es geht neben dem schöpfungstheologischen Aspekt (κτίσις) um die Unterstellung, daß seit Beginn der Schöpfung alles unverändert geblieben sei. Dies wird durch den Vf. mit dem Hinweis auf die Vergänglichkeit des κόσμος widerlegt, wobei der Beweis durch die Heranziehung des Sintflutgeschehens (vgl. bereits Kapitel 2) eine zusätzliche Schärfe erhält. Auch wenn diese Zielsetzung die gesamte Einheit bestimmt, so ist die Argumentation im einzelnen undurchsichtig, wie dies bereits an den Korrekturen der handschriftlichen Überlieferung zu erkennen ist.

V. 5 macht in einer doppelten Hinsicht die Vergeblichkeit in der Argumentation der Gegner bewußt. Zum einen wird in dem λανθάνει mitgesetzt, daß die Erkenntnis der Häretiker nur eine vorläufige ist, ihnen ist das Entscheidende verborgen geblieben (und dies knüpft kommunikativ zugleich

---

[360] Demgegenüber differiert die Traditionsbindung im Einzelnen; anders LÖVESTAM, Eschatologie und Tradition 287ff.

bei der Situation der EmpfängerInnen an). Auf der anderen Seite wird in dem θέλοντες die Erkenntnis der Gegner als nur willkürlich und damit bruchstückhaft entlarvt[361]. Nicht eindeutig ist die Beziehung des τοῦτο, wie aus den unterschiedlichen Übersetzungsvorschlägen hervorgeht; doch dürfte die Zuordnung zum θέλοντες auf Grund der Stellung wahrscheinlich sein, während die Konjunktion mit dem λανθάνει wenig plausibel erscheint.

Das, was den Gegnern an Erkenntnis fehlt, wird in einem dreifachen Schritt entfaltet, wobei Schöpfung, Untergang der Welt in der Sintflut und zukünftiges Gericht einander entsprechen. Das muß nicht notwendig typologisch gedeutet werden, sondern wird stärker durch das kosmologische Interesse des Vf.s geprägt.[362] Dabei liegt die entscheidende Pointe für ihn in der Bestimmung der drei Weltzeiten durch das Schöpferwort, das deshalb immer wieder gezielt hervorgehoben wird. Der schöpfungstheologische Aspekt in V. 5[363] hebt zunächst das Alter (ἔκπαλαι; zugleich auf γῆ zu beziehen) der οὐρανοί hervor und verweist auf die Entstehung der Erde. Ist hier von einem unterschiedlichen Schöpfungsgeschehen auszugehen, so daß zwischen οὐρανοί und γῆ differenziert werden müßte?[364] Die Korrekturen zu συνεστῶσα weisen in eine solche Richtung, weil sie diese Differenz gerade aufheben möchten. Zwar gibt es jüdische Überlieferungen, die in einer gewissen Weise solche Trennung nahelegen[365], doch sind sie spärlich und stimmen nicht zum Sinn des vom Vf. Ausgesagten. Denn für ihn geht es, wie V. 6 und V. 7 betonen, um die Gesamtheit der Schöpfung, um Erde *und* Himmel. Deshalb ist die Vermutung wahrscheinlich, daß es sich bei συνεστῶσα um eine Attraktion an das Substantiv γῆ handelt[366], und der Vers die Gesamtheit des Geschaffenen aussagt. Für den 2 Petr liegt, wie die Nachstellung erkennen läßt, der Ton auf dem schöpferischen Wort Gottes, das alles in das Leben ruft. Dies läßt Schwierigkeiten, die eine Interpretation des ἐξ ὕδατος bzw. δι' ὕδατος bereitet, als nur relativ erscheinen. Sicher ist, daß der Vf. zunächst ὕδωρ als einen Grundstoff bei der Schöpfung und der Entstehung der Welt betont.[367] In diesem Zusammenhang ist das ἐξ ὕδατος unproblematisch, weil dadurch der Stoff der Schöpfung beschrieben und benannt wird (dies paßt zu der Schöpfungsüberlieferung von Gen 1). Fraglich erscheint, ob neben einer bloßen Redundanz mit dem δι' ὕδατος noch eine zusätzliche Pointe vom Vf. beabsichtigt wird. Es wäre dann auf

---

[361] Vgl. von SODEN 226.
[362] BULTMANN, Ursprung und Sinn der Typologie 373, A. 18.
[363] Unter Rückbezug auf Gen 1,3.6; vgl. SCHALLER, Gen. 1.2 188; ELLIS, Prophecy and Hermeneutic 157.
[364] GRUNDMANN 112f.
[365] Vgl. die Hinweise bei GRUNDMANN 112f.
[366] KNOPF 312.
[367] In dieser Hinsicht ist an die entsprechenden Überlegungen bei Thales zu erinnern; vgl. die Einzelnachweise bei DIELS, Fragmente der Vorsokratiker 1–13 (bes. 13); siehe auch PsClem, hom XI,24.

das Wasser als Schöpfungsmittel verwiesen und vielleicht die Trennung der Wasser als die Erde oben und unten umgebend mitgesetzt.[368] Dies ist denkbar, aber gegenüber der prinzipiellen Hervorhebung des Wassers nebensächlicher Natur.

Der Anschluß mit δι' ὧν in V. 6 hat wegen seiner Probleme in der handschriftlichen Überlieferung zur partiellen Veränderung des Textes geführt. Das δι' ὧν, das aber als ursprünglicher Text beizubehalten ist, könnte sich auf die doppelte Erwähnung des ὕδωρ in V. 5 beziehen; allerdings wäre dann die Redundanz des ὕδατι in V. 6 unerträglich. Wird nicht eine Konjektur bevorzugt, die eine Deutung auf das Wort Gottes ermöglicht[369], dann muß die sprachliche Härte des Textes ausgehalten werden und unter dem δι' ὧν sowohl der Hinweis auf das ὕδωρ als auch auf das göttliche Wort mitgesetzt sein (und dann ließe sich auch das ὕδατι in V. 6 ertragen).[370] Es wäre auf solche Weise, wie in den beiden anderen Versen, auch in V. 6 der Hinweis auf das göttliche Wort und das Wasser enthalten. Wenn dies gilt, dann ist in V. 6 vom Verderben des κόσμος die Rede (wieder bevorzugt der Vf. ein ἀπώλετο, um die Anwendung auf die Gegner zu erleichtern). Will Vf. sagen, daß dieser Untergang nur die menschliche Welt oder den gesamten κόσμος betrifft? Der Text gibt keine klare Entscheidung an die Hand[371]; im Blick auf die Überlegungen in V. 5 und V. 7 ist aber wohl an die Schöpfung insgesamt[372] gedacht.

Für ein solches Verständnis ist auf die erste der Traumvisionen des äthHen zu verweisen.

ÄthHen 83,3–5 (Übersetzung von S. UHLIG):
Ich hatte mich im Hause meines Großvaters Malāl'ēl niedergelegt, (da) sah ich in der Vision den Himmel zusammenstürzen, fortgerissen werden und auf die Erde fallen. Und als er auf die Erde fiel, sah ich, wie die Erde in einem großen Abgrund verschlungen wurde und Berge auf Bergen hingen und Hügel auf Hügel sich senkten und hohe Bäume von ihren Stämmen abgerissen und weggeschleudert wurden und in dem Abgrund versanken. Und da fiel eine Rede in meinen Mund, und ich erhob (meine Stimme), schrie und rief: „Die Erde ist vernichtet!"[373]

Der Hinweis des 2 Petr widerlegt nach der Auffassung des Vf.s eindrucksvoll die Behauptung, es habe sich in der Welt seit Beginn der Welt nichts verändert, sofern ja von einem Untergang des κόσμος in der Sintflut auszugehen ist.

Dies ermöglicht den Ausblick auf das zukünftige Geschick von Himmel

---

[368] Vgl. in diesem Sinne Jub 2,7; dazu STECK, Aufnahme 154ff., bes. 168.
[369] Vgl. WINDISCH 101f.
[370] Von SODEN 227.
[371] Die restriktive Anwendung allein auf die Lebewesen etwa bei VÖGTLE, Neues Testament und Zukunft des Kosmos; dagegen vgl. BAUCKHAM 298f.
[372] SPITTA 245f.
[373] Vgl. auch die Überlieferung, die in Noah den κῆρυξ sieht, der nach dem Untergang der Welt die Wiedergeburt ankündigt; vgl. dazu 133f.

und Erde: **V. 7.** Für den Vf. kommt es darauf an, daß die bestehende Weltordnung in ihrer Totalität nach wie vor auf das Wort Gottes bezogen bleibt. Gerade so wird es möglich, die Perspektive auf das Gericht hin zu eröffnen (τηρούμενοι). Solche Gerichtsvorstellung, die zugleich an Aussagen des zweiten Kapitels anknüpfen kann, verbindet sich mit dem Hinweis auf die Vernichtung der Welt durch das Feuer.[374] Besonders in Aussagen[375] der Sib ist die Vorstellung belegt:[376] 4,172ff.; 5,155ff.; 206ff.; 512ff.[377] Die Tradition ist aber nicht auf Sib einzugrenzen, sondern wird zum Bestandteil des eschatologischen Denkens.[378] Jedoch ist die Kommunikabilität der Überlegungen des 2 Petr dadurch erhöht, daß auch innerhalb des Hellenismus ähnliche Überlegungen wichtig sind.

Auch wenn die *religionsgeschichtlichen Voraussetzungen* des Gedankens nicht mehr klar erhellt werden können[379], so ist ein Zusammenhang mit zyklischen Gedanken unverkennbar: Die unterschiedlichen Weltperioden sind von der Vernichtung durch das Feuer und dem darauf folgenden Neuanfang gekennzeichnet. In diesem Sinn formuliert bereits Platon, Timaios 22b.c.[380] Das Motiv wird vor allem innerhalb der stoischen Philosophie und ihrem Hinweis auf die ἐκπύρωσις der Welt rezipiert.[381]

Natürlich ist zu fragen, ob sich die unterschiedlichen Aussagen traditionsgeschichtlich miteinander verbinden lassen.[382] Dies ist kaum noch möglich, und eine Abhängigkeit des 2 Petr von den stoischen Texten erscheint als unwahrscheinlich.[383] Denkbar ist, daß dem Vf. die Motive durch die jüdische Theologie vermittelt worden sind.

Immerhin sind diese Vorstellungen einer Auflösung der Welt durch das Feuer in der Theologie des zweiten Jahrhunderts nicht mehr ganz selten: 1 Clem 9,4; 27,4; Justin, Apol 2,7; Tatian, or. 25[384] belegen dies in je unterschiedener Weise.[385] Doch

---

[374] Siehe den Exkurs bei WINDISCH 103; siehe auch THIEDE, Pagan Reader 79ff.; RIESNER, Eschatologie 139f.

[375] Vgl. die Überlegungen bei MAYER, Weltenbrand.

[376] Siehe VitAd 49: „Um eurer Übertretung willen wird unser Herr über eure Nachkommen sein Zorngericht bringen zuerst mit Wasser, zum zweiten Mal mit Feuer; mit diesen beiden wird Gott das ganze Menschengeschlecht richten ..."

[377] Dazu vgl. BOUSSET-GRESSMANN, Religion des Judentums 281f.; COLLINS, Sibylline Oracles 101ff.

[378] Vgl. auch Jos, Ant 1, 2.3.

[379] Dazu vor allem MAYER, Weltenbrand.

[380] Vgl. auch die Rezeption bei Philo, VitMos II,263.

[381] Siehe die Zusammenstellung der relevanten Texte bei v. ARNIM Fragmenta I,32; II,183-191; dazu vgl. MANSFELD, Stoic Doctrine 218ff.

[382] So hat bereits Seneca auf den babylonischen Ursprung des Gedankens verwiesen (natur.quaest. III,29); vgl. zum Ganzen WINDISCH, Hystaspes.

[383] Immerhin hat Celsus in der Konfrontation gegenüber der christlichen Eschatologie auf Abhängigkeiten verwiesen hinsichtlich von κατακλυσμός und ἐκπύρωσις (vgl. Orig, Cels IV,11f.). Dies geschieht aber wohl ohne Aufnahme des 2 Petr durch Celsus (anders THIEDE, Pagan Reader 87.91).

[384] Vgl. die Analysen bei WINDISCH, Hystaspes 26ff.; siehe zu 1 Clem auch KNOCH, Eschatologie 211ff.; zu der Parallele in der Melito zugeschriebenen Apologie (Kap. 12) vgl. OTTO, Corpus Apologetarum IX,432 (mit den Anmerkungen auf S. 477f.).

[385] WINDISCH, Hystaspes 26ff.

bilden sie noch immer nicht die Regel und dokumentieren so den singulären Rang der Theologie von 2 Petr 3,5-7.[386]

Bei aller Bindung des 2 Petr an Traditionsmaterial wird auch in 3,7 seine eigene Theologie eindeutig: Ein solches endzeitliches Geschehen meint das Gericht und die ἀπώλεια (!) der Gottlosen. Freilich hängt dies von Gott selbst ab (und seinem schöpferischen Wort!); in ihm liegt der große Widerspruch gegen die Behauptung einer gleichbleibenden Zeit und Geschichte.[387] Allerdings[388] ist dies alles noch nicht wirklich eine Antwort auf die skeptische Frage nach der ἐπαγγελία τῆς παρουσίας und ihrer Verzögerung. Deshalb setzt der Vf. in den abschließenden Versen und Argumenten noch einmal im Blick auf diese Problematik neu an, wobei es zunächst um das Problem der Verzögerung geht (βραδύνειν) und erst im Anschluß daran die eigentliche Herausforderung hinsichtlich der Parusie des κύριος beantwortet werden kann (Vv. 10ff.). Die konsequente Abfolge zeigt, wie sorgfältig der Vf. argumentiert und Beweis an Beweis reiht. Die Vorordnung von Vv. 5-7 hat aber eine Folge: Sie stellt die eigentlich kosmologischen Erwägungen den anderen Aussagen voran und wird darin bestimmend. Dies betrifft weniger die Auseinandersetzung mit dem Verzögerungsproblem, zeigt sich aber in der Beschreibung der ἡμέρα κρίσεως (vgl. besonders V. 10!) und endet folgerichtig mit der Erwartung eines neuen κόσμος (V. 13!).

In der Auseinandersetzung mit der eigentlichen Herausforderung der These der Gegner (V. 4a) verwendet der Vf. bei seiner Antwort in den Vv. 8-10 durchaus unterschiedliche Argumente. Daß es sich um den eigentlich neuralgischen Punkt innerhalb des Konfliktes handelt, geht aus der differierenden Beschreibung der Front hervor: V. 8 orientiert sich an der Gemeinde selbst, auch die τινες in V. 9 sind unbestimmter und nicht notwendig identisch mit den λέγοντες in V. 4.

V. 8 stellt mit dem hervorgehobenen ἕν eine erste Gegenthese auf, mit der die EmpfängerInnen informiert werden (Aufnahme des ἀγαπητοί!). Diese These bezieht sich auf jüdische Theologumena. Vf. greift auf Ps 90,4 zurück.[389] Dies gilt vor allem für die zweite Hälfte des Verses, die den Psalm wiedergibt, der theologisch von der Unvergleichbarkeit der menschlichen Zeit gegenüber der Geschichtsmächtigkeit Gottes ausgeht (‚tausend Jahre sind wie der Tag, der gestern vergangen ist'). Die Interpretationsschwierigkeiten von V. 8 liegen in der ersten Vershälfte, die solche Überlegungen umkehrt und von jenem Tag redet, der beim Herrn wie tausend

---

[386] Die Aussagen des 2 Petr haben deshalb nicht selten zu Harmonisierungsversuchen geführt; vgl. SCHELKLE 226.
[387] Ob sich darin ein direkter Widerspruch gegen eine bestimmte Rezeption hellenistischen Denkens durch die Gegner zu Worte meldet - so NEYREY, Background -, ist nicht gesichert; der Text erweckt nicht diesen Eindruck.
[388] Vgl. den Hinweis von BAUR; siehe o. 158, A. 359.
[389] Vgl. zuletzt SCHRAGE, 2 Petr 3,8 267ff.

Jahre ist. Solche Variation hat sowohl in der jüdischen wie der frühchristlichen Theologie Entsprechungen.[390] Es handelt sich hier – in freier Abwandlung, ja Umkehr von Ps 90,4 (wobei der ursprüngliche Zusammenhang mit dem Psalm nicht immer bewußt wird!) – um einen Lehrsatz, der exegetisch und chronologisch den ‚Tag des Herrn' erläutert.[391] In diesem Sinne findet sich die Tradition auch in der Literatur des zweiten Jahrhunderts[392]; sie verbindet sich in diesen Texten z.T. mit dem Hinweis auf den Chiliasmus, der den Gerichtstag des Herrn auf die tausend Jahre hin interpretiert. Dies hat im Blick auf V. 8 zu der Überlegung geführt[393], ob nicht V. 8 unmittelbar auf V. 7 sich bezieht und konkret die Aussage dieses Verses auslegt.[394] Das bedeutet: „Daß sie (scil. die messianische Herrschaft) gewiß kommt und daneben, daß sie eine tausendjährige Herrschaft ist, betont V. 8."[395] Obwohl dies auf Grund des Traditionsmaterials[396] zunächst bestechend erscheint, so ergeben sich wegen des Kontextes und der Argumentation des Vf.s erhebliche Probleme.[397] Denn bei einer solchen Hypothese wird die Position des V. 4a nicht widerlegt; die Gegner hätten einen solchen Einwand sogar sehr leicht zu ihren Gunsten aufgreifen können. Auch ist V. 8 kompositorisch kein Anhang zu V. 7, sondern formuliert ein neues Argument, das sich bewußt mit V. 4a auseinandersetzen will. Zudem sind die beiden Vershälften aufeinander bezogen, und deshalb darf V. 8a auch nicht isoliert gedeutet werden. Gilt dies, dann ist der Sinn des Verses in einer anderen Richtung zu suchen:[398] Der Vf. will mit besonderem Nachdruck die Nichtentsprechung zwischen den menschlichen Zeitvorstellungen und der göttlichen Geschichtsmächtigkeit hervorheben. Das führt nicht zu einer spekulativen Einsicht in die göttliche Zeitlosigkeit oder Transzendenz, sondern soll betonen, wie sehr das Eingreifen Gottes in die Geschichte von den menschlichen Zeitkategorien differiert.

Eine Deutung in solche Richtung ist ebenfalls nicht ohne Parallelen in der frühjüdischen Theologie.[399] So ist auf *Pirqe R. Elieser* hinzuweisen, wo in einer Auslegung von Gen 15 die Unverhältnismäßigkeit zwischen der menschlichen Zeit und der

---

[390] Vgl. vor allem die Überlegungen bei STROBEL, Untersuchungen 87ff.
[391] Vgl. bereits SPITTA 255f.; zur Auseinandersetzung mit der These vor allem SCHRAGE, 2 Petr 3,8 267ff.
[392] Vgl. OTTO, Barnabas 525ff.; SCHRAGE, 2 Petr 3,8 268. An Texten siehe Just, Dial 81,8; Iren, adv.haer. V 23,3; vgl. Did.Ap. lat. 53,20ff. (TIDNER p.86).
[393] So vor allem STROBEL, Untersuchungen 87ff.
[394] STROBEL, Untersuchungen 88: „2.Petr. trägt dagegen nicht mehr und nicht weniger als die jüdische Lösung des Problems vor, eine Lösung, welche die Naherwartung nie zugunsten eines relativen Zeitbegriffes aufgegeben hat."
[395] STROBEL, Untersuchungen 94.
[396] In ähnlicher Weise hatte bereits SPITTA 255f. die Texte interpretiert.
[397] Vgl. die Einwände bei BAUCKHAM 306ff.
[398] Dazu vor allem SCHRAGE, 2 Petr 3,8 271ff.
[399] Vgl. BAUCKHAM, Delay 3ff. bes. 10ff.; SCHRAGE, 2 Petr 3,8 271.173.

Macht Gottes herausgestellt werden soll.[400] Dies könnte in vergleichbarer Weise auch für andere Texte zutreffen[401]; sie belegen, daß die Umkehrung des Satzes von Ps 90,4 in V. 8a nicht notwendig auf eine Traditionslinie zurückgeführt werden *muß*.[402]

Daß der Vf. sich mit solchen Überlegungen, die der Problematik des göttlichen Handelns in der Geschichte nachgehen, in einem weiten, traditionsgeschichtlichen Feld bewegt, zeigt die Fortsetzung in **V. 9** : Der Hinweis auf das ‚Hinauszögern‘ der göttlichen Verheißungen wird bereits in der Schrift diskutiert und hat auf dem Hintergrund von Hab 2,3 eine Auslegungstradition.[403] Solcher Zusammenhang wird deutlich in der Rezeption durch die Qumrangemeinde:[404]

1 Q pHab VII,1–14:
Und Gott sprach zu Habakuk, er solle aufschreiben, was kommen wird über das letzte Geschlecht. Aber die Vollendung der Zeit hat er ihm nicht kundgetan. Und wenn es heißt: Damit eilen kann, wer es liest, so bezieht sich seine Deutung auf den Lehrer der Gerechtigkeit, dem Gott kundgetan hat alle Geheimnisse der Worte seiner Knechte, der Propheten. Denn noch ist eine Schau auf Frist, sie eilt dem Ende zu und lügt nicht (2,3). Seine Deutung ist, daß sich die letzte Zeit in die Länge zieht, und zwar weit hinaus über alles, was die Propheten gesagt haben; denn die Geheimnisse Gottes sind wunderbar. Wenn sie verzieht, so harre auf sie, denn sie wird gewiß kommen, und nicht wird sie ausbleiben (2,3). Seine Deutung bezieht sich auf die Männer der Wahrheit, die Täter des Gesetzes, deren Hände nicht müde werden vom Dienst der Wahrheit, wenn die letzte Zeit sich über ihnen hinzieht. Denn alle Zeiten Gottes kommen nach ihrer Ordnung, wie er es ihnen festgesetzt hat in den Geheimnissen seiner Klugheit ...

Die Antwort, die auf solche Kritik an dem Ausbleiben des göttlichen Handelns gegeben wird (und darin liegt für den Vf. zugleich die Pointe in der Auseinandersetzung mit der skeptischen Frage nach der Wahrheit der Parusie), verweist auf die μακροθυμία, die Langmut Gottes.[405] Es handelt sich um einen Topos der jüdischen Theologie[406], der vor allem die Chance im fortdauernden Geschichtsprozeß wahrnimmt. Dieser Gedanke ist dann in der frühen christlichen Theologie, auch in der Auseinandersetzung mit der ausbleibenden Parusie, aufgenommen worden.[407] Er wird innerhalb der

---

[400] Zu Eliezer vgl. Neusner, Eliezer ben Hyrcanus I/II, bes. I,477ff.
[401] Vgl. Bauckham 308ff.
[402] Strobel, Untersuchungen 93: „Das Schriftwort wird konsequent auf die Dauer der Messiasherrschaft hingedeutet..." Das gilt so ausschließlich jedenfalls nicht.
[403] Vgl. dazu vor allem Strobel, Untersuchungen.
[404] Übersetzung von E. Lohse.
[405] Vgl. dazu Horst, Art. μακροθυμία 389,13ff.; Harnisch, Verhängnis und Verheißung 175ff.; Neyrey, Form and Background (JBL) 424ff.; Zandee, Silvanus and Jewish Christianity 569; Stuhlmann, Eschatologisches Maß 85ff.
[406] Das Motiv der Langmut Gottes mag auch hinter der Tradition stehen, daß die Bestrafung Kains von ihm hinausgeschoben wird (vgl. Aptowitzer, Kain und Abel 91f.).
[407] Vgl. Paulsen, Die Witwe und der Richter 30f.

Argumentation des 2 Petr noch durch den Hinweis auf die Möglichkeit zur Umkehr verschärft. Die Langmut Gottes gewährt eine letzte Frist zur μετάνοια, und darin hat die Überlegung des Autors Teil an der apologetischen Theologie des hellenistischen Judentums. Die Universalität solcher Möglichkeit wird durch das πάντας zusätzlich unterstrichen; es zeigt, daß die Gegner in ihrem Profil für den Vf. fast aus dem Blick geraten sind gegenüber der Kommunikation mit der Gemeinde. Allerdings bleiben die Überlegungen in Vv. 8.9 noch sehr stark orientiert an der Frage nach dem Geschichtshandeln Gottes und seinem Eingreifen.

Erst **V. 10** wendet sich direkt dem ‚Tag des Herrn' zu[408] und bemüht sich, eine weitere Antwort auf V. 4a zu geben. Jetzt wird, nicht spannungsfrei zum Kontext, die unmittelbare Nähe dieses Tages angesprochen, wobei die ponderierte Stellung des ἥξει zu Beginn des Satzes eine zusätzliche Pointe bedeutet. Zwar ist weniger eine christologische Deutung von ἡμέρα κυρίου beabsichtigt (dagegen spricht vor allem der engere Kontext). Der Vf. partizipiert vielmehr an der Rede vom ‚Tage Gottes' in der jüdischen Theologie[409], doch wird mit der Metapher vom Dieb die Unmittelbarkeit dieses Tages angesagt. Der Hinweis auf diese Überlieferung fällt deshalb besonders auf, weil er in Parallele zu anderen Texten der frühchristlichen Überlieferung steht: Mt 24,29ff.; 1 Thess 5,2; Apk 3,3; 16,15.[410] Eine literarische Beziehung des Vf.s zu einem dieser Texte ist nicht mehr nachweisbar, obwohl die traditionsgeschichtliche Nähe zu der paulinischen Fassung der Metapher nicht übersehen werden darf. Der 2 Petr übernimmt vielmehr ein Bildwort aus der apokalyptischen Theologie, die solche Direktheit des Endes gegen alle Skepsis aufrichtet. Der Brief hebt aber in seinen Überlegungen die Nähe des Endes nicht besonders hervor, und insofern darf der Gegensatz gegen seine bisherigen Erwägungen, die stärker mit einem geschichtlichen Erstreckungszusammenhang rechneten, auch nicht überbetont werden. Für den Autor schließt sich vielmehr an den Hinweis auf ἡμέρα κυρίου unmittelbar die Schilderung des Endes der Zeiten an, die in den Farben jüdischer Apokalyptik erfolgt, ohne daß dies notwendig zu der Vermutung einer besonderen Quelle nötigt.

Das ῥοιζηδόν (= ‚prasselnd', ‚knisternd')[411] nimmt in seiner onomatopoetischen Struktur den Gedanken der Vernichtung durch Feuer auf, der sonst in diesem Vers durch das καυσούμενα ausgesprochen wird. Es geht um die Vergänglichkeit der στοιχεῖα. Zur Interpretation dieses Begriffs wird von der bisherigen Forschung eine dreifache Erklärung vorgeschlagen:

---

[408] Dazu RADL, Ankunft des Herrn 157ff.; 181ff.
[409] Vgl. DELLING, Art. ἡμέρα.
[410] Dazu GRÄSSER, Parusieverzögerung 93, A. 2; HARNISCH, Eschatologische Existenz 98ff.; SMITMANS, Gleichnis vom Dieb 43ff.
[411] BAUER–ALAND, s.v. ῥοιζηδόν.

- Es könnte sich bei den στοιχεῖα um die Elemente handeln.[412] Solche Erklärung, die begriffsgeschichtlich möglich ist und in dem Hinweis auf die stoische Theologie der ἐκπύρωσις eine Parallele hat, ist vor allem auf Grund der ausdrücklichen Erwähnung der Auflösung der Erde wenig einsichtig; sie wirkt redundant.
- Häufig wird vermutet, daß deshalb in dem Hinweis auf die στοιχεῖα der Vf. an die Zerstörung der Gestirne denkt.

  In dieser Weise läßt sich *TestLev 4,1* verstehen:
  „Wenn Gott den Menschen richtet, zerspalten sich die Felsen, die Sonne erlischt, die Wasser trocknen, das Feuer gefriert, alle Schöpfung ängstigt sich, die unsichtbaren Geister schmelzen."
  In vergleichbarer Weise bezieht *Justin, Apol 2,4,2* die Welt der Gestirne in die Vernichtung mit ein. 2 Petr würde die Totalität der Vernichtung in besonderer Weise herausstellen (und darin zu der Tendenz des gesamten Abschnitts sehr gut passen).

- Oder aber es ist, ungeachtet einer möglichen Beziehung auf die Gestirne, zugleich an die Engelmächte gedacht; auch die Parallele in TestLev 4,1 läßt sich so verstehen.

  Möglicherweise kann solche Interpretation noch zusätzlich durch *äthHen 60,1ff.* abgesichert werden. Das Beben des Himmels, das den Visionär erschüttert, wird durch Michael gedeutet (Übersetzung von S. Uhlig):
  5 Und Michael sprach zu mir: ‚Was hast du gesehen, was dich so erschüttert? Bis heute dauerte der Tag seiner Barmherzigkeit, und (bis heute) war Er barmherzig und langmütig gegen die, die auf dem Festland wohnen. 6 Wenn aber der Tag und die Macht und die Vergeltung und Gericht kommen werden, (das), was der Herr der Geister denen bereitet hat, die sich nicht dem gerechten Gericht beugen und die das gerechte Gericht leugnen und die seinen Namen umsonst tragen – dieser Tag ist für die Auserwählten zum Bund und für die Sünder zur Untersuchung bereitet.'
  In der anschließenden Passage führt dies zur Beschreibung nicht nur von Leviathan und Behemoth, sondern auch der Gestirne (V. 12). Wird die auch sonst bestehende Nähe zu 2 Petr 3,10 beachtet, dann könnte dies eine solche Interpretation auf die Engelmächte zusätzlich absichern.

Dennoch läßt sich die Frage nicht endgültig entscheiden. Am ehesten einsichtig ist die zweite Möglichkeit, weil die Deutung auf die Engelmächte nicht eigentlich zur Theologie des Briefes (und seiner Wertschätzung der Engel!) stimmen dürfte. Die Vernichtung der Erde und der Werke τὰ ἐν αὐτῇ wird durch das rätselhafte εὑρεθήσεται ausgedrückt.

Diese Aussage hat bereits in der *handschriftlichen Überlieferung* zu verschiedenen Korrekturen geführt, die entweder das Wort selbst ändern (und es in Richtung auf

---

[412] Vgl. die Darstellung bei Delling, Art. στοιχέω κτλ. 666ff. bes. 686, 28f.: „Für 2 Pt 3,10.12 kommen sichtlich nur die Bedeutungen Elemente ... und Gestirne ... in Frage." Delling votiert dann für die erste Möglichkeit.

die Zerstörung durch das Feuer präzisieren[413]), oder durch Hinzufügung entschärfen.[414] All dies ist Indiz für die Problematik des Textes[415], an dem auch durch Konjekturen in verschiedenartiger Weise von der Forschung gebessert worden ist.[416] Doch hat sich zu Recht die Tendenz verstärkt, den bezeugten Text ungeachtet seiner Schwierigkeiten der Interpretation zugrundezulegen.[417]

Es wäre dann in dem εὑρεθήσεται ein ausdrücklicher Hinweis auf das Gericht durch den Vf. beabsichtigt, der sich dabei vor allem biblischer Sprache bedient.[418] Zwar bleibt im Text ein Anstoß bestehen, aber deutlich ist: Der Vf. will die Situation des Gerichts hervorheben.[419] Allerdings stellt V. 10 noch ein letztes Problem: Ist bei den ἔργα an die Handlungen der Menschen und damit an ein Gericht gedacht, das sich an ihrem Verhalten orientiert, oder will der Vf. die totale Zerstörung des bestehenden κόσμος betonen, indem er so auch das einbezieht, was in der Welt hergestellt und erarbeitet worden ist? Wenn bisher der kosmologische Aspekt in der Argumentation überwog, so liegt vielleicht in dem ἔργα ein leiser, vorsichtiger Hinweis auf ein solches Gericht nach den Werken vor, und dies würde gut zu der vermuteten Bedeutung von εὑρεθήσεται passen.

Wird die bisherige Argumentation des Vf.s rekapituliert, dann fällt auf, wie sehr er seiner Widerlegung unterschiedliche Topoi zuordnet. Es kommt ihm, auch im Blick auf die EmpfängerInnen seines Briefes, weniger auf die Kohärenz der einzelnen Argumente an als vielmehr auf die umfassende Bestreitung der gegnerischen These. Das Arsenal der Überlegungen des 2 Petr zeigt in vielfacher Hinsicht traditionsgeschichtliche Nähe zu apokalyptischem Denken. Bei der Überzeugungskraft der Gedanken, die der Brief entwickelt, ist zu bedenken, daß es sich für den Vf. nicht allein um das durch die Gegner gestellte Problem handelt, sondern der Hinweis auf die Gemeinde (ὑμᾶς) dokumentiert: Es geht auch um die Auseinandersetzung und Konfliktbearbeitung in der eigenen Gruppe.

Dies warnt deshalb davor, die einzelnen Argumente wie einen Schattenriß für die Bestimmung der Häretiker zu verwenden. Zwar sollte nicht überse-

---

[413] In diesem Sinne OLIVIER, Correction 127ff., der deshalb auch ein ἐκπυρωθήσεται vorschlägt.
[414] Vgl. die Addition einer Verneinung in der sahidischen Übersetzung oder die Erleichterung in p72 durch das zusätzliche λυόμενα.
[415] WINDISCH 103: „... ein unmöglicher Text ..."
[416] Vgl. den Überblick über die Forschung bei BAUCKHAM 316ff.
[417] So LENHARD, Noch einmal 136; WOLTERS, Worldview 405ff.
[418] Vgl. auch WOHLENBERG 261ff.
[419] BAUCKHAM hat für das Verständnis von 3,10 auf 2 Clem 16,3 verwiesen (304f.; 320); die Parallele ist auffallend: γινώσκετε δέ, ὅτι ἔρχεται ἤδη ἡ ἡμέρα τῆς κρίσεως ὡς κλίβανος καιόμενος, καὶ τακήσονταί τινες τῶν οὐρανῶν καὶ πᾶσα ἡ γῆ ὡς μόλιβος ἐπὶ πυρὶ τηκόμενος· καὶ τότε φανήσεται τὰ κρύφια καὶ φανερὰ ἔργα τῶν ἀνθρώπων. Vgl. die Überlegungen bei WARNS, Untersuchungen 510f. Auch wenn die Unterschiede zwischen den Texten nicht unterschätzt werden dürfen, so zeigt das φανήσεται, daß es um die Situation des eschatologischen Gerichts und damit um die kritische Überprüfung des menschlichen Handelns geht.

hen werden, daß das Motiv der βραδύτης, das durch den Vf. gezielt in V. 9 eingesetzt wird, auch in der Auseinandersetzung des Plutarch mit dem Epikureismus eine Funktion hat.[420] Was die Epikureer für die βραδύτης Gottes halten und woraus sie einen Zweifel an der göttlichen Gerechtigkeit und Providenz herleiten, wird durch Plutarch in ‚de sera numinis vindicta' als beabsichtigte Güte Gottes und Möglichkeit angesehen, daß die Menschen ihr Verhalten und ihr Handeln zum Guten ändern. Solche topologische Berührung reicht aber nicht zu, um die Gegner des 2 Petr in die Wirkungsgeschichte der epikureischen Skepsis einzufügen; dazu sind die Hinweise zu allgemein und die Nähe zur jüdischen Theologie zu auffallend. Aber die Argumente des Vf.s fügen sich so in den weiten Horizont spätantiker Religiosität, die eine generelle Skepsis gegenüber der Geschichtsmächtigkeit Gottes kritisch bedenkt. So beharrt auch der 2 Petr mit seinen unterschiedlichen Argumenten auf der Kraft des göttlichen Handelns. Daß allerdings gerade in der Vielfalt der Aussagen auch die Fragwürdigkeit solcher Theologie in besonderer Weise aufscheint,[421] sollte nicht bestritten werden.

Die Passage **Vv. 11–13** rundet die bisherigen Aussagen des Vf.s in der Auseinandersetzung mit der These von V. 4a ab. Zwar wird die Zuordnung nicht sofort deutlich, und deshalb findet sich auch die Hypothese einer anderen Gliederung.[422] Jedoch bietet der Hinweis auf die eschatologische Neuschöpfung in V. 13 noch eine zusätzliche Überlegung (vgl. auch die gezielte Aufnahme von ἐπαγγελία in dem ἐπάγγελμα), so daß die Argumentation des Vf.s an ihr Ziel kommt. Es geht jetzt in noch eindrücklicherer Weise um die ethischen Konsequenzen der apokalyptischen Erwartung; darin leiten die Verse zur Paränese des Briefes über (vgl. die Aufnahme der Begriffe προσδοκᾶν und σπουδάζειν in V. 14). In dieser paränetischen Pointierung wird besonders augenfällig, daß die Auseinandersetzung mit der These der Gegner auch und vor allem für die Gemeinde wichtig ist. Deshalb richten sich die Verse zugleich unmittelbar an die EmpfängerInnen.

V. 11 knüpft an den Gedanken der eschatologischen Zerstörung an (Aufnahme von λυθήσεται) und wendet dies mit dem exklamativen ποταπούς paränetisch auf die gemeindliche Situation an. Dem dienen die beiden Begriffe ἀναστροφαί und εὐσέβειαι; während mit dem ersteren noch einmal die Wegeterminologie anklingt, verweist der zweite auf die ethische Reihung in Kap. 1. Der Plural soll die Individuation des paränetischen Verhaltens verdeutlichen. Ein Leben angesichts der herannahenden Endzeit muß sich in unterschiedlichen, ethischen Verhaltensweisen konkretisieren. Der Zusammenhang, der für den Vf. zwischen der apokalyptischen Zukunft und

---

[420] Vgl dazu o. 156.
[421] Vgl. die Überlegungen bei KÄSEMANN, Apologie.
[422] Vgl. FUCHS–REYMOND 116ff.

der Praxis seiner Gemeinde besteht, ist für die jüdische Theologie nicht außergewöhnlich.[423]

Die Haltung der Glaubenden gegenüber der παρουσία des Herrn beschreibt **V. 12** als ein προσδοκᾶν (vgl. V. 14)[424] und σπουδάζειν. Nicht ein bloßes Sich-Bemühen oder Einsetzen für die Parusie ist gemeint, sondern die Aussage zielt auf die bewußte Herbeiführung des Endes. Dieser Gedanke, der jüdischer Theologie vertraut ist, dürfte auch in V. 12 anzunehmen sein.[425]

Traditionsgeschichtlich ist für die rabbinische Theologie[426] vor allem an die Auseinandersetzung zwischen R. Elieser und R. Jehoschua *(Sanh. 97b/98a)* zu erinnern:[427]
Rabbi Elieser sagt: Wenn Israel Umkehr tut, werden sie erlöst, wenn aber nicht, werden sie nicht erlöst. Rabbi Jehoschua sagte zu ihm: Wenn sie nicht Umkehr tun, werden sie nicht erlöst. Aber der Heilige, gelobt sei er, läßt ihnen einen König erstehen, dessen Verordnungen hart sind wie die Hamans. Dann tut Israel Umkehr, und er bringt sie zum Guten zurück.
Auch die sich anschließende Passage verdeutlicht, daß für die jüdische Theologie das menschliche Verhalten erhebliche Auswirkungen auf die Endzeit und das Kommen der Gottesherrschaft hat.

Die Praxis der Gemeinde ist so für den Vf. nicht zu sondern von dem hereinbrechenden Ende (dies läßt sich ohne Schwierigkeiten zugleich als Gegenargument zur These von V. 4a verwenden). Der 2 Petr schließt unmittelbar einen gefüllten Hinweis auf die παρουσία an. Wieder schärft die zweite Vershälfte die endgültige Vernichtung des gegenwärtigen κόσμος ein.[428]

Auf dem Hintergrund dieser dunklen Schilderung formuliert **V. 13** die Erwartung einer neuen Schöpfung. Sie resultiert letztlich aus Jes 65,17 (vgl. 66,22), und dieser Text hat in der jüdischen Theologie eine erhebliche Wirkungsgeschichte ausgelöst.[429] Der Vf. hebt vor allem die kosmologische Relevanz der Aussage hervor (nicht so sehr ihre anthropologischen Konsequenzen); sie hängt für ihn allerdings an der Verheißung Gottes und deren Zuverlässigkeit (vgl. den Zusammenhang mit V. 4). Solche eschatologische Neuschöpfung kann in der jüdischen Tradition als Verwandlung des Vorfindlichen oder aber als radikaler Abbruch des Bestehenden beschrieben werden. Der Text läßt nicht mehr erkennen, ob der Vf. solche Unterscheidung kennt, und in welche Richtung seine Meinung tendiert.[430] Doch legt

---

[423] Vgl. MÜNCHOW, Ethik und Eschatologie.
[424] Vgl. MAURER, Art. προσδοκάω κτλ. 726f.
[425] Anders MAURER, a.a.O.
[426] Vgl. BAUCKHAM 312; 317.
[427] Vgl. dazu auch 164. Übersetzung nach R. MAYER.
[428] Wohl unter Aufnahme von Jes 34,4; vgl. BAUCKHAM 325f.
[429] Dazu MELL, Neue Schöpfung 139ff.
[430] SCHRAGE 146.

der Kontext eher den Gedanken einer fundamentalen Neuschöpfung nahe,[431] wobei über das Geschick der Menschen in diesem Prozeß nicht reflektiert wird. Mit einem gefüllten und herausgehobenen Schluß[432] weist der Brief auf die Präsenz der δικαιοσύνη in dieser Neuschöpfung hin.[433]

Dies erscheint als eine vertraute Aussage der jüdischen Theologie; in eine vergleichbare Richtung weist *äthHen 45,4-6* (Übersetzung von S. Uhlig):[434]
4 An jenem Tage werde ich meinen Erwählten unter ihnen wohnen lassen, und ich will den Himmel verwandeln und ihn zum Segen und Licht für ewig machen. 5 Und ich werde das Festland umwandeln und es zum Segen machen und werde meine Auserwählten auf ihm wohnen lassen; aber die, die Sünde und Unrecht tun, werden es nicht betreten. 6 Denn ich habe meine Gerechten gesehen und sie mit Heil gesättigt und sie vor mir wohnen lassen; aber für die Sünder steht bei mir das Gericht bevor, daß ich sie vertilge von der Oberfläche der Erde.

Die Parallelität zwischen den Texten wird noch einsichtiger, wenn bedacht wird, daß mit solchen Erwägungen die gegenwärtige Weltzeit gerade durch das Fehlen der Gerechtigkeit gekennzeichnet ist (vgl. äthHen 42,1-3, wo dies vor allem hinsichtlich der Weisheit eine Rolle spielt!). Indem V. 13 an solche Traditionen anknüpft, wird ein Grundmotiv der bisherigen Theologie des Vf.s angesichts der These der Gegner verstärkt. Es geht um die Treue des Schöpfers zu seiner Schöpfung und um seine Gerechtigkeit, die sich durchsetzt.

3,14-18: Paränese und Briefschluß

14 Deshalb, Geliebte, wenn ihr dies erwartet, bemüht euch vor ihm unbefleckt und untadelig in Frieden erfunden zu werden.
15 Haltet die Langmut unseres Herrn für Heil, so wie auch unser geliebter Bruder Paulus nach der ihm gegebenen Weisheit euch geschrieben hat,
16 wie auch in allen Briefen, in denen er über diese Dinge spricht. In ihnen ist einiges schwer zu verstehen, was die Unkundigen und Ungefestigten verdrehen, wie sie es auch mit den übrigen Schriften tun zu ihrem eigenen Verderben.
17 Ihr nun, Geliebte, wißt dies vorher und hütet euch, damit ihr nicht durch den Irrtum der Gesetzlosen fortgerissen aus der eigenen Festigkeit herausfallt.
18 Nehmt aber an Gnade und Erkenntnis unseres Herrn und Heilands Jesus Christus zu. Ihm gehört die Herrlichkeit jetzt und am Tage der Ewigkeit. Amen.

---

[431] Schrage 146: „... ist 2.Petr. 3,13 den ... Belegen zuzuzählen, die ein radikales Ende und ein radikal Neues erwarten."
[432] Knopf 321.
[433] Der Zusammenhang mit dem Beginn des Briefes in 1,1 ist nicht zu übersehen; vgl.o. 104.
[434] Daneben vgl. noch 10,18; 51,5; slavHen 65,8: die neue Weltzeit ist der große Äon der Gerechten.

Lit.: RINALDI, G., La „sapienza data" a Paolo (2Petr. 3,15), in: San Pietro: Atti della XIX settimana biblica, Brescia 1967, 395-411; CONTI, M., La sophia di 2 Petr. 3,15, RivBib 17, 1969, 121-138; MUSSNER, F., Petrus und Paulus - Pole der Einheit. Eine Hilfe für die Kirchen, QD 76, 1976; LINDEMANN, A., Paulus im ältesten Christentum. Das Bild des Apostels und die Rezeption der paulinischen Theologie in der frühchristlichen Literatur bis Marcion, BHTh 58, 1979, 91ff.261ff.; DASSMANN, E., Der Stachel im Fleisch. Paulus in der frühchristlichen Literatur bis Irenäus, Münster 1979, 118ff.; VÖGTLE, A., Petrus und Paulus nach dem Zweiten Petrusbrief, in: Kontinuität und Einheit, FS F. MUSSNER, Freiburg-Basel-Wien 1981, 223-239.

Die abschließende Passage des Briefes ist durch die Vv. 14.15a noch mit der vorhergehenden Auseinandersetzung über die Fragen von Parusie und Zukunftserwartung verbunden. Jedoch ist ein Neueinsatz nicht zu übersehen; διό und das ἀγαπητοί unterstreichen, daß für den Vf. die abschließende Paränese beginnt. In solcher Zuordnung von Eschatologie und Paränese ist der Vf. urchristlicher Epistolographie verpflichtet,[435] von der allerdings die Situation des Testaments abweicht. Denn in der Zuordnung des brieflichen Rahmens und der angenommenen Lage des Abschieds liegt das Spezifische dieser Verse; sie geben mit der Paränese[436] der Gemeinde eine zusätzliche Gewißheit und Sicherheit, handelt es sich doch bei den EmpfängerInnen um Personen, die durch den Autor zuvor informiert gewesen sind (προγινώσκοντες).

V. 14 zieht die paränetische Folgerung aus der andringenden Gewißheit der Parusie, wobei der Stichwortanschluß deutlich ist. Wenn so die ethische Praxis der Glaubenden zentral ist, dann wird sie als Gegenbild zum verfehlten Leben der Häretiker gezeichnet: Die Antithese zu 2,13 ist nicht zu verkennen.[437] Für den Vf. handelt es sich darin um eine Verantwortlichkeit, die sich an Gott orientiert (das αὐτῷ bezeichnet solche Relation sehr genau, wobei ein juridischer Sinn mitgesetzt ist[438]), und auf das eschatologische Forum des Gerichts verweist.[439] Das Signum dieser gemeindlichen Existenz besteht im ‚Frieden'; so formelhaft dies wirkt, es bezeichnet jenen umfassenden Zustand der christlichen Praxis, von dem bereits im Präskript gesprochen wurde.

Auch für die Gemeinde gilt freilich – **V. 15** –, daß die Langmut des Herrn als Heil begriffen werden muß. Darin wird, wenn auch in bezeichnender Alternative (μετάνοια - σωτηρία), die Überlegung aus V. 9 rezipiert. Der

---

[435] Vgl. BAUCKHAM 323; siehe auch die Überlegungen zur rhetorischen Struktur bei WATSON, Invention 135ff.
[436] Zum Übergang zur Paränese im 2 Petr vgl. BULTMANN, Theologie 519f.; FORNBERG, Society 94ff. Scharf kritisch MÜNCHOW, Ethik und Eschatologie 174ff. bes. 176: „Die Ethik ist nicht ein Handeln auf Grund des übereigneten Vorschusses an Gnade, sondern ein für das Herbeikommen des Endes notwendiges Verhalten."
[437] Von SODEN 228.
[438] BAUCKHAM 327.
[439] Deshalb nimmt das εὑρεθῆναι auch V. 10 auf; vgl. BAUCKHAM 327.

κύριος, wegen der Kontextualität von V. 9 dürfte auch hier an Gott und nicht an Christus gedacht sein, will das Heil der Gemeinde; darin besteht für den Vf. eine Chance auf Grund der Zukünftigkeit der Parusie.

Es folgt eine kurze Digression, die sich mit Paulus und den paulinischen Briefen beschäftigt; dies geschieht von der Position der Fiktionalität aus, ja es unterstützt sie in gewisser Hinsicht sogar noch. Darin steht die Passage kompositionell und inhaltlich in Parallele zur Inanspruchnahme des προφητικὸς λόγος und der Verklärungsüberlieferung. In solcher Pointe liegt der Anlaß zum Hinweis auf Paulus, wobei zu solcher Notwendigkeit auf Grund der Fiktion auch die veränderte, geschichtliche Lage des 2 Petr bedacht werden muß. Für die Zeit des Vf.s und seiner Gemeinden ist nicht nur die Autorität der Schrift und des Petrus unbestritten, gleiches trifft für Paulus zu: „Wie brüderlich wird schon hier der Apostel Paulus als Apostel anerkannt, und wie sehr lässt es sich sein apostolischer Mitbruder angelegen sein, dem Vorurtheil, das man doch gegen die Briefe des Apostels haben mochte, und den Misdeutungen, welchen sie ausgesetzt waren, zu begegnen, ja, es werden die Briefe des Apostels hier sogar in einer Reihe mit den kanonischen Schriften aufgeführt!"[440] So klar diese Wertschätzung des Paulus hervortritt und so sehr dies einen Grund in der Lage des Testaments hat, eine Reihe von Einzelheiten bedürfen der Klärung. Methodisch ist zwischen dem Paulusbild des Vf.s und der tatsächlichen Kenntnis der paulinischen Briefe im 2 Petr zu unterscheiden:[441]

Das Paulusbild des Vf.s ist uneingeschränkt positiv; von einem herablassenden Ton in seinen Äußerungen kann keine Rede sein.[442] Für ihn handelt es sich um den ἀγαπητὸς ἀδελφός, dessen Gleichberechtigung fraglos ist. Dies wird noch durch den Hinweis auf die σοφία unterstrichen, die Paulus zuteil wurde. Der Vf. sagt nicht klar, worauf sich diese Bemerkung bezieht (vielleicht ist auch nur ein Anklang an bestimmte, paulinische Schlagworte beabsichtigt),[443] doch soll auf solche Weise der besondere Rang des Paulus hervorgehoben werden.[444] Zu solchem Paulusbild gehört der Hinweis auf die Briefe des Apostels, deren dialogische Situation dem ὑμῖν entsprechend eine Ausweitung erfahren hat: Sie richten sich an jene Gemeinden, an die der Vf. schreibt, und damit insgesamt an die Kirche des zweiten Jahrhunderts.

Auch das Folgende wird zunächst als Reflex einer Vorstellung von Paulus und seinem Schrifttum zu bestimmen sein. Es gibt Menschen (offenkundig

---

[440] BAUR, Kirchengeschichte der drei ersten Jahrhunderte 143.
[441] Vgl. dazu vor allem LINDEMANN, Paulus 91ff.; 261ff.
[442] Gegen KLEIN, Zwölf Apostel 103: „Die Figur des Heidenapostels ist problematisch geworden und muß durch kirchlich sanktionierte Interpretation für die Orthodoxie erst noch domestiziert werden."
[443] Vgl. von SODEN 228 unter Hinweis auf 1 Kor 3,10; Eph 1,17; 3,3f.8–10; ähnlich CONTI, Sophia.
[444] LINDEMANN, Paulus 91ff.; DASSMANN, Stachel im Fleisch 118ff.

ChristInnen), die sich dieser Texte in einer unzulässigen Weise bedienen. Wird die Vorstellung summiert, die der Vf. von Paulus hat, so zeigt sie, in welchem Ausmaß für die Gemeinden die Autorität des Paulus fraglos geworden ist.

Doch ist dies nicht mit der faktischen Kenntnis der paulinischen Briefe gleichzusetzen. Gilt dies für den 2 Petr insgesamt, wo der Nachweis über die Vermutung von Anklängen nicht hinausgreift,[445] so trifft es auch auf diese Verse zu.

V. 16 verdeutlicht dies noch zusätzlich: Paulus habe in allen Briefen über diese Dinge geschrieben. Für den Vf. geht die Wichtigkeit dieser Feststellung aus der gefüllten Formulierung hervor. Dennoch kann der betreffende paulinische Brief oder die entsprechende Textstelle, an die 2 Petr denkt, nicht benannt werden. Genau dies könnte aber in der Absicht des Autors liegen.[446] Die Summe der in den paulinischen Briefen enthaltenen Gedanken stimmt mit der Theologie des Vf.s so überein, daß es für die EmpfängerInnen unstrittig wird.[447]

Zwar liegt die Vermutung nahe (sie wird vielleicht auch durch die Formulierung des Textes selbst gestützt), daß für den Vf. in erster Linie die eschatologischen Aussagen des Paulus gemeint sind.[448] Doch wird diese Hypothese nicht identisch mit einem möglichen Nachweis solcher Texte aus dem Corpus Paulinum. Der Vf. will vielmehr vor allem seine Überlegungen und theologischen Aussagen zusätzlich absichern. Natürlich bleibt erstaunlich, daß der Brief auf δυσνόητα innerhalb des paulinischen Schrifttums verweist. Aber auch hier ist, über die topologische Bedeutung einer solchen Aussage hinaus (sie weist dem eigenen Text rezeptionsästhetisch besonderes Gewicht zu!), daran zu erinnern, daß die entsprechenden Passagen bei Paulus nicht zu nennen sind. Dies erleichtert sogar die erneute Polemik gegen die Häretiker; sie werden als ἀμαθεῖς und ἀστήρικτοι (vgl. die Korrespondenz mit V. 17) beschrieben, die sich der paulinischen Briefe, aber auch der übrigen Schriften bemächtigt haben, um sie zu verdrehen. Solches Verhalten führt zu ihrem Verderben: ἀπώλεια! Es läßt sich nicht sagen, an welche Situation der Vf. denkt; der traditionelle Charakter in der Polemik führt zu einer erheblichen Unschärfe, so daß nur Vermutungen bleiben.[449] Zwar ist auf einen möglichen Zusammenhang mit der ἐλευθερία[450] oder auf

---

[445] Vgl. LINDEMANN, Paulus 261ff.
[446] HOLLMANN-BOUSSET 316.
[447] LINDEMANN, Paulus 93.
[448] Vgl. WREDE, Echtheit 72: „Dass es sich aber um eschatologische Stellen handelt, folgt doch wohl aus dem Zusammenhange … Wenn V. 15 Paulus als Zeuge für den Gedanken auftreten muss, dass sich die Verzögerung der Parusie durch die Langmut des Herrn erklärt, die das Heil aller will …, so kann auch V. 16 wohl nur auf die eschatologische Frage gehen, um deretwillen der ganze Brief geschrieben ist …"
[449] Vgl. LINDEMANN, Paulus 95, A. 20.
[450] Vgl. dazu bereits o. 143f.

die Mißdeutung von eschatologischen Aussagen des Paulus[451] verwiesen worden. Alles dies bleibt spekulativ; entscheidend ist die Fiktion, daß die EmpfängerInnen durch den Brief des Vf.s jedenfalls über die relevanten Fragen informiert sind (und daß Paulus nach Meinung des Autors in der Sache damit übereinstimmt).

Der Vers bietet zugleich einen Einblick in die Geschichte der Kanonbildung; für den Vf. gibt es bereits eine Sammlung der paulinischen Briefe (πάσαις!),[452] der unbestreitbare Autorität zugewiesen wird. Aber daneben läßt sich von τὰς λοιπὰς γραφάς reden, die mit den paulinischen Briefen zusammen ebenfalls Anerkennung fordern (und die deshalb nicht minder von den Gegnern verdreht werden). Solche ‚übrigen Schriften' könnten analog zum sonstigen Sprachgebrauch des frühen Christentums Texte der ‚Schrift' bezeichnen, dagegen spricht aber, daß der Vf. in 1,19-21 jene bereits durch die Kennzeichnung als προφητικὸς λόγος hervorgehoben hatte. So wird hier von christlichen Texten auszugehen sein; auch sie sind allerdings nicht genau beschrieben, was sich aus der angenommenen Lage des Abschieds und der letzten Worte gut begreifen läßt.

Die abschließenden Verse wenden sich noch einmal vor der Doxologie an die Gemeinde. Sie ist durch den Vf. in den Stand versetzt worden, mit der Häresie in der angemessenen Weise umzugehen: **V. 17.** Das impliziert die Aufforderung, sich vor solchem Irrtum (vgl. 2,18!) zu schützen; an der Formulierung wird deutlich, daß es sich bei den Gegnern um eine aktuelle Gefährdung der Gemeinde handelt. Der Vf. erinnert die EmpfängerInnen daran, was auf dem Spiele steht: Es geht um den Verlust des eigenen στηριγμός[453], wobei das ἐκπέσητε dem συναπαχθέντες zugeordnet erscheint.

Solche Mahnung konkretisiert sich für den Vf. in **V. 18** mit dem αὐξάνειν durch die Gnade und die Erkenntnis Jesu Christi; die plerophorische Wendung nimmt im Hinweis auf die γνῶσις Gedanken des Briefbeginns auf und schärft sie ein. Die abschließende Doxologie richtet sich an Jesus Christus;[454] für die Theologie des Briefes ist charakteristisch, daß noch einmal die eschatologische Ausrichtung hervortritt. Denn solche Doxologie gilt nicht nur für die Gegenwart, sondern sie betrifft auch die Zukunft. In einer ungewöhnlichen Formulierung bindet der Vf. den Gedanken der erstreckten Zeit des Heils (αἰών) mit dem Hinweis auf jenen Tag zusammen, der seine Theologie auch sonst bestimmt hatte.

---

[451] Wrede, Echtheit 72.
[452] Vgl. zuletzt Trobisch, Paulusbriefe.
[453] Vgl. o. 114.
[454] In der frühchristlichen Literatur vgl. noch 2 Tim 4,18., Apk 1,5.6.

Stellenregister
(in Auswahl)

Die fettgedruckten Seitenzahlen bei Jud und 2 Petr verweisen auf die Kommentierung des jeweiligen Verses.

Altes Testament (LXX)

Gen
1	160
1,3.6	160 A.
4,1 ff.	69
4,8	154
4,8 f.	70
5,4 ff.	74 A.
6,1–4	62. 132 A.
8,18	133
19,4–10	64
19,30–38	134

Ex
2,12	67. 68 A.
4,22	119 A.
15,24	77
16,2 ff.	77

Lev
19,15	77

Num
13,16	60
14,27–29	77 A.
14,29–37	62
16	70
22,6 f.	70
22,17	70
22,22 ff.	70
24,13	70
24,17	121
31,16	70

Dtn
13,2 ff.	65
34,6	67

Jos
5,2	60 f.

Hiob
40,20	133

Ps
1,1	80
41,4. 11	153
78,10	153
90,4	163 f.
106,7	142
113,10	153

Prov
1,22	80
2,13	142
9,7 f.	80
13,1	80
20,11	142
25,14	72
26,11	146
29,3	72
30,16	133

Cant
2,17	121
4,6	121

Jes
52,5	129

56,10	65	2,4–7	62
57,20	72	2,5	64
65,17	170		
66,22	170	Sap	
		10,4	132
Jer		10,6	132.134
17,15	153	19,17	134
34,9	65		
		SapSal	
Ez		5,14	72
12,22	151.153	9,15	114
34,8	72	10,5–7	64 A.
Dan		Sir	
2,1	65	7,29	77
10,13	66	16,7 f.	131
11,36	77	16,7–10	62
12,1	66	16,8	64 A.
Hos		Tob	
14,10	142	4,19	142

Joel		*Neues Testament*	
2,17	153		
2,28	65		
		Mt	
Am		7,6	147 A.
4,11	84	7,15	80
9,10	151	10,15	64
		10,34 f.	128
Micha		11,24	64
7,10	153	12,45 par	145
		17,5	119 A.
Hab		24,11	80. 127 A.
2,3	165	24,24	127 A.
		24,29 ff.	166
Zeph			
1,12	151	Mk	
		6,11	64
Sach		9,2–10 par	118
3,2	68.84	13,5 f. 22 f.	127 A.
10,2	65	13,22	80
Mal		Lk	
2,17	151.153	1,47	87
		2,29	56
3Makk		10,12	64
2,4 f.	132		

17,26 ff.	132		Gal	
17,29	64		1,7	55
			2,4	128
Joh			6,10	111
21,18 f.	115		Eph	
			1,17	173 A.
Apg			1,21	65
2,17	65		2,3	142
3,2	55		3,3 f. 8–10	173 A.
13,10	142		3,20	86
14,8	55			
15,1	55		Phil	
15,14	104		4,20	86
17,6	55			
17,29	107		Kol	
20,18 ff.	90 A.		1,16	65
20,29 f.	80		1,22	87
			2,18	65
Röm			1 Thess	
3,8	55 A. 57 A.		1,10	77
4,16	120		3,12	111
5,1 ff.	110		4,16	66. 77
6,12 ff.	144		4,17	77
8,12–17	143		5,2	166
8,20. 21	143		5,23	86
8,30	112			
13,12	122		2 Thess	
16,25–27	86		2,3	142
1 Kor			1 Tim	
1,2	53 A.		1,1	87
2,13–16	81		1,2	53 A.
3,10	173 A.		1,4	117
3,13	84		1,17	86
6,3	65		2,3	87
6,20	128		4,1–3	80
7,23	128		4,7	117
10,1 ff.	60		4,10	87
10,10	77		5,24	55
11,18 f.	56 A. 128		6,5	78
13,1	65		6,15	86
15,14 ff.	113			
			2 Tim	
2 Kor			1,2	53 A.
5,1 ff.	114		4,3 f.	80
10,12	55		4,4	117
11,4	55 A.		4,18	175 A.

Tit		2,12	97. 137. **140**
1,3	87	2,13	41 A. 71. 97. 126. 137. **141**. 172
1,4	53 A.		
1,11	78	2,14	129. **141**
1,14	117	2,15	97. 137. 141. **142**
2,10	87	2,16	**142**
3,4	87	2,17	97. 137. **142**
		2,18	41 A. 98. 137. **143**. 145. 175
1 Petr	92 f.	2,19	**143**
1.11	60	2,20	105. 143. **144 f.**
4,11	86	2,21	**144 f.** 151
		2,22	**144. 146.** 147
2 Petr		3,1	89 A. 93 A. 99 A. 148. **149**. 150
1,1	93. 103. **104**. 106.		
1,2	97. 103. **105**. 106. 111	3,2	98. 148 f. **151**
1,3	106. **107**. 109–112	3,3	41 A. 80. 98. 148 f. **151**
1,4	92. 106 f. **108**. 110. 112	3,4	95 f. 148 f. **151**. 153. 155. 157. 163 f. 166. 169 f.
1,5	97. **110**. 114		
1,6	**111**. 114	3,5	**159**. 160–163
1,7	110. **111**	3,6	**159–161**. 162 f.
1,8	105. **111**	3,7	**159–163**.
1,9	**111**	3,8	159. **163**. 164. 166
1,10	107. **112**	3,9	159. 163. **165**. 166. 168. 172
1,11	107. 110. **112**		
1,12	97. **113**. 115	3,10	159. **166**. 167 f. 172 A.
1,13	113. **114**	3,11	159. **169**
1,14	**115**	3,12	166 A. **169**. 170
1,15	113. **115**. 116	3,13	108. 163. **169 f.** 171
1,16	93. 113. **117**. 118. 127. 129	3,14	98. 148. 169. **172**
1,17	117. **118**. 119. 127	3,15	143. **172**. 174 A.
1,18	117. **120**. 127	3,16	93. 143. **174**
1,19	117. **120**. 121 f. 127. 175	3,17	98. 174. **175**
1,20	117. 120. **122**. 127. 148. 175	3,18	98. 105. **175**
1,21	117. 120. 122 f. **124**. 125. 127. 175		
		1 Joh	
2,1	56. 97. 126. **127**. 128. 136	2,8	80
2,2	97. 126 f. **128**. 129	3,12	70 A.
2,3	97. 126–128. **129**. 130–132. 141	4,1–3	80
2,4	97. 131. **132**. 138	2 Joh	
2,5	**133**	3	53 A.
2,6	97. 131. **134**		
2,7	**134**. 135	Hebr	
2,8	**135**	1,3	118
2,9	97. **135**	2,2	120
2,10 a	97. 126. 131 f. **136**	6,4 ff.	145 A.
2,10 b	126. 136. **138**. 140. 141 A.	8,1	118
2,11	97. 137 f. **139**	9,17	120

10,26 f.	145 A.	5,9	128
11,26	60	6,10	56
		16,15	166
Jak	103		
1,1	52		
4,13	129	*Frühjüdische Schriften*	
Jud		ApkPetr	128 A.
1	**52**.53.57.63.103 f.		
2	52.**53**.54.97	ApocHen (GrP)	76
3	51.53.**54**.55.60.79.82.97.104.110	AscJes	
4	46 f. 53 f.**55**.56.58.65.69.71.73 f.77–79.81.83.97.128	3,16	66
		9,32	65
		11,32	118
5	42.58.60.**62**.68.79.84.97.114	AssMos	67.130 A.
6	53.61.**62**.63 f.71.97 f.131 f.	6,16	78
		7,9	77
7	**63**.97 f.131.134.136	äthHen	
8	47.53.62.**64**.68.97.131.136–138	1,9	74;77
		2–5,4	72
9	**66**.67 f.97.131.137.139	5,4	77
10	47 f.60.**68**.69.74.97.137.140	6–11	62 A.
		9 ff.	140
11	59.**69**.70.78.97.137	10,4–6	63
12	41 A. 47.64 A.**71**.81.84 f.97.137.141 f.	10,11–13	63.132
		10,12	132
13	53.69.71.**72**.73.97.137	10,18	171 A.
14	57.**74**.77	12,4–13,1	63
15	57.**74**.77.81	18,11	132
16	41 A.**77**.80.97.137	18,13–16	72
17	48.53.**79**.80.83.98.149	20,2	133
18	41 A. 48.**79**.80.98.149.151	20,7	66
		21,1	132
19	47.69.79 f.**81**.83	22,10 f.	135
20	53 f.**81** f.83.104	42,1–3	171
21	53.**81** f.83 f.	45,4–6	171
22	42.47.53.**81**.84.86	51,5	171 A.
23	42.47 f.53.64 A.71.**81**.84.86.98	60,1 ff.	167
		60,8	74 A.
24	53.86.**86**.98.112	67,5 f.	72 A.
25	86.**87**.98.118	67,10	57 A.
Apk	90 A.	80,2–8	72 A.
1,5.6	175 A.	81,4	56 A.
2,14	70	83,3–5	161
3,3	166	88,1	73.132

88,3	132		ParJer	
91,5–11	133 A.		6,3	114
93,3	74 A.			
106,19–107,1	133 A.		Philo	117 A.
106,19	56 A.			
108,7	56 A.		All	
			I,38	108
BerR				
XXX,10	134 A.		Decal	
			104	108
GenR				
27	132		Det	
49	132		32	70
			48	70
Josephus	117 A.		78	70
Ant			Ebr	
1,52–66	70		223	134
1,73	133			
1,174	133		Fug	
8,4,2	108		62 ff.	109
Ap			Gig	
I,26	108		58	133
Ant			Her	
4,177–193	114 A.		259	124 A.
Bell			Migr	
4,483	134		9	109
5,566	64;132		139	134
7,8,6	56 A.			
			Mut	
Josua-Targum	60 f.		22	56 A.
			121	60 A.
Jub				
2,7	161 A.		Post	
4,15	62		38 f.	69
4,22	62		42	70
5,1	62		54	70
16,6	64			
20,5	64.132		Praem	
22,22	64		152	133
36,10	64			
			QuaestGen	
Leben des Mose (slav.) 67			4,51	64

Sacr
2   70

SpecLeg
1,8,45   65

Som
II,253   109

VitMos
I 181   77
2,291   67 A.
II 58   134
II 263   132. 162 A.
II 433   133

PsPhilo ant
19,6   115

Qumranschriften
CD
II,17-19   62
II,17-3,12   62
VII 19,20   121 A.

1 QGenApoc
2,1   62

1 QH
10,8   65

1 QM
XI,6   121 A.

1 QpHab
VII,1-14   165

4 Q'Amram b
1,10-11   67 f.

4 QEn' 1 i   75

4 Q Test
9-13   121 A.

Sanh
10,3   62. 132
97 b/98 a   170

Sib
1,129   134
1,148-198   134
2,231   133
4,186   133
4,172 ff.   162
5,155 ff.   162
5,206 ff.   162
5,512 ff.   162

slav.Hen.
65,8   171 A.

SyrApkBar
24,1   56 A.
43,2   115
46,1 f.   115

Targume zu Gen 4,8

Tosephta „90" 154 f.

Geniza Ms B „52"   154 f.

Test XII

TestAss
7,1   64

TestBen
9,1   64 A.

TestIss
1   115

TestJud
24,1   121 A.
25,2   65

TestLev
1,2   115
3   118
4,1   167
14,1   167. 56 A.
14,6   64 A.
18   121 A.
18,5   65

TestNaph
3,4	64
3,4f.	62.132
3,5	62
4,1	64

TestRub
| 5,6–7 | 62 |

TestHiob
| 43,7 | 114 A. |

VitAd
| 49 | 162 A. |

WeishKairGen
| 16,10 | 146 A. |

Frühchristliche Schriften

ActThom
| 111 | 85 A. |

Barn
1,7	56 A.
4,3	56 A.
12,8–10	60
15,9	133

1 Clem | 94
7,6	134
9,4	132.162
11,1	132.134
12,4f.	134
23,3f.	152f.157
27,4	162
35,5	129 A.
59,4	56 A.
60,3	56 A.
61,1f.	56 A.
62,2	111 A.
64	111 A.
65,7	86

2 Clem | 94
1,8	107
2,4	107
2,7	107
3,1	107
7,3	142
9,5	107
11	120 A.
11,2–4	152f.157
16,3	168 A.
20	62 A.

Did | 43
2,7	86
4,1	65
16,3	80

Diogn
| 6,8 | 114 |

Ignatius

IgnEph
3,1ff.	58
7,1	55 A. 146 A.
9,1	55 A.
14,1	110
19	121

IgnPhld
| 1,1 | 106 |
| 9,2 | 118 A. |

IgnSm
| 4,1 | 85f. |

MartPol | 43; 90 A.
Inscr	53 A.
11,1	145 A.
20,2	86

NHC
I, 5 p. 133,6f.	124 A.
II, 1 p. 10,34	69 A.
II, 1 p. 24,25	69 A.
II, 4 p. 91,12 ff.	69 A.
III, 2 p. 58,15	69 A.
VI 4	134 A.
VIII, 2 p. 134,9 f.	119 A.

Register

IX,3p.34,8f.	73
XI,2p.38,24	69 A.

PastHerm   94

sim
V,5	123 A.
V,6,1	65
V,7	123 A.
VIII,11	123 A.
IX,13.16	123 A.
IX,17,5–18,2	145

PolPhil
7	127 A.
7,1	70 A.

Altkirchliche Schriften

Canon Muratori
Z.68	43

ClemAl

GCS III, 203 ff.
207,1 ff.	57 A.
207,10	63 A.
207,24	67

paed
1,60,3	60 A.
3,2,14	62 A.
3,8,44	43

protr
92	146

strom
1,2	146
2,68,3	146
3,2,11	43
3,7,59	62 A.
6,8,65	82

Did.Ap.lat.
53,20 ff.	164 A.

Didymus
PG
39,1825	67

Epiphanius an
40,5	70 A.

Euseb h.e.
2,23,25	43
3,25,3	43
6,25,11	92

Hieronymus
de vir.illustr.
4	43

Irenäus
adv.haer.
I,31,1	70
IV,36,4	62 A.
V,23,3	164 A.

Justin

Apol
2,5,3	62 A.
2,4,2	167
2,7	162

Dial
24,1	133
35,3	80 A.
41,4	133
81,8	164 A.
82,1	128
120,3	60 A.
138,1	133

Origenes

Cels
IV,11 f.	62 A.

de princ
3,2,1	67

In Exodum Hom
11,3	60 A.

In Lib Jesu Nave
1,1   60 A.

In Matth
XVII,30   43

PsClem
hom
XI,24   160 A.

Ps.-Cyprianus
AdNovatianum
CSEL III,67   75

Ps.-Vigilius
MPL 62, Sp. 363 75

Tatian
or. 25   162

Tertullian

apol
22,3   62 A.

de cult.fem.
1,2   62 A.
I,3   43

de idol
9,1   62 A.

Theophil.
Autol
II,15   73
III,19   134

Hellenistische Schriften

Aristoteles
Pol
4,4,1290b25 f. 81

sect
31   112 A.

CIG
II Nr. 2715a,b 107 A.

CorpHerm   114 A.
I,28   108 A.
VII,2 f.   85 A.
XIII,1   108 A.

Hesiod
Theog
190–192   72 A.
713–735   63 A.

Platon

Theaet
176a.   **109**

Timaios
22b.c   162

Plutarch
Mor
236 D   72 A.

Seneca
natur.quaest.
III,29   162 A.

Sachregister

(in Auswahl)

Deutsch

Angelologie/Engelverehrung 49. 51. 68
Antinomismus 49 A., 55
Apokalyptik/apokalyptisch 57. 80. 84. 122. 166. 168 f.
Apostel 51. 55. 79. 103. 107. 116–118. 122. 146. 149
apostolische Autorität/Verfasserschaft 41. 45. 48. 50. 92. 98. 103 f. 121. 123. 149
apostolische Botschaft/Verkündigung/Überlieferung 47. 51. 79 f. 114–116. 120. 127
apostolischer Ursprung/Anfang 91. 94. 100. 124 f.
apostolische Zeit 44 f. 48. 50. 80. 96. 98. 101 f. 105. 113. 117. 150 f. 157
binitarisch 53. 56. 104
Christus/-offenbarung/christologisch 46. 51. 53. 60 f. 76. 83. 87. 100. 104 f. 107–109. 111. 113. 119–121. 123. 128. 136. 157. 166. 175
Christologie 57. 105. 120. 124. 128
Engel/-mächte/-herrschaften 47–49. 61–66. 78. 131 f. 136. 138–140. 167
Erinnerung/Eingedenken 45. 51. 58. 62. 79. 91. 96. 100 f. 103. 113–117. 124. 149–151. 157 f.
Eschatologie/eschatologisch 53. 54 A., 79 f. 85. 87. 101–103. 107 f. 112. 121 f. 128. 133. 162. 169 f. 174 f.
Frühkatholizismus 101. 125
Geist 81. 84. 101. 125
Gemeinde des 2 Petr 42. 100. 107 f. 114 f. 117. 120. 124. 126–130. 136. 138. 143 f. 148. 151. 163. 168 f. 172 f. 175
Gemeinde des Jud 46–49. 51. 53. 55–59. 71–73. 78–82. 86 f.

Gericht/Tag des Gerichtes/göttliches Gericht 57. 59. 63. 70. 77. 79. 85. 129–136. 139–141. 145. 154–156. 160. 162–164. 166. 168. 172
Glauben/-sinhalt/-sverständnis 44. 46. 51. 54 f. 83 f. 98. 101. 103 f. 114. 116. 122. 143. 145 f.
Gnosis 49. 95. 134 A. 143. 175
Häretiker/Häresie/häretisch 45–48. 50–52. 55–57. 59. 64–66. 68–74. 77–79. 82 f. 85 f. 90. 96. 98 f. 103. 126. 138–144. 146 f. f. 149. 151. 155. 157. 159. 168. 172. 174 f.
Heil 51. 53 f. 60. 83. 107 f. 110. 112. 175
Hellenismus 77. 96. 105 A.. 107–112. 114. 124. 146. 156. 162
jüdische Theologie 51. 56. 60 A., 62. 64–66. 69. 70 A., 71. 87. 96. 107. 114. 123. 129–134. 151. 153–156. 162–166. 169 f.
Kanon/kanonisch/kanongeschichtlich 43. 52. 92 A.. 95. 99 A., 101. 108 f. 173 f.
Langmut Gottes 156. 165. 167. 172. 174 A.
Libertinismus 55
Melchisedek 67 f.
Michael 66–68. 132. 139 f. 167
Mose/-überlieferungen 66–68. 70
Paränese/paränetisch 51. 62. 82. 84. 90. 100. 107. 110. 112. 121 f. 169. 172
Parusie/-problem/-verzögerung 76. 95–97. 99. 118. 121. 128. 144. 148. 152. 153 A., 157 f. 163. 165. 169. 172. 174 A.
Paulus/paulinisch 50. 52. 55. 65. 81. 83. 89. 93. 99 f. 104. 110. 112 f. 143 f. 150. 166. 172–175
Petrus/petrinisch 50. 92–94. 99 f. 102 A.. 104. 114 f. 120. 123. 127. 149 f. 173

Polemik/polemisch 41. 45–48. 51. 55 f.
 64 f. 68 f. 71–74. 77 f. 81 f. 84. 87. 95.
 97 f. 101. 103. 111. 113. 117. 122–127.
 136. 138 f. 141. 143 f. 146–148. 156.
 174
Präexistenz 60 f. 87
Prophetie/Propheten/prophetisch 65.
 69. 77. 120. 122–124. 125 A., 127. 149.
 151. 165
Satan/Teufel 66–68
Schrift/-bezug/-beispiele/-überlieferung
 46. 48 f. 57–59. 64. 69 f. 72–74. 78 f.
 100. 120 f. 125 A., 126. 130 f. 136,
 173
Taufe 64 A., 112. 114
Testament 49 f. 89–91. 99. 101. 102 A.,
 113 f. 116. 120. 122–125. 127. 150.
 172 f.
Theologie des 2 Petr 50. 96. 98. 100–
 103. 106. 109. 120. 123. 125. 151. 157.
 162 f. 167. 171. 174 f.
Theologie des Jud 41 f. 44–46. 48. 50–
 52. 65 f. 77. 83. 86. 103
Vergottung 108
Verklärung/-süberlieferung 93 f. 99.
 118–120. 123 f. 172
Wandercharismatiker 47 f. 49 A., 66
Wüste/-ngeneration 60. 62 f. 77. 131

Griechisch

ἀγάπη 47. 53 f. 71. 78 f. 83. 86. 110 f.
 138. 141. 148. 163. 172 f.
ἄγγελοι 64. 138–140
ἅγιον ὄρος 119
ἀλήθεια 114
ἀπώλεια 128 f. 163. 174
ἀρχάγγελος 66. 68

ἀσέβεια/ἀσεβεῖς 46 f. 55–58. 76 f. 80 f.
 107. 127. 132. 134. 136
ἀσέλγεια 55. 65. 128. 143
βασιλεία 113
γνῶσις 111. 114. 175
δικαιοσύη 104. 133–135. 170
δόξα 65. 107. 118. 138–140
δύναμις 107. 118. 120. 123. 139
ἔλεος 53. 82. 84–86
ἐντολή 146. 151
ἐπίγνωσις 105–107. 111. 145
ἐπιθυμία 77. 85. 109. 143
εὐσέβεια/εὐσεβεῖς 107. 111. 131. 35. 169
θεός 56. 60. 87. 104 f.
Ἰησοῦς 52. 60 f. 87
κόσμοσ 108 f. 133. 143. 145. 159. 161.
 163. 170
κρίμα 56–58. 126. 129. 133. 135
κρίσις 58. 63. 76. 80. 133. 139. 140 A.,
 163. 166. 168 A.
κτίσις 153. 159
κύριος 51. 57. 60. 76 f. 84–86. 93. 102.
 105. 108. 111. 115. 118. 120. 139. 157.
 163. 166. 172
παρουσία 118. 120 f. 123. 153. 157.
 159. 163. 169 f.
πίστις 45. 48 f. 51. 54 f. 58. 79. 83. 104.
 110 f.
πνεῦμα 48. 83
πνευματικοί 81
προφητικὸς λόγος 99 f. 117. 120–122.
 127. 149. 151 f. 172. 175
σάρξ 47. 64 f. 85. 143
σωτήρ/σωτηρία 49. 54 f. 60 A.. 82. 84 f.
 87. 104 f. 172
τηρεῖν 53. 63. 83. 135
τιμή 104. 118
ὑπομνῆσαι 48. 58. 79
φθορά 140. 143
ψυχικοί 47 f. 81